한 권으로 합격하는
| 독학사 가정학 3단계 |

식생활과 건강

저자 전숙경

이책의 머리말

PREFACE

현대는 서구화된 식단과 영양 과잉, 그에 따른 만성질환의 증가가 새로운 사회적 문제로 대두되고 있으며, 소비자는 웰빙 식생활과 건강에 대한 지식이 필요하다. 전 세계적으로는 식량부족과 식품안전 등의 이슈로 식량 안보의 중요성도 대두되고 있다. 이제 건강한 식생활로 100세 시대를 살아가야 하는 시점에서 건강한 식생활에 필요한 영양소와 그에 따른 식사 구성 등 빠르게 변화하는 한국인의 식생활에 대해 더 높은 수준의 관심과 지식이 요구되며, 올바른 식생활에 대한 이해가 그 어느 때보다도 필요한 실정이다.

이 책의 구성은 다음과 같다.

· 제 1 장 : 건강과 영양

현대인의 건강과 식생활, 식생활의 변화와 건강양식, 영양소의 종류와 체내작용, 영양과 질병, 성인병의 영양관리 및 음주, 흡연과 건강에 대해 알아보았다.

· 제 2 장 : 건강과 질병

일상생활과 건강, 노동과 건강에 대해 이해하고 성인병 예방과 건강진단 및 스트레스 관리와 근로자의 건강관리를 위한 방법을 알려주고 있다.

· 제 3 장 : 건강과 식품

식품의 의의, 식품의 조리, 식품과 위생, 식품의 가공과 보존, 기호식품 및 기능성 식품에 대해서도 이해할 수 있도록 구성하였다.

· 제 4 부: 건강과 운동

건강과 체력, 건강을 위한 운동의 효과, 운동과 질병에 대한 이해를 돕도록 내용을 구성하였다.

이책의 목차

CONTENTS

PART 01　건강과 영양

01 현대인의 건강과 식생활 ·· 10
　• 현대인의 건강과 식생활: 확인 문제 ·· 18
02 식생활의 변화와 건강양식 ·· 21
　• 식생활의 변화와 건강양식: 확인 문제 ·· 25
03 영양소의 종류와 체내작용 ·· 28
　• 영양소의 종류와 체내작용: 확인 문제 ·· 43
04 영양과 질병 ··· 53
　• 영양과 질병: 확인 문제 ··· 61
05 성인병의 영양관리 ·· 64
　• 성인병의 영양관리: 확인 문제 ·· 71
06 음주, 흡연과 건강 ··· 74
　• 음주, 흡연과 건강: 확인 문제 ··· 80

PART 02　건강과 질병

01 일상생활과 건강 ·· 86
　• 일상생활과 건강: 확인 문제 ·· 97
02 노동과 건강 ··· 100
　• 노동과 건강: 확인 문제 ··· 108

PART 03   건강과 식품

- 01 식품의 의의 ·· 114
  - 식품의 의의: 확인 문제 ·· 124
- 02 식품의 조리 ·· 127
  - 식품의 조리: 확인 문제 ·· 140
- 03 식품과 위생 ·· 145
  - 식품과 위생: 확인 문제 ·· 158
- 04 식품의 가공과 보존 ··· 163
  - 식품의 가공과 보존: 확인 문제 ···································· 175
- 05 기호식품 및 기능성 식품 ··· 178
  - 기호식품 및 기능성 식품: 확인 문제 ··························· 185

PART 04   건강과 운동

- 01 건강과 체력 ·· 190
  - 건강과 체력: 확인 문제 ·· 199
- 02 건강을 위한 운동의 효과 ··· 202
  - 건강을 위한 운동의 효과: 확인 문제 ··························· 209
- 03 운동과 질병 ·· 212
  - 운동과 질병: 확인 문제 ·· 217

CONTENTS

PART 05   식생활과 건강 실전모의고사 문제 및 해설

- 01 식생활과 건강 실전모의고사 제 1 회 ·· 222
- 02 식생활과 건강 실전모의고사 제 2 회 ·· 229
- 03 식생활과 건강 실전모의고사 제 3 회 ·· 236
- 04 식생활과 건강 실전모의고사 제 4 회 ·· 243
- 05 식생활과 건강 실전모의고사 정답 및 해설 ································ 250
  - 실전모의고사 제 1 회 정답 및 해설 ·· 250
  - 실전모의고사 제 2 회 정답 및 해설 ·· 254
  - 실전모의고사 제 3 회 정답 및 해설 ·· 258
  - 실전모의고사 제 4 회 정답 및 해설 ·· 261

PART

01

건강과 영양

01 현대인의 건강과 식생활
02 식생활의 변화와 건강양식
03 영양소의 종류와 체내작용
04 영양과 질병
05 성인병의 영양관리
06 음주, 흡연과 건강

01 현대인의 건강과 식생활

제1부 건강과 영양

1. 건강과 식생활

1) 건강과 건강증진 식생활

(1) 건강의 개념

세계보건기구(WHO)는 "건강이란 병이 없거나 허약함이 없는 것만이 아니라 신체적·정신적·사회적으로 완전히 양호한 상태를 말한다."라고 정의하고 있다.

① 건강의 의미
- 건강은 질병이 없는 소극적인 상태가 아니라 활력이 넘치는 적극적인 것으로서, 신체 건강뿐만 아니라 지능 건강도 포함하여 생명활동과 더불어 사회활동도 활발하게 이루는 것을 의미한다.
- 히포크라테스: 인간의 신체와 정신, 그리고 주변 환경과의 기본적인 상호연관성을 강조하였고, 건강의 개념을 가장 먼저 총체적인 관점에서 봄
- 기계론적 우주관에 따른 건강관(17세기): 건강은 질병이 없는 상태라는 이분법적 관점에서 해석하였고 생물학적 측면에서 일원적으로 해석하여 조직 세포에 이상이 없고 그 기능이 정상적으로 영위되고 있는 한 건강하다고 봄
- 던: 인간의 건강상태는 최고의 건강에서 죽음 직전 최저의 건강까지의 연속선상에서 지속적으로 변화한다고 봄
- 셀리: 적응모형 개발하여 건강상태란 인간이 살아가면서 받는 복합적인 자극에 반응할 수 있는 힘을 구사할 수 있는 상태로 봄

② 건강증진

건강증진은 사람의 잘못된 생활방식을 개선하여 최상의 건강을 유지할 수 있도록 도와주는 것으로 건강에 대한 개념이 반건강인의 활동성 증가와 예방적 차원의 건강관리, 건강생활의 실천을 중시하는 개념으로 확대되어 가고 있다. 다음은 WHO의 건강증진 정책이다.

〈표 1.1〉 WHO의 건강증진 정책

캐나다 라론드 보고서	1974년	환경요인과 생활양식 요인을 효과적으로 관리하는 것이 건강관리의 핵심이라고 봄
알마아타(Alma-Ata)	1978년	'서기 2000년까지 모든 사람에게 건강을!'이라는 표어를 걸어 1차 진료의 개념을 세움
오타와(Ottawa) 헌장	1986년	모든 사람의 건강 평등 실현에 초점을 두고 건강증진이라는 개념을 국제적으로 정착시킴
한국		WHO 건강증진정책에 따라 우리나라도 새로운 건강증진 시대를 맞이 함

③ 삶의 질(Quality of life : QOL)

삶의 질은 일상생활에서 느끼는 만족의 정도를 의미하며 급격한 사회정세의 변화로 삶의 방향을 잃을 수도 있다는 불안감을 배경으로 앞으로 '어떻게 살아갈 것인가'에 대한 걱정이 심화되면서 생긴 개념이다.

(2) 건강증진을 위한 식생활

① 건강관리를 위한 대책

개인의 건강과 관련된 식생활, 운동, 흡연, 음주, 스트레스 등의 생활습관의 개선과 환경을 조성한다.

② 질병의 예방

㉠ 질병은 건강증진의 기본 사항으로 질병예방을 통해 질병을 미리 막을 수 있는 대비책이 될 수 있다.

㉡ 1차 질병예방은 가장 적은 경비와 노력으로 큰 효과를 높이는 질병예방법이다.

2) 영양과 질병

(1) 영양과 질병

좋은 영양 상태는 신체적, 정신적으로 모두 건강하여 최적의 활동을 할 수 있는 상태를 의미한다. 건강한 식생활을 위해서는 정상 체중을 유지하고 다양한 식품을 적당한 양으로 섭취하여 영양의 균형을 맞추는 것이 필요하다.

① 건강 식생활을 위한 A, B, C, D, E

A: Adequacy of diet(적절한 식사)

B: Balance in diet(식사의 균형)

C: Calorie control(에너지 조절)

D: Diversity in food choice(다양한 식품 선택)

E: Exercise(운동)

② 질병예방과 영양성 질병
　㉠ 균형있는 영양을 섭취해서 정상 체중을 유지한다.
　㉡ 동물성지방보다 불포화지방산이 많은 식물성 지방을 섭취하고, 달지않고 짜게 먹지 않는다.
　㉢ 영양성 질병: 장기간에 걸친 식습관으로 성인병과 비만 등을 예방하기 위해 곡류와 섬유질을 적당히 섭취한다.

③ 식이요법을 이용한 질병의 치료
　㉠ 저영양, 영양결핍증은 식이요법만으로 치료가 가능하지만 괴혈병이나 각기병, 야맹증 등은 균형 있는 식사와 함께 비타민 C나 B_1(티아민), 비타민 A를 충분히 먹으면 치료할 수 있다.
　㉡ 만성질병 중에서 비만, 고혈압, 동맥경화증, 당뇨병 등은 식이요법으로 증세를 호전시킬 수 있어 치료의 역할도 겸할 수 있다.

④ 영양결핍증의 발생원인
　영양결핍증은 특정 영양소가 부족해서 발생되는 임상증상과 신체 및 혈액학적 병리현상을 의미한다. 원인은 식품섭취의 부족, 식품구매능력의 감소, 식품금기나 식품과 영양에 대한 지식의 부족, 대사장애와 질병의 영향 등이다.

◎ 〈표 1.2〉 각 영양소의 급원식품과 결핍증

영양소	급원식품	결핍증
비타민 A	녹황색채소, 우유 및 유제품	야맹증, 시력상실, 피부염, 성장지연
비타민 B_1	곡류, 돼지고기, 콩	각기병, 신경염
비타민 B_2	우유, 달걀, 치즈, 육류	구각염, 피부염
비타민 B_{12}	육류, 해산물, 유제품	거대적아구성 빈혈, 신경감퇴
비타민 C	채소류, 감귤, 시금치, 과일	괴혈병, 피부염
단백질	육·어류, 난류, 콩류	부종, 콰시오커
칼슘	뼈째 먹는 생선, 우유 및 유제품	성장지연, 기형, 골다공증, 골연화증, 구루병
철	육류, 난류, 녹색채소	빈혈, 허약

2. 건강한 식생활

1) 식생활에 영향을 미치는 요인

(1) 생리적 요구

체내 기능을 수행하는 데 영양소가 필요하면 나타나는 생리적인 현상으로 혈당이 떨어지면 뇌의 시상하부에 신호를 보내 배고픔을 느끼고, 짠 음식을 먹었거나 땀을 많이 흘렸을 때는 갈증을 느끼며 물을 찾는다.

(2) 심리적 요구

음식은 심리적 보상수단이며 스트레스 등을 해결하는 데 이용되기도 한다. 불안, 초조, 화가 났을 때, 스트레스를 받을 때 먹는 것으로 해결하거나 음식을 거부하는 경우 영양소 섭취의 과다나 불균형을 가져올 수 있다.

(3) 사회적 요구

사회생활, 공동체 생활에서 먹는 것이 관례가 되어 기쁨을 나누거나 슬픔을 함께 하면서 음식을 먹는다.

(4) 습관적 요구

배가 고프지 않더라도 시간이 되어 밥을 먹지 않으면 허전한 기분 때문에 음식을 먹기도 한다.

2) 균형있는 식생활

(1) 영양소 섭취기준

영양소 섭취기준은 국민의 건강증진 및 질병예방을 목적으로 에너지 및 각 영양소의 적정섭취량을 나타낸 것이다.

① 영양소 섭취기준 지표

㉠ 평균필요량과 권장섭취량: 인체 필요량에 대한 과학적인 근거가 있는 경우

㉡ 충분섭취량: 근거가 충분하지 않은 경우로 영양소 필요량에 대한 정확한 자료가 부족하여 권장섭취량을 정하기 어려운 영양소의 경우 건강한 사람들의 섭취량을 추정 또는 관찰하여 정한 값

㉢ 상한섭취량: 과잉섭취로 인한 유해영향에 대한 근거가 있는 경우 특정 영양소를 기준이상으로 섭취하지 않게 설정한 기준(기초 영양소와 건강보조식품이나 영양보충제에 이르기까지 모든 영양소가 포함 됨)

㉣ 만성질환 위험감소를 위한 섭취량: 건강한 인구집단에서 만성질환의 위험을 감소시킬 수 있는 영양소의 최저수준의 섭취량(예 나트륨, 2020 영양소섭취기준)

② 영양소 섭취기준 활용
  ㉠ 식사평가: 식사섭취의 적절성을 평가하는 것으로 평가목적에 따라 한국인 영양소 섭취기준 중 하나를 선택하여 사용할 수 있다.
  ㉡ 식사계획: 개인이나 집단에게 적절한 영양소를 공급하여 영양소의 부족 또는 과잉 문제를 최소화하는 식사를 제공하고자 하는 것이다.

(2) 식사구성안

식사구성안은 일반인이 복잡하게 영양가 계산을 하지 않고도 영양소 섭취기준을 충족할 수 있도록 식품군별 대표 식품과 섭취 횟수를 이용하여 식사의 기본 구성 개념을 설명한 것이다.

〈표 1.3〉 식품군별 섭취필요량 구성

식 품 군	섭취필요량 구성
에너지, 비타민, 무기질, 식이섬유	섭취필요량의 100%를 충족
탄수화물	55~65% 정도 유지
단백질	7~20% 정도 유지
지방	15~30% 정도 유지
첨가당(설탕, 물엿), 소금	되도록 적게 섭취

① 여섯 가지 식품군

우리가 먹는 식품들을 용도와 주로 함유된 영양소에 따라 여섯 가지로 분류한 것이다.

> ① 곡류 : 탄수화물 등
> ② 고기·생선·달걀·콩류 : 질 좋은 단백질 등
> ③ 채소류 : 비타민, 무기질 등
> ④ 과일류 : 비타민, 무기질, 당분 등
> ⑤ 우유·유제품류 : 칼슘 등
> ⑥ 유지·당류 : 지방, 당분 등

② 식품구성자전거

다양한 식품을 매일 필요한 만큼 섭취하여 균형잡힌 식사를 유지하며 규칙적인 운동으로 건강을 지켜 나갈 수 있다는 것을 표현하고 있다.

<그림 1.1> 식품구성자전거(출처: 보건복지부)

- 우리 몸에 필요한 모든 영양소를 특정 영양소나 특정 식품에 치우치지 않고 개인의 필요량을 충족시킬 수 있도록 구성한 것이다.
- 균형잡힌 식단 + 규칙적인 운동을 강조하였다.
- 여섯 가지 식품군의 권장 섭취 횟수와 분량에 따라 자전거 바퀴의 면적을 배분하여 나타냄으로써 균형 잡힌 식사의 중요성을 나타낸다.
- 앞바퀴의 물 컵은 수분 섭취의 중요성을 나타낸다.
- 유지, 당류는 가능한 섭취량을 줄이도록 하기 위해 식품구성자전거에서는 제외되었다.

(3) 국민 공통 식생활 지침

보건복지부는 농림축산식품부, 식품의약품안전처와 공동으로 국민의 건강하고 균형잡힌 식생활 가이드라인을 제시하는 국민 공통 식생활 지침을 제정·발표하였다.

① 쌀·잡곡, 채소, 과일, 우유·유제품, 육류, 생선, 달걀, 콩류 등 다양한 식품을 섭취하자.
② 아침밥을 꼭 먹자.
③ 과식을 피하고 활동량을 늘리자.
④ 덜 짜게, 덜 달게, 덜 기름지게 먹자.
⑤ 단 음료 대신 물을 충분히 마시자.
⑥ 술자리를 피하자.
⑦ 음식은 위생적으로 필요한 만큼만 마련하자.
⑧ 우리 식재료를 활용한 식생활을 즐기자.
⑨ 가족과 함께하는 식사횟수를 늘리자.

3. 건강과 식행동 및 식습관

1) 식행동과 식습관

식사하는 행동 요소는 식욕, 기호, 식습관, 인습과 사회·경제적 환경과 산업의 발달 등이다. 바람직하게 먹는 방법은 기호에 치우치지 않고 영양학적인 배려와 문화적 감각에 따라 균형 있는 식사를 하는 것이다.

(1) 기호

기호는 어떤 음식이 맛이 있다거나 좋아하는 음식임을 느끼고 기대하면서 먹는 행동으로 반영되며 생활 요구, 식욕, 식습관, 인습 등과 함께 식행동을 규정하는 요인의 하나이다. 기호에 영향을 미치는 요인으로는 교육적인 경험, 심리적인 영향, 음식에 대한 선택적인 경험이 있다.

① 교육적인 경험: 기호는 학습에 의해 변화될 수 있으나, 각자가 거주하는 지역은 각각 독자적인 풍토를 배경으로 사회환경을 가지고 있어 그 환경 속에서 습관과 전승의 영향을 받는다.

② 심리적인 영향: 어떤 음식을 먹은 후 소화가 되지 않아 불쾌한 경험이 있다면 그 음식에 대한 거부감과 기호를 손상시킨다.

③ 음식에 대한 선택적인 경험: 기호는 생애주기에 따라 변화는데 사춘기와 청년기에는 달고 기름진 음식을 좋아하고 갱년기와 노년기가 되면 담백하고 달지 않은 음식을 좋아하게 된다.

(2) 식습관

한번 형성된 식습관은 자손을 통해 계승되며, 이러한 변화는 기존 식습관에 의해 결정된다. 식습관은 불연속적으로 이루어지는 것이 아니라 서서히 과거의 식습관 위에 누적되는 과정을 거친다.

(3) 사회·경제적 환경

부모가 영양과 건강에 관심이 있는 사람일수록 좋은 식습관과 영양 상태를 보인다고 한다. 음주나 흡연은 식습관 형성에 바람직하지 못한 영향을 미치며 사회·경제적·교육 수준이 낮을수록 균형 잡힌 식사를 통한 영양 섭취가 어렵다.

(4) 가공식품과 외식산업의 발달

가공식품은 상품의 질을 영양이나 보건의 측면보다 고객의 인기에 치중하여 주로 간편성과 경제성 및 미각성에 비중을 높이 두고 있다.

① 오늘날 우리의 식생활은 가공식품과 외식산업의 발달로 각종 편의식품, 간편식품 등 섭취가 증가하고 있다.

② 어렸을 때부터 전통 한국 음식보다 열량과 지방, 탄수화물 등의 함량이 많은 음식에 익숙해지고 이를 좋아하게 됨으로서 식습관도 변화하고 있다.

③ 외식은 건강이나 영양의 측면이 아닌 소비자의 입맛에 맞추어 인기나 간편성, 경제성에 치중하게 되어 장기간 섭취하면 식습관 변화뿐 아니라 영양 불균형을 초래할 수 있다.

④ 식사 경향을 건전한 식생활 방향으로 유도하기 위해 한국인을 위한 식사지침과 바른 생활습관을 위한 지침을 제시하고 있다.

2) 식사예절

(1) 한식 상차림 및 식사예절

① 한식 상차림은 왼쪽에 밥그릇, 오른쪽에 국그릇, 숟가락과 젓가락은 오른쪽으로 놓고 상 가운데에는 김치, 간장을 놓는다.

② 식사할 때는 팔꿈치를 상에 올려놓지 않는다.

③ 입속에 음식을 넣을 때는 적당한 양을 넣어 씹을 수 있도록 하며 입속에 음식을 넣고 말을 하지 않는다.

④ 김치 국물이나 국 국물을 마실 때는 숟가락으로 떠서 마시되 후루룩 소리를 내지 않는다.

⑤ 음식을 다 먹은 후에는 숟가락을 오른편에 가지런히 놓는다.

(2) 양식의 식사예절

① 식탁에 앉을 때에는 의자의 왼편으로 들어가고, 의자를 식탁 가까이 끌어 당겨서 자세를 바르게 한다. 자리에 앉으면 양편과 맞은편 손님에게 가벼운 인사를 하고 냅킨을 무릎 위에 편다.

② 포크와 나이프는 바깥쪽에서부터 차례로 사용하고 물컵이나 술잔은 오른손으로 든다.

③ 스프는 스푼을 안쪽에서 바깥쪽으로 떠서 소리가 나지 않게 하고 스프가 적어지면 왼손 끝으로 접시를 약간 바깥쪽으로 기울이고 먹는다. 스프를 다 먹은 후는 스푼은 접시 안에 들여놓는다.

④ 주류: 백포도주는 생선요리에, 적포도주는 육류요리와 함께 마시는 것이 상례이다.

현대인의 건강과 식생활: 확인 문제

01 건강에 대한 의미와 거리가 먼 것은?

① 활력이 넘치는 적극적인 상태를 의미한다.
② 질병이 없는 소극적인 상태를 의미한다.
③ 생명활동과 더불어 사회활동도 활발하게 이루어지는 것을 뜻한다.
④ 신체건강 뿐만 아니라 지능건강도 포함된다.

정답 ②
해설 건강은 질병이 없는 활력이 넘치는 적극적인 것으로서 신체건강뿐 만 아니라 지능건강도 포함하여 생명활동과 더불어 사회활동도 활발하게 이루어지는 것을 뜻한다.

02 Calorie control은 무엇을 의미하는가?

① 다양한 식품선택
② 에너지 조절
③ 식사의 발란스
④ 적절한 운동

정답 ②
해설 건강 식생활을 위한 A, B, C, D, E
A: Adequacy If diet(적절한 식사), B: Balance in diet(식사의 균형), C: Calorie control(에너지 조절),
D: Diversity in food choice(다양한 식품 선택), E: Exercise(운동)

03 환자에 대한 식단으로 옳지 않은 것은?

① 소화하기 쉬운 음식을 준다.
② 환자의 식습관과 기호를 존중한다.
③ 식단을 단순하게 작성한다.
④ 상차림에 변화를 준다.

정답 ③
해설 환자는 소화 능력이 약하고 식욕이 떨어져 있으므로 소화하기 쉬운 음식을 주고 식욕을 증진시키기 위하여 식단을 다양하게 작성한다.

04 다음 중 한국인 영양소 섭취기준에 포함되는 대표적인 기준치로만 나열 된 것은 무엇인가?

① 충분필요량, 권장섭취량
② 평균필요량, 충분섭취량
③ 상한섭취량, 권장필요량
④ 상한섭취량, 평균섭취량

정답 ②
해설 영양소 섭취기준은 국민의 건강증진 및 질병예방을 목적으로 에너지 및 각 영양소의 적정섭취량을 나타낸 것으로 평균필요량, 충분섭취량, 상한섭취량이 있다.

05 한국인 영양소 섭취기준에 따른 우리나라 성인의 다량영양소 에너지 적정비율을 올바르게 표시한 것은 다음 중 무엇인가?

① 탄수화물: 55~65%, 단백질: 7~20%, 총 지방: 15~30%
② 탄수화물: 44~55%, 단백질: 15~20%, 총지방: 20~30%
③ 탄수화물: 55~65%, 단백질: 15~20%, 총 지방: 25~35%
④ 탄수화물: 45~55%, 단백질: 7~20%, 총 지방: 15~30%

정답 ①
해설 탄수화물, 단백질, 지방의 에너지 비율은 55~65%, 7~20%, 15~30%

06 식품구성안에 포함 되어있는 우리나라의 6개 대표 식품군으로 보기 어려운 것은?

① 곡류
② 고기·생선·달걀·콩류
③ 우유·유제품류
④ 서류·종실류

정답 ④
해설 식품군은 곡류, 고기·생선·달걀·콩류, 과일류, 우유·유제품류, 우지·당류의 6개로 결정된다.

07 '서기 2000년까지 모든 사람에게 건강을!'을 이라는 표어를 걸어 1차 진료의 개념을 내세운 선언은 무엇인가?

정답 알마아타 선언

해설 WHO는 알마아타 선언(1978년)에서 '서기 2000년까지 모든 사람에게 건강을!'을 이라는 표어를 걸어 1차 진료의 개념을 내세웠다.

08 체내의 기능을 수행하기 위해 영양소가 필요하게 되는데 이는 식생활의 어떤 요구와 관련된 것인가?

정답 생리적 요구

해설 신체를 유지하고 움직이고 활동하기 위해서는 필요한 에너지와 영양소들이 적절히 공급되어야 한다. 체내의 기능을 수행하기 위해 영양소가 필요하게 되면 생리적인 현상이 나타난다.

09 영양소 필요량에 관한 정확한 자료가 부족하여 권장섭취량을 산출할 수 없는 경우 제시되는 영양섭취기준은?

정답 충분섭취량

해설 평균필요량과 권장섭취량은 인체 필요량에 대한 과적인 근거가 있는 경우이고 충분섭취량은 근거가 충분하지 않은 경우로 영양소 필요량에 대한 정확한 자료가 부족하여 권장섭취량을 정하기 어려운 영양소의 경우 건강한 사람들의 섭취량을 추정 또는 관찰하여 정한 값이다.

10 다양한 식품을 매일 필요한 만큼 섭취하여 균형잡힌 식사를 유지하며 규칙적인 운동으로 건강을 지켜나갈 수 있다는 것을 표현한 것을 무엇이라 하는가?

정답 식품구성자전거

해설 우리 몸에 필요한 모든 영양소를 특정 영양소나 특정 식품에 치우치지 않고 개인의 필요량을 충족시킬 수 있도록 구성한 것이다.

02 식생활의 변화와 건강양식

제1부 건강과 영양

1. 현대사회의 식생활

1) 사회·경제적 환경의 변화

(1) 경제수준 향상과 소비 증가

① 경제수준

우리나라는 1962년 국민 1인당 GNP $87로서 세계 83위에 불과하였으나 1970년대의 고도성장으로 1980년에 이르러 $1,597(세계 53위)에 도달했고 1980년대에는 더욱 가속화되어 1996년에는 $10,548을 기록하면서 증진국으로 진입하였다.

급속한 경제발전과 핵가족화, 주거 양식의 변화는 과거 양적인 충족에 의존하던 식생활로부터 질적 향상을 추구하는 식생활로 전환하였으며 식생활의 서구화, 가공식품과 외식산업의 발전이 이루어졌다. 식량부족에 의한 영양결핍증은 크게 감소 하였지만, 영양과잉에 의한 비만이 나타나기 시작했고 당뇨병, 고지혈증, 고혈압과 같은 성인병이 많아졌다.

② 서구형 식생활의 영향
- 민족문화 속 전통식품과 생활패턴을 변화시켜 사라지게 하였고 대량생산, 대량소비 풍조 속에서 어느 도시에서나 같은 음식이 소비되고 지방 특색의 향토음식이 사라지고 있어 식생활의 지역성이 희박해 지고 있다.
- 국적 불명의 기계화된 특정 맛에 우리 고유의 전통적인 맛과 음식문화의 지역적 특색이 사라지고 있다.

③ 소인 성인병의 증가
- 성인의 고혈압은 유년기에 기원을 두며 외견상으르는 건강해 보이지만 고혈압을 가진 어린이의 경우 본태성 고혈압이 현저하다.
- 햄버거, 피자 등 패스트푸드를 즐겨 찾는 서구식 식생활이 보편화 되면서 성인병에 걸리는 어린이들이 증가하고 있다.

(2) 가공식품의 발달과 외식산업의 발달

가공식품이나 외식산업 발달의 배경은 맞벌이 부부 증가, 1인 가구 증가, 여성의 사회 진출 증가, 대중매체 발달 및 경제 수준 향상에 있다.

① 가공식품

가공식품은 손쉽게 먹거나 오래 저장하기 위해 농산물·축산물·수산물 등의 재료와 첨가물을 이용해 만든 식품이다. 가공저장식품, 인스턴트식품, 강화식품 등이 있다. 인스턴트식품은 일단 가공하여 손쉽게 조리할 수 있는 형태로 만든 것이고, 강화식품은 영양소를 보충해서 영양가를 높인 것이다.

② 가정 간편식(HMR, Home Meal Replacement)

조리 방법이 간단한 가정 대체식품을 말하는 것으로, 인구 고령화와 여성의 사회진출 등으로 결혼적령기가 늦춰지며 1인 가구가 급증하면서 간편식은 더욱 증가 추세에 있다.

- RTE(Ready To Eat): 구매 시 이미 조리가 다 끝나있어 바로 섭취하면 되는 식품
- RTH(Ready To Heat): 이미 조리가 되어 있긴 하지만 집에서 섭취 시에 간단히 데워 먹기만 하는 되는 식품(냉동피자)
- RTH(Ready To Cook): 음식을 쉽게 요리할 수 있도록 필요한 재료들을 소포장한 식품

③ 외식산업의 발달

외식은 건강이나 영양의 측면이 아닌 소비자의 입맛에 맞추어 인기나 간편성, 경제성에 치중하게 되어 장기간 섭취하면 식습관 변화뿐 아니라 영양 불균형을 초래할 수 있다.

- 다양한 종류의 외식 체인점이 증가하고 외식산업의 발전이 가속화됨에 따라 직장인과 학생들의 급식과 매식에 의존하는 비율이 크게 증가하였고 가족 전체의 외식도 점차 증가하고 있다.
- 패스트푸드점 이용으로 국민의 영양적 불균형을 우려하게 되었고, 청소년들의 올바른 식습관 형성을 위한 식생활 교육에 대한 요구가 증대하고 있다.

④ 대중매체 산업과 광고의 영향

대중매체와 각종 광고 등의 정보의 영향은 전문적인 영양교육의 영향보다 훨씬 크다. 잘못 보도된 영양정보나 광고는 바로잡고 사전에 이를 모니터링하고 올바른 정보를 제공하도록 한다. 그리고 식품광고나 인터넷의 다양한 프로그램의 먹는 장면은 국민의 심신건강 측면에서 관심을 가질 때이다.

2. 식생활의 변화

우리 식생활에서 가장 중요한 위치를 차지하고 있는 식품은 곡류로서, 예나 지금이나 전체 식품 공급량 중에서 가장 높은 비율을 차지하고 있었으나 최근 국민경제의 성장과 함께 육류·유지류·당류 등의 소비가 증가되고 있다.

1) 식품소비량의 변화

소득수준이 낮았던 시대는 곡류, 감자류 등 당질식품의 소비가 많았으며 양 위주의 식품소비패턴을 보였다. 반면 소득수준이 향상된 시대에는 양보다는 질 위주 중시와 육류, 우유류, 어패류 등 단백질 식품의 소비가 크게 증가하였다.

2) 식품 섭취량의 변화

전체적으로 국민소득 수준의 향상과 함께 전분식품의 소비는 감소되고 동물성 식품의 소비는 계속 증가하는 양상을 보이고 있다. 또한 인스턴트식품의 소비량이 급증하고 있다는 것이다.

나트륨 섭취량은 꾸준한 감소세를 보이나 다른 나라에 비해 높은 편이고 식습관 영역에서는 아침식사 결식률 증가, 가족동반 식사율 감소 등을 보이며 식이보충제 경험 비율이 증가했다.

3) 식생활의 전망

① 유기농 식품에 대한 선호도 증가

② 로컬푸드의 녹색 식생활 운동의 확산
- 로컬푸드는 수송과정에서 발생하는 환경오염을 방지하기 위해 가능한 가까운 곳에서 생산된 농산물을 사용하고자 함
- 신선도 면에서 우수할 가능성, 수송 거리가 짧음, 신토불이 정신에 부합하는 측면, 안전성이 우수할 가능성이 높음

③ 건강에 좋은 맞춤형 식사에 대한 정보제공 서비스의 기능

④ 우리 음식의 퓨전화와 한식의 세계화

⑤ 영양성분 등의 의무적 표시범위 확대

3. 질병발생과 평균수명

1) 질병구조의 변화

(1) 우리나라 질병구조의 변화

① 1950년대: 폐렴, 설사, 결핵 등의 전염성 질환에 의한 사망이 높았다.

② 1970년대 이후: 암, 뇌혈관성 질환, 고혈압성 질환, 폐순환 및 기타 심질환이 상위를 차지하였다.

③ 2000년 이후: 악성신생물(암), 심장질환, 폐렴, 뇌혈관 질환 등이 상위를 차지하였다.

(2) 인구통계와 기대수명(평균수명)

① 한국의 인구

한국의 총인구는 2019년 기준 약 4,868명 정도이다. 65세 이상의 인구가 2011년 11.0% 비율이었고, 2019년에는 14.9%로 증가하였다.

② 기대수명

건강상태의 측정은 사망수준과 관련이 있으며, 기대수명은 건강 수준의 양적인 측면으로 특정 연도의 출생자가 향후 생존할 것으로 기대되는 평균 생존연수를 의미한다. 우리나라의 기대수명은 OECD 평균보다 높으며 2019년 남녀 출생아 기대수명은 83.3년이다.

③ 건강수명

건강의 질적인 측면으로 기대수명에서 질병이나 사고 등으로 원활히 활동하지 못하는 기간을 뺀 수치를 의미한다. 얼마나 건강한 상태로 오래 살 수 있는지를 확인한다.

02 식생활의 변화와 건강양식: 확인 문제

01 현대사회의 식생활에 영향을 주는 요인이 아닌 것은?

① 외식산업의 확대
② 가공식품의 발달
③ 인터넷의 발달
④ 전통산업의 발달

정답 ④
해설 현대사회의 식생활에 영향을 주는 요인은 식생활의 서구화, 가공식품과 외식산업의 발전, 대중매체 산업과 광고의 영향 등이다.

02 다음 중 가공식품이나 외식산업 발달의 배경으로 거리가 먼 것은?

① 맞벌이 부부 증가
② 1인 가구 증가
③ 여성의 사회진출 증가
④ 인구의 지방 분산

정답 ④
해설 맞벌이 부부 증가, 1인 가구 증가, 여성의 사회진출 증가, 대중매체 발달, 경제수준 향상이다.

03 현대사회 경제수준 향상과 소비 증가가 식생활에 미친 영향으로 옳지 않는 것은?

① 식량부족에 따른 영양결핍증이 감소하였다.
② 우리나라에서도 서구식 생활이 보편화 되면서 성인병이 많아졌다.
③ 가공식품과 외식산업이 발전하였다.
④ 고혈압, 동맥경화증의 질환이 감소하였다.

정답 ④
해설 당뇨병, 고지혈증, 고혈압 등 만성질환의 성인병이 많아졌다.

04 최근 국민경제의 성장과 함께 그 소비가 점차 감소하고 있는 것은?

① 육류의 소비
② 쌀의 소비
③ 유지류의 소비
④ 당류의 소비

정답 ②

해설 우리 식생활에서 가장 중요한 위치를 차지하고 있는 식품은 곡류로서, 예나 지금이나 전체 식품 공급량 중에서 가장 높은 비율을 차지하고 있었으나 최근 국민경제의 성장과 함께 육류·유지류·당류 등의 소비가 증가 되고 있다.

05 다음 중 우리나라 식생활에 대한 전망으로 거리가 먼 것은?

① 영양성분 등의 의무적 표시범위 축소
② 로컬푸드의 녹색 식생활 운동의 확산
③ 유기농 식품에 대한 선호도 증가
④ 건강에 좋은 맞춤형 식사에 대한 정보제공 서비스의 기능

정답 ①

해설 유기농 식품에 대한 선호도 증가, 로컬푸드의 녹색 식생활 운동의 확산, 건강에 좋은 맞춤형 식사에 대한 정보제공 서비스의 기능, 우리 음식의 퓨전화와 한식의 세계화, 영양성분 등의 의무적 표시범위 확대 등이다.

06 2019년 출생아 기대수명(평균수명)으로 옳은 것은?

① 75.2년
② 83.3년
③ 85년
④ 90년

정답 ②

해설 기대수명은 건강수준의 양적인 측면으로 특정 연도의 출생자가 향후 생존할 것으로 기대되는 평균 생존연수를 의미한다. 우리나라의 기대수명은 OECD 평균보다 높으며 2019년 남녀 출생아 기대수명은 83.3년이다.

07 인구고령화와 여성의 사회진출 등으로 결혼적령기가 늦춰지며 1인 가구가 급증하면서 조리방법이 간단한 가정 대체식품을 의미하는 것은?

> **정답** 가정 간편식(HMR, Home Meal Replacement)
> **해설** 조리 방법이 간단한 가정 대체식품을 말하는 것으로, 인구고령화와 여성의 사회진출 등으로 결혼적령기가 늦춰지며 1인 가구가 급증하면서 간편식은 더욱 증가 추세에 있다.

08 수송과정에서 발생하는 환경오염을 방지하기 위해 가능한 가까운 곳에서 생산된 농산물을 사용하고자 하는데, 이러한 농산물을 무엇이라 하는가?

> **정답** 로컬푸드
> **해설** 로컬푸드의 장점은 신선도 면에서 우수할 가능성, 수송거리가 짧음, 신토불이 정신에 부합하는 측면, 안전성이 우수할 가능성이 높다.

09 한국인의 사인 중 2019년 가장 많은 비중을 차지한 것은?

> **정답** 암
> **해설** 암, 심장질환, 폐렴, 뇌혈관 질환, 고의적 자해(자살) 순이었다.

10 0세 출생자가 향후 생존할 것으로 기대되는 평균 생존년수를 무엇이라 하는가?

> **정답** 기대수명(평균수명)
> **해설** 건강상태의 측정은 사망수준과 관련이 있으며, 기대수명은 건강수준의 양적인 측면으로 특정 연도의 출생자가 향후 생존할 것으로 기대되는 평균 생존연수를 의미한다.

03 영양소의 종류와 체내작용

제1부 건강과 영양

1. 영양소의 중요성

1) 영양소의 일반적 작용

(1) 영양소의 의미

영양(nutrition)이란 살아있는 유기체가 생명을 유지하고 성장·발달시켜나가기 위하여 식품에서 필요한 성분을 섭취하여 체내에서 대사작용(소화, 흡수, 순환, 호흡, 배설)을 통해 이용되는 모든 과정을 말한다.

① 영양소는 체중의 2/3를 차지하는 물과 단백질, 탄수화물, 지질, 무기질, 비타민 등이 있으며, 이외에 식이섬유도 중요한 영양소라 할 수 있다.

② 영양소 중 물, 탄수화물, 단백질, 지질은 체내에 많이 필요하므로 다량영양소, 비타민과 무기질은 적은 양으로 생리기능을 조절하므로 미량영양소라 한다.

③ 영양소의 소화와 흡수

우리가 섭취하는 음식물 속의 탄수화물, 단백질, 지방은 분자의 크기가 커서 몸 안으로 바로 흡수할 수 없다. 영양소가 우리 몸에 흡수될 정도의 작은 분자로 분해되는 과정을 소화라고 한다.

〈표 3.1〉 영양소의 분류

3대 영양소	탄수화물(carbohydrate), 단백질(protein), 지질(lipid)
5대 영양소	3대 영양소 + 무기질(mineral) + 비타민(vitamin)
6대 영양소	5대영양소 + 물(water)
7대 영양소	6대 영양소 + 식이섬우

(2) 영양소의 기능

6대 영양소 중 신체에 에너지를 제공하는 것으로서 탄수화물, 지방, 단백질이며 특히, 탄수화물과 지방이 에너지의 주된 영양원이 된다. 다른 세 가지 영양소는 무기질, 비타민과 물로서 위의 영양소들처럼 에너지를 주지는 못하나 신체에 꼭 필요한 영양소 들이다.

2) 균형있는 영양소 섭취의 중요성

(1) 단백질 섭취의 중요성

식품에 함유된 탄수화물, 지방, 단백질을 소화 시키는 효소는 모두 단백질로 구성되어 있다. 탄수화물이나 지방을 충분히 섭취하더라도 단백질이 장기간 결핍되면 소화 능력이 감소된다.

(2) 효소의 다양성

① 체세포 내에서 대부분 효소는 단백질 효소와 비단백질 조효소인 비타민B_1(티아민), 니아신, 비타민 B_2(리보플라빈)이 결합되어야만 기능을 발휘할 수 있다.

② 효소 중에는 조효소는 아니지만 철(Fe), 마그네슘(Mg), 구리(Cu), 망간(Mn), 아연(Zn) 등과 같은 금속원소인 무기질이 있어야만 활성화되는 것이 있다.

2. 탄수화물

탄소, 산소, 수소로 구성된 유기물로 주된 에너지 공급원이다. 식물은 태양에너지를 이용해 포도당을 합성하여 전분의 형태로 저장하고 이를 섭취함으로써 동물은 식물로부터 탄수화물을 제공 받는다. 탄수화물은 인간의 생존을 위해서 가장 중요한 영양소이다.

1) 탄수화물의 분류

포도당, 과당, 갈락토오스와 같은 단당류와 설탕(자당), 맥아당, 젖당(유당)같은 단당류가 2개 결합된 이당류 및 전분, 섬유소와 같은 단당류가 수천 개 결합된 다당류가 있다.

(1) 단당류(포도당, 과당, 갈락토오스)

① 포도당
- 에너지 급원이자 체내 당 대사의 중심물질이며 녹말, 맥아당 등의 최종 가수분해산물이며 사람의 혈액 중 혈당으로 존재하며 조직세포에서 에너지원으로 이용된다.
- 포도당은 소화과정을 거치지 않고 그대로 소장에서 흡수되며 각 조직 세포 내에서 산화되어 에너지의 급원으로 환자나 수술환자, 기아상태 또는 극도로 피로한 사람에게 포도당 주사를 투여하면 쉽게 회복된다.
- 뇌와 적혈구는 에너지원으로 주로 포도당을 사용하며, 근육과 다른 신체 세포에서는 포도당과 지방산을 사용하여 에너지를 충족한다.

② 과당

과일, 과즙, 벌꿀 등에 함유되어있고 단맛이 가장 강하여 설탕과 함께 감미료로 이용된다.

③ 갈락토오스

- 우유에 함유된 유당의 구성성분으로 영유아의 뇌 발달에 필요한 단당류이고, 당지질과 당단백의 성분이다.
- 자연계에 단독으로 존재하지 않고 포도당과 결합하여 유당의 형태로 존재하며, 단당류 중 단맛이 가장 약하다.
- 갈락토오스 체내작용: 포도당이 유방의 유선을 통과할 때 갈락토오스로 전환된다.

(2) 이당류(자당, 맥아당, 젖당)

이당류는 단당류 2개가 연결된 것이다.

① 자당
- 서당(설탕)이라고 하며 포도당과 과당이 각각 한 분자씩 연결되어 있는 이당류이다.
- 사탕수수, 사탕무, 단풍 시럽, 과일에 함유 되어 있고 혈당 저하 시 포도당을 빠르게 공급한다.

② 맥아당
- 포도당과 포도당이 연결된 이당류로 엿기름이나 식혜에 함유되어 있다.
- 맥아당은 밀이나 보리가 발아할 때 생성되며, 전분이 소화되는 중간단계에서 생성된다.

③ 젖당
- 포도당과 갈락토오스로 구성되어 있으며, 식물계에는 존재하지 않고 동물의 유즙에 들어있다.
- 우유는 3~5%, 모유는 5~7% 함유 되어 있고 성장기 어린이에게 뇌신경을 형성하는 데 도움이 된다.
- 유당불내증: 유당분해 효소가 결핍되면 소장에서 유당이 소화되지 않고 대장을 통과하면서 가스가 발생하고 설사 등의 증상이 나타난다.

(3) 올리고당
- 올리고당은 단당류 3~9개가 연결된 것으로 사람의 소화효소로는 소화가 되지 않고 대장에 도달하여 대장 건강에 도움을 준다.
- 당단백질이나 당지질의 구성성분으로 단맛이 설탕의 20~60%로 비만방지, 충치예방, 당뇨병 개선 등 감미료로 이용된다.

(4) 다당류

단당류가 10개 이상 연결되어 있는 구조로 자연계에서 식물과 동물이 에너지를 저장하거나 식물의 구조를 형성하는 복합당류이다.

① 식물성 전분

식물에 있는 저장물질로 포도당이 종합하여 형성되며, 직쇄상의 아밀로오스와 가지를 친 아밀로펙틴이 있다. 곡류와 감자류의 75~80%는 전분이다.

② 글리코겐

동물의 간과 근육에서 만들어지고 저장되어 있으며 글리코겐은 필요할 때 포도당으로 분해되는 에너지 저장원으로서의 역할을 한다.

③ 섬유소(섬유질)

- 약 3,000개의 포도당이 결합된 다당류로서 장에는 섬유소를 분해하는 셀룰라아제가 없어 열량원으로 이용되지 못한다.
- 섬유소는 영양적 가치는 적으나 생리적으로 아주 중요하며, 소화관을 자극하여 연동 작용을 촉진시켜 대변의 배설을 원활하게 한다.

2) 탄수화물의 기능

① 주요 에너지원

탄수화물은 1g당 4kcal의 에너지를 공급하는데 특히 뇌, 적혈구, 신경세포는 포도당만을 에너지원으로 이용하므로 이들 세포의 기능 유지를 위해서도 탄수화물의 섭취는 꼭 필요하다.

② 단백질 절약작용

- 탄수화물이 부족하여 혈당이 저하되면 인체는 포도당을 합성하여 혈당을 정상 수준으로 올린다.
- 포도당이 합성되는 체내 대사과정에서 체단백질이 분해되어 이용되므로 이를 막으려면 탄수화물을 적절하게 섭취 해야한다.

③ 케톤증 예방

- 체내 탄수화물이 부족한 상태에서는 지방의 산화가 불완전하게 이루어지고 케톤체라는 물질이 생성된다. 케톤체가 체내에 축적되면 케톤증이 발생한다.
- 케톤증은 체액이 산성화 되고 호흡 시 아세톤 냄새가 난다.

④ 단맛과 풍미 제공
- 단맛의 정도는 과당〉서당〉포도당〉맥아당〉유당 순이다.
- 단순당은 다량 섭취해도 포만감을 주지 않아 과도한 열량섭취의 주범이다.

⑤ 포도당 대사
포도당의 분해는 해당계에서 이루어지며 호기적 조건에서는 다시 시트르산회로에 들어가서 ATP를 생산한다. 포도당이 완전히 산화되어 에너지 화합물인 ATP를 합성하려면 산소가 필요하다.

3. 지질(지방)

지질은 3대 영양소의 하나로 단백질과 탄수화물이 수용성인데 비해 지질은 지용성으로 물에는 용해되지 않고 유기용매에 잘 용해되는 성질을 가지고 있다. 지질은 글리세롤에 지방산이 1개, 혹은 3개가 결합 되어있다.

1) 지질의 종류

(1) 중성지방

중성지방은 지질의 한 종류로 글리세롤 한 분자에 지방산 세 개가 붙어 있는 형태로 식품과 체내에 존재하는 지질의 대부분을 차지한다. 중성지방의 특성은 붙어 있는 지방산에 의해 결정되며 불포화지방산과 포화지방산으로 구분한다.

(2) 인지질

① 글리세롤에 지방산 2개와 인산이 한 개 결합 되어있는 형태로 동·식물의 세포막을 구성하는 성분이다. 뇌, 신경조직, 간, 심장 등에 많이 존재한다.
② 혈중 중성지방을 유화해 간으로 이동시켜 대사되는 것을 도와주고, 간에서 대사된 지방들이 다시 유화되어 필요한 각 조직으로 전달되게 도와주기도 한다.
③ 레시틴(lecithin), 세팔린(cephalin), 스핑고미엘린(sphingomyelin) 등이 있다.

(3) 콜레스테롤

지방에서 유래된 것으로 스테로이드계에는 콜레스테롤, 에르고스테롤 등이 속한다.

① 콜레스테롤
콜레스테롤은 세포막의 주성분으로 혈류 내 콜레스테롤 수치가 크면 동맥경화의 주요 원인이 된다.

② 에르고스테롤
버섯이나 어류 등에 함유 되어 있으며, 생체 내에서는 콜레스테롤로 전환되어서 작용한다.

(4) 지단백질

중성지방, 단백질, 콜레스테롤과 인지질 등이 결합 된 것으로서 지방을 각 조직세포로 운반하는 작용을 한다. 혈장의 지단백질은 혈류와 림프액을 통해 콜레스테롤을 운반하는 역할을 하고, 콜레스테롤은 혈액 내에서 불용성 상태로 존재하므로 이것이 운반되기 위해서는 지단백질과 결합해야 한다.

① LDL: 혈중 콜레스테롤을 운반하는 지단백 중의 하나로 일명 '나쁜 콜레스테롤'이라고 하는데, 이것은 혈관벽에 과도한 콜레스테롤의 침착을 유발해 동맥경화증과 심장질환 위험을 높이기 때문이다.

② HDL: 콜레스테롤을 운반하는 지단백 중의 하나로 '좋은 콜레스테롤'이라고 부르는데, 이는 혈중의 과다한 콜레스테롤을 간으로 이동하는 역할을 하기 때문이다.

2) 지방산의 분류

(1) 지방산 길이에 따른 분류
- 짧은 사슬 지방산: 탄소수가 6개 미만
- 중간 사슬 지방산: 탄소수가 6~12개
- 긴 사슬 지방산: 탄소수가 14개 이상

(2) 포화지방산과 불포화지방산

① 불포화지방산

탄소 간에 하나 이상의 이중결합을 가지며 상온에서 액체상태이다. 식물성지방과 생선기름에 다량 함유 되어 있고 필수지방산인 리놀레산, 알파-리놀렌산이 있다.
- 단일불포화지방산: 이중결합이 하나, 올리브유나 카놀라유에 많은 올레산 등
- 다가불포화지방산: 이중결합이 두 개 이상, 리놀레산과 알파-리놀렌산 등

② 포화지방산

탄소와 탄소 사이에 이중결합이 없으며, 상온에서 고체상태로 존재한다. 체내에서 합성이 가능하며 동물성 식품, 코코넛유, 팜유 등에 많이 함유 되어 있고 과다섭취 시 동맥경화증, 관상 심장병의 위험 요인이 된다.

(3) 오메가-3 지방산과 오메가-6 지방산

① 오메가-3 지방산
- 들기름, 아마씨유 등에 많은 알파-리놀렌산
- 등푸른생선에 많은 에이코사펜타에노산, 도코사헥사에노산

② 오메가-6 지방산
- 옥수수기름, 홍화씨유 등에 많은 리놀레산
- 육류, 달걀, 가금류에 많은 아라키돈산

(4) 필수지방산과 비필수지방산

① 필수지방산
- 필수지방산이란 우리 인체 내에서 합성되지 않아 반드시 식품으로 섭취해야 하는 것으로 리놀레산(linoleic acid), 리놀렌산(linolenic acid)이 있다.
- 필수지방산은 다불포화지방산의 형태로 식물성기름과 생선기름에 다량 함유 되어 있다.
- 필수지방산이 부족하게 되면 성장장애, 습진성피부염, 생식기능 장애, 남성호르몬인 안드로겐(androgen)의 분비 감소, 탈 색소, 지방간, 시력저하 등을 유발한다.

② 비필수지방산
체내에서 충분하게 합성되고 팔미트산, 스테아르산, 올레산 등이 있다.

3) 지질의 기능

(1) 신체의 구성성분

건강한 성인 체중의 14~25% 정도 차지하고 피하지방에는 주로 중성지방의 형태로 존재한다. 세포막은 인지질의 이중층으로 이루어져 있으며 콜레스테롤은 이중층 사이사이에 존재한다.

(2) 농축된 에너지원

1g당 9kcal로 적은 양으로 많은 에너지를 제공한다. 과다하게 섭취 할 경우 간이나 피하지방 조직에 지방이 축적된다.

(3) 필수지방산 공급

오메가-6계 지방산인 리놀레산과 아라키돈산, 오메가-3계 지방산인 알파-리놀렌산이 필수지방산이다. 성장과 피부 건강 및 생식기능에 중요한 역할을 하며 식품으로 섭취한다.

(4) 지용성 비타민의 흡수

비타민 A, D, E, K가 있으며 지질에 녹은 상태로 소화되고 흡수된다. 지방이 부족하면 지용성 비타민의 흡수율이 저하된다.

(5) 체온유지 및 장기보호

외부환경의 급격한 변화로부터 일정한 체온을 유지할 수 있도록 보호벽 구실을 한다. 지방조직은 장기를 둘러싸고 있어 주요 장기인 심장, 신장, 폐 등이 외부충격을 받았을 때 보호벽 구실을 하여 충격을 최소화 한다.

(6) 맛, 향미, 포만감 제공

음식에 독특한 맛과 향미를 주는 물질이 대부분 지질에 녹아 있어 맛과 향미를 제공한다.

(7) 호르몬, 담즙산, 비타민 D 합성

콜레스테롤은 지질의 소화와 흡수에 필요한 담즙산, 성호르몬인 에스트로겐과 테스토스테론의 전구체이다.

4. 단백질

단백질은 아미노산의 펩타이드 결합으로 구조를 형성하고 있는 복합분자로 탄수화물이나 지방과 달리 탄소, 산소, 수소 이외에 질소를 함유하고 있다. 식품 내 단백질은 가열로 인해 구조가 변형되어 소화 및 흡수가 쉬워지며, 섭취 후 대사과정을 거쳐 아미노산으로 가수분해되어 체내 단백질 및 질소 함유 분자들 생성하게 된다.

1) 단백질의 종류

(1) 필수아미노산(essential amino acid)

체내에서 합성할 수 없어 반드시 식품으로 섭취해야 하고 한 종류라도 결핍되거나 부족하면 성장이 지연되고 음(-)의 질소평형이 된다. 성인에게 필요한 필수아미노산은 티신, 루이신, 이소루이신, 메티오닌, 트레오닌, 트립토판, 발린, 페닐알라닌, 히스티딘이 있고 어린이는 9가지 아미노산 외에 아르기닌이 추가적으로 필요하다. 우유, 달걀, 콩 등에 많이 들어있다.

(2) 비필수아미노산(nonessential amino acid)

체내에서 합성할 수 있는 아미노산으로 알라닌, 글리신, 세린, 티로신, 아르기닌, 시스테인, 글루탐산, 프롤린, 아스파르트산, 아스파라긴, 글루타민 등이 있다.

2) 단백질의 영양적 분류

동물성 식품의 단백질은 아홉 가지 필수아미노산을 충분히 함유하고 있다.

(1) 완전단백질

정상적인 체조직 합성에 필요한 모든 필수아미노산을 충분히 함유하고 있는 단백질로 육류, 생선, 달걀, 우유 및 유제품 등이 포함된다.

(2) 불완전단백질

필수아미노산 중 한 개 이상이 빠져 있거나 양적으로 부족한 단백질로 동물성 단백질인 젤라틴이 대표적이다. 일반적으로 동물성단백질이 식물성단백질보다 우수하다.

3) 단백질의 기능

(1) 신체조직의 생성과 보수

인체를 구성하는 조직세포의 주요 성분으로 근육, 뼈, 피부, 결체조직 등을 형성하며 체조직의 성장과 유지에 매우 중요한 역할을 한다.

(2) 혈청단백질 합성

- 혈청단백질의 종류: 알부민, 글로블린, 피브리노겐
- 알부민: 새로운 조직의 형성과 보수를 위해 사용하고 영양소를 운반하는 역할
- 글로블린: 항체로서 병원균에 대한 방어작용
- 피브리노겐: 혈액응고를 돕는 작용

(3) 호르몬, 효소 합성

인슐린, 글루카곤, 성장호르몬, 갑상선호르몬 등의 구성성분으로 생명활동 조절, 인체의 항상성 유지, 체내 다양한 생화학반응에 작용한다.

(4) 포도당 생성 및 에너지 공급

단백질은 1g당 4kcal의 에너지를 제공하고, 탄수화물의 섭취가 부족한 경우 혈당 유지를 위해 단백질이 분해되어 포도당으로 전환되고 에너지 급원으로 이용된다.

> ※ 참고
> 아미노산풀(amino acid pool): 우리 몸에서 단백질이 생성되고 분해되는 균형을 의미하며 단백질 합성과 체내 아미노산이 필요할 때 사용하는 아미노산들의 단기 집합체이다. 이 풀은 주로 간에 대부분 있으며 혈액을 순환하거나 근육 또는 체내 각 세포 내에 있다.

(5) 단백질 결핍증

영유아기의 단백질 섭취 부족은 콰시오커라는 단백질 결핍증을 초래하여 영유아의 발육부진 및 감염증의 원인이 될 수 있다. 또한, 근육감소증, 노인성 만성질환 등이 빨리 진행된다.

5. 비타민

비타민은 동물의 정상적인 발육과 영양을 유지하는데에 미량으로 중요한 작용을 하는 유기화합물이다. 탄수화물, 단백질, 지방과는 달리 체내에서 에너지원으로 사용되지 않으며 생물체 구성물질로도 작용하지 않는다.

◎ 〈표 3.2〉 비타민의 일반적 성질

수용성비타민	지용성비타민
물에 녹는다. 필요량 이상은 방출된다. 소변으로 쉽게 방출된다. 결핍증상이 빨리 나타난다. 필요량을 매일 공급해야한다. 비타민 C, 비타민 B군, 니아신	기름과 유기용매에 녹는다. 필요량 이상 공급되면 저장된다. 체외로 방출되기 어렵다 결핍증상이 천천히 나타난다. 필요량을 매일 공급할 필요가 없다. 전구체가 존재한다. 비타민 A, D, E, K가 있다.

1) 비타민 A(레티놀)

비타민 A는 정상적인 성장과 발달, 생식, 상피세포의 분화, 어두운 곳에서의 시각 기능과 면역반응에 중요한 역할을 한다.

(1) 결핍증

비타민 A가 결핍되면 야맹증, 결막건조증, 각막연화증, 성장 둔화 등이 나타날 수 있다.

(2) 종류

① 카로티노이드

알파-카로틴, 베타-카로틴, 베타-크립토잔틴이 비타민 A로 전환된다. 베타-카로틴은 장과 간에서 레티놀로 전환될 수 있어 비타민 A 전구체 활성이 가장 높다.

② 레티노이드

생물학적으로 활성화된 형태로의 전환이 필요 없는 미리 형성된 비타민 A로 간, 생선, 어유, 달걀에 포함되어 있다.

2) 비타민 D

- 등푸른생선, 생선가유, 달걀 노른자, 버섯류 등에 함유되어 있다.
- 피부가 햇빛에 노출되면 자외선에 의해 체내에서 합성되며 자외선의 강도, 노출 시간, 피부색, 나이 등에 따라 합성되는 비타민 D의 양이 달라진다.
- 비타민 D는 혈중 칼슘 농도를 조절하여 칼슘 항상성을 유지한다.
- 결핍 시 어린이에게는 구루병, 성인에게는 골다공증을 유발할 수 있다.

3) 비타민 E와 비타민 C

(1) 비타민 E
- 지용성 항산화 비타민으로 알파-토코페롤의 활성이 가장 크다.
- 식물성 기름, 아몬드, 곡류의 배아 등에 많이 함유되어 있다.
- 결핍 시 적혈구 세포막의 불포화지방산이 산화되어 세포막이 파괴되어 빈혈 발생이 가능하다.

(2) 비타민 C
- 수용성 항산화 비타민으로 채소와 과일에 풍부하다. 항산화제로 다른 물질의 산화를 방지한다.
- 사람의 경우 비타민 C 생합성 효소 중 글로노락톤 산화효소의 결손으로 합성이 되지 않으므로 반드시 섭취해야 한다.
- 비타민 C는 환원형인 아스코르빈산과 산화형인 디하이드로아스코르빈산이 있으며, 두 형태 모두 비타민 C 활성을 갖는다.
- 뼈, 인대, 근육, 혈관의 기본구조를 형성하는 단백질인 콜라겐 합성에 필수적이다.
- 결핍 시 콜라겐 합성에 장애가 생겨 신체 여러 부위에 출혈이 생기고 잇몸 출혈과 치아와 잇몸이 변형되는 괴혈병이 발생하며, 과잉 시 구토, 설사 등 위장관 증상이 발생할 수 있다.

4) 비타민 B_1과 B_2 및 니아신

(1) 티아민(비타민 B_1)
- 체내에 존재하면서 탄수화물 대사에 직접적으로 관여하고 탄수화물, 단백질, 지질의 대사적 연결 작용을 한다.
- 돼지고기, 통곡류, 콩류, 견과류에 함유되어 있으며 결핍 시 신경계 이상이나 심혈관계 이상이 나타나는 각기병이 발생한다.

(2) 리보플라빈(비타민 B_2)
- 리보플라빈은 흡수되어 혈장 알부민, 면역글로블린과 결합되어 운반되며 조직 내에서 조효소 형태로 여러 가지 산화, 환원반응의 촉매 역할을 한다.
- 빛에 의해 빠르게 파괴되는 특성이 있고 우유 및 유제품, 달걀, 육류 등 동물성 식품과 녹황색 채소 및 콩류에 함유되어 있다.
- 결핍 시 빛에 대해 예민해지는 광선공포증, 입술 가장자리가 헐고 염증이 생기는 구

순구각염이 발생한다.

(3) 니아신

- 체내에서 필수아미노산인 트립토판으로부터 만들어지며 육류, 가금류, 생선, 견과류에 많이 함유되어 있다.
- 결핍 시 피부염, 설사, 정신혼란(치매), 피부가 거칠거칠해 지면서 홍갈색 발진이 생기는 펠라그라의 원인이 된다.

5) 엽산과 비타민 B_{12}

(1) 엽산

- 가공 또는 조리 과정에서 쉽게 파괴되기 때문에 신선한 과일과 채소로 섭취하는 것이 효과적이다.
- 체내에서 핵산합성과정에 작용하기 때문에 성장이 빠른 태아기에 중요하며 시금치 등의 녹색잎 채소, 간, 콩류, 오렌지 등에 함유되어 있다.
- 결핍 시 거대적아구성 빈혈을 유발한다.

(2) 코발라민(비타민 B_{12})

- 동물성 식품에만 존재하며 육류, 어류, 달걀, 우유 및 유제품에 풍부하다.
- 결핍 시 거대적아구성 빈혈과 신경장애와 함께 악성 빈혈이 발생한다.

◎ 〈표 3.3〉 비타민과 결핍증

비타민	결핍증
비타민 A	야맹증, 결막건조증, 각막연화증 등
비타민 D	구루병, 골다공증
비타민 B_1	각기병, 심장비대
비타민 B_2	구순구각염, 안질, 설염
니아신	펠라그라
비타민 C	괴혈병

6. 무기질

식품으로 섭취되어 체내에서 인체의 구성성분과 생리작용의 역할을 담당하는 중요한 영양소이다. 무기질은 체액의 산·알칼리 균형조절과 생리작용에 대한 촉매활동, 수분의 평형 조절 등 인체에서 중요한 역할을 한다.

> ※ 참고
> - 다량원소: 칼슘, 인, 나트륨, 염소, 칼륨, 마그네슘, 황
> - 미량원소: 철분, 요오드, 망간, 코발트, 불소 등

(1) **칼슘**
- 체내 칼슘은 주로 뼈에 존재하며 신경 자극전달, 근육이나 혈관의 수축 및 이완 조절 등의 대사과정에 관여한다.
- 칼슘 식품으로는 우유, 치즈, 요구르트 등의 유제품, 뼈째 먹는 생선류, 녹색잎채소나 칼슘 강화식품 등이다.
- 우리나라 사람들에게 섭취가 부족한 영양소로 결핍 시 골다공증의 원인이 되고 성장지연, 구루병, 발육부진, OX형 다리 등이다.

(2) **인**
- 인의 섭취량이 너무 많은 경우 칼슘 흡수를 방해하며, 최적의 칼슘 흡수를 위해서는 칼슘과 인의 섭취비율이 1:1 정도가 적당하다.
- 탄산음료의 과다섭취로 인해 인의 섭취량이 증가하면서 칼슘 영양 상태에 부정적인 영향을 준다.
- 육류, 어류, 달걀, 우유 등의 단백질 식품과 견과류, 채소, 곡류 등 대부분의 식품에 풍부하다.

(3) **나트륨**
- 나트륨은 우리 몸에서 수분 평형, 산과 알칼리 평형 등 기능을 조절해 주는 미네랄의 일종으로 칼륨과 함께 우리 몸의 산과 알칼리 평형을 조절하고 혈장의 부피를 조절해 혈압을 정상적으로 유지하는 작용을 한다.
- 결핍증은 거의 없으며 과다섭취가 문제이다.
- 식품으로는 소금, 양념류, 국과 찌개류, 라면, 김치류 등이 있다.

(4) **칼륨**
- 칼륨은 세포내액의 주요 전해질로서 나트륨이온과 함께 정상적인 삼투압을 유지 시켜 수분 평형을 유지하고 세포액을 보전하는 기능을 한다.
- 결핍의 우려가 거의 없으며 일반적으로 섭취하는 양은 과잉증이 발생하지 않는다.
- 자연식품에 널리 분포되어 있고, 신장기능의 이상으로 칼륨 배설이 정상적으로 이루어지지 않을 경우 칼륨 섭취에 주의한다.

(5) 철분
- 철은 요소 및 시토크롬, 헤모글로빈, 미오글로빈 등의 중요한 구성요소로 철의 2/3가 헤모글로빈에 존재한다.
- 산소를 조직에 운반하고 대사과정에서 발생하는 이산화탄소를 폐로 운반한다.
- 헴철과 비헴철 모두를 포함 한 육류, 어패류, 가금류가 있고 비헴철을 포함 한 달걀노른자, 진한 녹색잎채소, 곡류, 콩류 등이 있다.
- 결핍증은 철결핍성 빈혈이 있다.

(6) 요오드
- 대사율 조절에 관여하며 결핍 시 갑상선기능저하로 인해 기초대사율이 감소하여 체중이 증가한다. 반면, 과잉증은 갑상선기능 항진증을 유발하여 기초대사율을 높인다.
- 식품은 미역, 다시마, 김 등의 해조류에 풍부하다.

(7) 셀레늄과 아연
- 셀레늄은 항산화작용을 하며 결핍 시 케산병이 발생할 수 있고 육류, 생선류, 난류, 곡류 등에 함유되어 있다.
- 아연은 체내 약 100여개 효소 및 조효소의 구성요소로 작용하여 촉매활성에 기여하고 유전자 발현조절과 면역 작용 및 세포분화에 관여한다. 결핍 시 성장지연, 식욕감퇴, 설사, 탈모, 신경장애 등이 나타나고 과잉 시 구리 등 다른 무기질의 흡수를 저해하고 소화관 과민증 및 면역기능의 감소가 일어난다.
- 아연의 주요 급원식품은 붉은 살코기, 해산물, 전곡류, 콩류 등이며 동물성 급원식품이 식물성 급원식품보다 체내 아연 흡수율이 높다.

7. 수분

수분은 신체의 약 60%를 차지하는 주요구성성분으로 영양소를 운반하고 노폐물을 배출시켜 준다. 또한, 체온조절 및 타액, 소화액, 점액 등의 성분으로 윤활작용을 하고 인체를 충격으로부터 보호해 준다.

1) 수분의 기능

(1) 인체의 구성성분
- 체중의 50~70% 정도를 차지하며 혈장의 90%, 근육조직의 70% 이상, 지방조직의 10~20% 정도 차지한다.

- 남성이 여성보다 체수분 비율이 높고 연령이 증가함에 따라 체중에서 체수분이 차지하는 비율이 감소한다.

(2) 영양소와 노폐물 운반
- 혈액과 림프액의 대부분은 수분이다.
- 체내에 생긴 노폐물은 혈액을 통해 운반되어 소변과 호흡을 통해 배설된다.

(3) 신체보호작용
- 내장기관을 외부의 충격으로부터 보호하는 역할을 한다.
- 외부에서 어떤 충격을 받았을 때 조직 내에 함유되어 있는 수분이 쿠션 역할을 하여 내장기관을 보호한다.

(4) 분비액의 성분
체내에서 분비되는 다양한 분비액은 체내 대사과정이 원만히 이루어지도록 한다.

(5) 대사과정의 촉매제
- 수분은 체내 각 조직에 존재하며 영양소는 체액에 용해되어 존재한다.
- 세포 내 수분은 다양한 화학작용이 일어날 수 있도록 하며, 수분은 생명유지를 위해 필수적인 성분이다.

(6) 체온조절
땀의 99%는 수분으로 구성되어 있고 인체는 발한작용으로 체온을 정상적으로 유지한다. 땀이 증발하면서 수분이 가지고 있던 열과 함께 증발한다.

2) 수분의 필요량
수분의 필요량은 개개인의 체격, 신체활동, 생활환경, 식생활 등에 영향을 받는다. 같은 조건에서 수분 섭취가 많으면 소변 배설량이 증가하고 섭취량이 적으면 소변 배설량이 감소한다.
- 커피, 홍차, 맥주 등을 섭취하면 소변량이 증가하며 기온이 높거나 운동량으로 발한량이 증가하면 소변량은 감소한다.
- 설사나 고열이 있는 경우 탈수를 예방하기 위해서 수분 공급량이 중요하며, 땀을 많이 흘리는 여름철이나 운동 후, 비행기 탑승 시에도 수분을 충분히 섭취한다.
- 체내 수분량의 2%가 손실되면 갈증을 느끼며, 4%가 손실되면 근육 피로감, 12%가 손실되면 무기력 상태, 20%가 손실되면 사망할 수 있다.

03 영양소의 종류와 체내작용: 확인 문제

01 영양소의 일반적 작용으로 거리가 먼 것은?

① 몸의 구성물질
② 질병의 통제
③ 에너지 공급원
④ 생리적 기능조절

정답 ②
해설 영양소는 몸의 구성물질, 에너지 공급원, 생리적 기능조절 기능이 있다.

02 균형 있는 영양소 섭취의 중요성에 대한 설명으로 틀린 것은?

① 다른 음식이 아무리 풍부해도 수분을 섭취하지 않으면 생명에 큰 지장을 초래한다.
② 영양소의 대사에 작용하는 대부분의 효소들은 단백질 효소와 비단백질 조효소가 결합되어야만 기능을 발휘할 수 있다.
③ 탄수화물이나 지방을 충분히 섭취하면 단백질은 섭취하지 않아도 된다.
④ 효소 중에는 철, 마그네슘, 구리 등과 같은 금속원소인 무기질이 있어야만 활성화 되는 것이 있다.

정답 ③
해설 식품에 함유된 탄수화물, 단백질, 지방을 소화시키는 효소는 모두 단백질로 구성되어 있으므로 단백질이 장기간 결핍되면 이들을 소화시키는 효소의 양이 줄어들어 소화능력이 감소된다.

03 다음 중 이당류에 해당되는 것은?

① 과당
② 설탕
③ 전분
④ 섬유소

정답 ②
해설 포도당, 과당, 갈락토오스와 같은 단당류와 설탕(자당), 맥아당, 젖당(유당)같은 단당류가 2개 결합된 이당류 및 전분, 섬유소와 같은 단당류가 수천 개 결합 된 다당류가 있다.

04 다음 중 체내 흡수가 빨라 효율적으로 이용되는 탄수화물로서 수술환자나 극도로 피로한 사람에게 주사하거나 마시게 하는 것은?

① 포도당
② 올리고당
③ 아미노산
④ 맥아당

정답 ①

해설 포도당은 소화과정을 거치지 않고 그대로 소장에서 흡수되며 각 조직 세포 내에서 산화되어 에너지의 급원으로 환자나 수술환자, 기아상태 또는 극도로 피로한 사람에게 포도당 주사를 투여하면 쉽게 회복된다.

05 과일류의 단맛의 원천이 되는 성분들끼리 서로 연결된 것은?

① 유기산 – 알코올
② 에테르 – 카르보닐화합물
③ 크로로필 – 플라보노이드
④ 과당 – 포도당

정답 ④

해설 포도당은 과일, 채소, 꿀, 엿 등에 다량 함유되어 있고 과당은 포도당과 함께 과일과 꿀 등에 다량 함유되어 있다.

06 우리 몸에 필요한 5대 영양소가 아닌 것은?

① 탄수화물
② 단백질
③ 물
④ 무기질

정답 ③

해설 5대영양소는 탄수화물, 단백질, 지방, 비타민, 무기질이고 여기에 물이 포함되면 6대영양소라 한다.

07 탄수화물 종류에 대한 설명으로 옳지 않은 것은?

① 탄수화물은 크게 단당류, 이당류, 다당류로 분류할 수 있다.
② 이당류에는 맥아당, 서당, 갈락토오스가 있다.
③ 다당류에 전분, 글리코겐, 덱스트린이 있다.
④ 단당류는 포도당, 과당, 갈락토오스가 있다.

정답 ②
해설 이당류에는 맥아당, 서당, 유당(젖당)이 있다.

08 다음 중 탄수화물이 체내에서 하는 주된 기능으로 적합한 것은?

① 에너지를 발생한다.
② 체내작용을 조절한다.
③ 골격을 형성한다.
④ 신체를 보호한다.

정답 ①
해설 주요 에너지원으로 DNA와 RNA 구성성분이고 체내 유익균의 생증을 증가시킨다.

09 지질의 한 종류로서 글리세롤 1분자와 지방산 3분자가 결합하여 형성되는 것은?

① 중성지방
② 인지질
③ 콜레스테롤
④ 지단백질

정답 ①
해설 중성지방은 지질의 한 종류로 글리세롤 한 분자에 지방산 세 개가 붙어 있는 형태로 식품과 체내에 존재하는 지질의 대부분을 차지한다. 중성지방의 특성은 붙어 있는 지방산에 의해 결정되며 불포화지방산과 포화지방산으로 분류한다.

10 지방산의 마지막인 메틸기에서 가장 가까운 이중결합을 이루는 탄소위치에 따라 분류되는 지방산은 무엇인가?

① 트랜스 지방산
② 오메가 지방산
③ 필수지방산
④ 포화지방산

정답 ②
해설 지방산의 마지막인 메틸기에서 가장 가까운 이중결합을 이루는 탄소 위치에 따라 분류하며 오메가-3 지방산은 메틸기로부터 3번째 탄소에서 처음 이중결합이 나타나는 불포화지방산이다.

11 필수지방산의 설명으로 적합하지 않는 것은?

① 필수지방산은 체내에서 합성되지 않는다.
② 필수지방산은 체내에서 합성되더라도 그 양이 부족한 지방산으로 식품을 통해 섭취해야 한다.
③ 필수지방산의 섭취가 부족하면 성장 및 생식기능 저하가 나타날 수 있다.
④ 팔미트산, 스테아르산, 올레산 등은 체내에서 충분하게 합성된다.

정답 ④
해설 ④는 비필수지방산의 설명이다.

12 다음 중 반드시 식품을 통해 섭취해야 하는 지방산은?

① 리놀레산
② 팔미트산
③ 세팔린
④ 스테아르산

정답 ①
해설 필수지방산인 리놀레산과 알파-리놀렌산은 반드시 식품을 통해 섭취해야 한다.

13 다음 중 포화지방산과 불포화지방산에 대한 설명으로 틀린 것은?

① 포화지방산의 과다섭취는 동맥경화증을 유발한다.
② 포화지방산은 주로 동물성 지방에 많다.
③ 불포화지방산에는 리놀레산, 알파-리놀렌산이 있다.
④ 불포화지방산의 산화를 방지하기 위해 비타민 A가 필요하다.

정답 ④
해설 불포화지방산은 탄소 간 이중결합이 하나 이상을 가지며 식물성지방과 생선기름에 다량 함유되어 있고 필수지방산인 리놀레산, 알파-리놀렌산이 있으며, 산화방지를 위해 비타민 E의 필요량이 많아진다. 포화지방산은 탄소와 탄소 사이에 이중결합이 없으며, 상온에서 고체상태로 존재한다

14 지질은 에너지원이기도 하며 중요한 생체성분이기도 하다. 다음 중 지질의 기능이 아닌 것은?

① 체온조절
② 체내 기관을 보호
③ 신체의 구성성분
④ 혈장단백질 형성

정답 ④
해설 단백질은 혈장단백질을 형성한다.

15 다음 중 단백질에 대한 설명으로 옳지 않은 것은?

① 단백질은 탄수화물이나 지방과 같이 탄소, 수소, 산소로만 구성된다.
② 섭취된 단백질은 주로 체조직 성분을 구성하는데 사용된다.
③ 단백질은 1g당 4kcal를 생성하는 열량 급원으로 사용된다.
④ 단백질은 아미노산의 펩타이드 결합으로 구조를 형성하는 복합분자이다.

정답 ①
해설 단백질은 아미노산의 펩타이드 결합으로 구조를 형성하고 있는 복합분자로 탄수화물이나 지방과 달리 탄소, 산소, 수소 이외에 질소를 함유하고 있다.

16 다음 중 완전단백질에 속하는 식품은?

① 곡류
② 견과류
③ 달걀
④ 대두

정답 ③

해설 완전단백질은 정상적인 체조직 합성에 필요한 모든 필수아미노산을 충분히 함유하고 있는 단백질로 육류, 생선, 달걀, 우유 및 유제품 등이 포함된다. 불완전단백질은 필수아미노산 중 한 개 이상이 빠져 있거나 양적으로 부족한 단백질로 동물성 단백질인 젤라틴이 대표적이다

17 다음 중 체내 아미노산 풀(pool)을 감소시키는 요인이 아닌 것은?

① 체구성 성분의 합성
② 효소, 호르몬, 항체의 합성
③ 불필수아미노산의 합성
④ 체지방의 합성

정답 ③

해설 아미노산풀(amino acid pool)은 우리 몸에서 단백질이 생성되고 분해되는 균형을 의미하며 단백질 합성과 체내 아미노산이 필요할 때 사용하는 아미노산들의 단기 집합체이다.

18 다음 중 수용성비타민이 아닌 것은?

① 비타민 B_1
② 비타민 C
③ 니아신
④ 비타민 K

정답 ④

해설 지용성비타민은 비타민 A, D, E, K가 있다.

19 과잉 시 두통, 탈모증, 피부건조증에 걸릴 수 있는 영양소는?

① 철
② 비타민 A
③ 비타민 C
④ 칼슘

정답 ②
해설 과잉 시 철은 변비, 비타민 C는 수산결석, 칼슘은 변비와 신장결석이 생길 수 있다.

20 다음 중 비타민과 그 결핍증이 바르게 연결된 것은?

① 비타민 A – 구루병
② 비타민 D – 야맹증
③ 비타민 B_1 – 각기병
④ 니아신 – 괴혈병

정답 ③
해설 비타민 A–야맹증, 결막건조증, 각막연화증, 비타민 D–구루병, 골다공증, 비타민 B_1–각기병, 심장비대, 니아신–펠라그라, 비타민 C–괴혈병

21 필요량을 매일 공급하지 않으면 결핍 증상이 비교적 빨리 나타나므로 소량씩 자주 섭취해야 하는 비타민은?

① 비타민 A
② 비타민 B
③ 비타민 D
④ 비타민 K

정답 ②
해설 수용성 비타민 B군과 비타민 C의 결핍 증상에 대한 설명이다.

22 과잉 섭취 시 신장에서 소변으로 쉽게 배설되는 비타민은?

① 비타민 A, B
② 비타민 B, C
③ 비타민 B, D
④ 비타민 C, E

정답 ②
해설 수용성 비타민 B군과 비타민 C는 과량 섭취 시 신장에서 소변으로 쉽게 배출된다.

23 동물성 식품 결핍 시 걸릴 수 있는 질병은?

① 각기병
② 구루병
③ 악성빈혈
④ 골다공증

정답 ③
해설 각기병은 간, 곡류, 효모, 돼지고기 결핍 시, 구루병과 골다공증은 뼈째 먹는 생선, 우유 및 유제품 결핍 시 걸린다.

24 다음 중 철분의 흡수를 방해하는 요인은?

① 비타민 D
② 젖당
③ 옥살산
④ 섬유소

정답 ④
해설 동물성 식품에 있는 철분은 쉽게 흡수되는 반면, 식물성 식품에 있는 철분은 잘 흡수되지 않는다. 섬유소와 피트산은 철분의 흡수를 방해한다.

25 외부에서 충격을 받았을 때 조직 내에 함유된 수분이 쿠션작용을 하여 내장기관이 심하게 다치지 않도록 도와주는 역할을 해 주는 것은?

① 분비액의 성분
② 대사과정의 촉매제
③ 신체보호작용
④ 체온조절

정답 ③
해설 수분은 내장기관을 외부의 충격으로부터 보호하는 역할을 한다.

26 다음 중 대체로 체내 수분의 몇 %를 손실하면 사망하는가?

① 4% ② 7%
③ 12% ④ 20%

정답 ④
해설 체내 수분량의 2%가 손실되면 갈증, 4%가 손실되면 근육피로감, 12%가 손실되면 무기력 상태, 20% 이상 손실되면 사망할 수 있다.

27 단당류 3~9개가 연결된 것으로 체내 소화관에서 다당류가 분해되는 과정 중에 만들어지는 것은?

정답 올리고당
해설 올리고당은 단당류 3~9개가 연결된 것으로 사람의 소화효소로는 소화가 되지 않고 대장에 도달하여 대장 건강에 도움을 준다.

28 우유에 다량 함유 되어 있는 물질로서 뇌의 성장에 필수적인 작용을 하는 단당류는?

정답 갈락토오스
해설 우유에 함유된 유당의 구성성분으로 영유아의 뇌 발달에 필요한 단당류이고, 당지질과 당단백의 성분이다. 자연계에 단독으로 존재하지 않고 포도당과 결합하여 유당의 형태로 존재하며, 단당류 중 단맛이 가장 약하다.

29 중성지방, 단백질, 콜레스테롤과 인지질 등이 결합된 것으로서 지방을 각 조직세포로 운반하는 작용을 하는 영양소는?

정답 **지단백질**
해설 중성지방, 단백질, 콜레스테롤과 인지질 등이 결합된 것으로서 지방을 각 조직세포로 운반하는 작용을 한다.

30 메틸기로부터 6번째 탄소와 7번째 탄소에서 처음 이중결합이 나타나는 지방산?

정답 **$\omega-6$ 지방산(오메가 - 6 지방산)**
해설 리놀레산(C18:2), 아라키돈산(C20:4)이 있다.

31 체내 약 100여개 효소 및 조효소의 구성요소로 작용하여 촉매활성에 기여하고 유전자 발현조절과 면역 작용 및 세포분화에 관여하는 무기질은?

정답 **아연**
해설 아연 결핍 시 성장지연, 식욕감퇴, 설사, 탈모, 신경장애 등이 나타나고 과잉 시 구리 등 다른 무기질의 흡수를 저해하고 소화관 과민증 및 면역기능의 감소가 일어난다.

32 당질섭취가 부족하면 지방이 불완전 연소하여 혈액이 산성으로 기울어지는 현상을 무엇이라 하는가?

정답 **케톤증**
해설 지방의 연소는 체내의 탄수화물이 부족하면 신체 균형이 깨지고 에너지를 바꾸는 회로가 제대로 작동하지 못하여 지방을 완전히 산화시키지 못하게 된다.

04 영양과 질병

1. 영양결핍과 빈혈

1) 에너지와 단백질 결핍증

(1) 에너지 결핍증(마라스무스)

① 에너지 결핍증의 원인

부분적 기아상태로서 식품섭취 부족으로 인해 나타나며 이러한 에너지결핍증(마라스무스)은 영유아기에 많이 나타난다.

② 에너지 결핍증의 증상
- 피하지방과 근육의 감소로 체중 감소가 현저하다.
- 구토가 나며, 사물에 대한 감각이 무뎌지고 말이 없어진다.
- 운동능력 감소, 성장기 시 성장이 현저히 저하된다.

③ 에너지 결핍증 치료
- 구강이나 정맥으로 포도당을 공급한다.
- 일반 우유에는 지방분이 많으므로 치료 초기에는 탈지우유를 공급한다.
- 식품은 소화 능력에 따라 에너지와 단백질을 보충한다.
- 소량으로 자주 공급하는 것이 효과적이다.

(2) 단백질 결핍증(콰시오커)

① 단백질 결핍증(콰시오커)의 원인

단백질 섭취 부족, 간질환 등으로 혈장단백질 합성에 문제가 생길 때, 단백질 상실, 체단백질의 분해가 증가될 때 단백질 결핍증이 생긴다.

② 단백질 결핍증의 증상
- 성장이 지연되고 체중과 키가 정상인에 크게 못 미친다.
- 혈중 알부민 농도가 감소되고, 주로 다리와 얼굴, 복부에 부종이 생긴다.
- 피부염, 분홍반점이 생기고 머리카락이 희어지고 가늘어진다.

- 쉽게 감염되며 빈혈과 지방간을 일으켜 사망하게 된다.

③ 단백질 결핍증의 치료
초기에 지질 대신 탈지유유를 공급하고 고열량 식이와 고단백식이, 유화된 지방섭취, 고비타민, 고무기질 식이를 한다.

2) 빈혈
빈혈은 혈액 중의 혈색소 또는 적혈구의 양이 정상 이하로 감소된 상태를 말한다. 종류는 철결핍성 빈혈과 악성빈혈, 재생불량성 빈혈, 용혈성 빈혈 등이 있다.

(1) 빈혈의 진단
혈액검사와 임상 증상으로 이루어지며 혈색소 수치가 남성은 13g/dL, 여성은 12g/dL 이하인 경우 빈혈로 정의한다. 특히, 임산부의 경우 체중과 혈장량의 증가를 감안하여 11g/dL이하로 정의한다.

(2) 철결핍성 빈혈
가장 흔한 빈혈의 형태로 혈색소의 주요한 구성요소인 철분이 부족하여 혈색소 합성이 정상적으로 이루어지지 않아 발생한다.

① 원인
성장, 임신, 수유, 월경 등에 의한 철 필요량이 증가할 때와 소화성궤양, 위염, 암, 치질, 자궁근종 등에 의한 출혈과 만성출혈에 의한 철 배설량이 증가할 때 생긴다.

② 증상
- 철결핍성 빈혈은 적색소성 빈혈로서 적혈구수가 감소되어 나타난다.
- 적혈구는 저색소성, 소혈구성의 혈액상태를 나타낸다.
- 손톱의 모양이 달라지고 구각염이 나타나며 식성이 변화된다.
- 권태감과 피로를 느끼고 호흡곤란을 겪으며, 안색이 창백해진다.

③ 식이요법
- 주로 영양부족에 의한 저체중을 나타내므로 고열량식이를 하고, 조혈효과가 높은 동물성 단백질을 공급한다.
- 철분이 많이 함유된 간, 콩팥, 고기내장, 달걀노른자, 마른완두콩, 강낭콩, 땅콩, 녹색채소와 당밀 등을 섭취하고 비타민 C와 동물성 식품은 비헴형의 철분을 증가시키므로 철분 함유식품과 같이 섭취한다.

(3) 악성빈혈
악성빈혈은 비타민 B_{12}와 엽산의 체내 이용이 저하되어 생성되며, 위절제환자나 위궤양, 소장절제, 소장궤양 등의 환자에게서 발생된다. 식이요법으로는 고단백질 식이와 고비타민 B_{12}와 엽산식이 및 철분과 비타민 등이 함유된 균형있는 식이를 실시한다.

(4) 재생불량성 빈혈

골수 안에서 모든 세포의 모체가 되는 줄기세포를 만들지 못해 혈액세포가 줄어들면서 생기는 질환이다. 따라서 재생불량성 빈혈 환자는 적혈구, 백혈구, 혈소판 등 모든 혈액세포가 감소할 수 있다.

① 원인

대부분 알려져 있지 않으나 항체가 자가면역기전에 의한 조혈모세포의 장애에 의한 발병이 가장 잘 알려져 있다. 항암제, 유기용매, 염색제 등의 화학물질에 의한 경우와 X선, 자연방사선, 방사성 동위원소 등이 원인이 된다.

② 증상과 치료

- 증상: 혈소판 감소로 인한 출혈, 쉽게 멍이 듦, 잇몸출혈, 코피, 월경 과다의 증상이 있을 수 있고 적혈구 감소로 인한 허약감, 피로감, 운동 시 호흡곤란 등이 있다.
- 치료: 세균감염이나 출혈의 위험성을 주의하고 혈소판 기능을 억제하는 아스피린 제제의 복용을 삼가야 한다.

(5) 용혈성 빈혈

적혈구의 파괴 속도가 너무 지나치게 빠르거나 골수의 조혈이 비교적 낮아지거나 골수가 보충할 만큼 미처 적혈구 생산을 증가시키지 못할 때 빈혈로 나타난다.

① 원인

항체가 적혈구를 공격해 비장에서 파괴되도록 하는 비정상적인 면역반응으로, 종종 페니실린 등 약제에 의해 유발되며 만성 림프구성 백혈병과 전신성 홍반성 낭창에 의해 유발되기도 한다.

② 증상

피로감, 어지러움, 창백한 피부, 가벼운 운동에도 숨이 차는 등 빈혈과 공통되는 증상이 나타나며 황달, 담석, 복부팽만이 있을 수 있다.

2. 콜레스테롤과 동맥경화증

1) 콜레스테롤

주로 동물의 조직이나 달걀의 노른자 등에서 발견되는 지질의 일종으로 세포막의 주성분이고 콜레스테롤을 중간물질로 하여 담즙산, 스테로이드 호르몬, 비타민 D 등이 합성된다.

(1) 콜레스테롤 급원

① 식품의 콜레스테롤

급원식품은 소·돼지의 골수, 기름, 내장과 난류, 닭고기 등과 새우와 굴에도 다량 함유되어 있다. 식이지방은 콜레스테롤 흡수를 증진시키고 담즙산은 콜레스테롤과 마이셀을 형성하여 장점막 내로 콜레스테롤이 흡수되도록 하는 필수 물질이다.

② 생체 내에서 합성한 콜레스테롤
- 포도당, 지방산, 아미노산의 분해과정에 의해서 생성된 물질(아세틸코엔자임A)에서 합성된다.
- 스쿠알렌은 콜레스테롤 합성의 중간물질이며, 콜레스테롤은 간에서 담즙산으로 분해된다.

(2) 콜레스테롤의 체내작용

① 콜레스테롤은 세포 원형질에 다량 함유되어 있으며, 뇌와 신경조직에도 함유되어 있고 성호르몬과 비타민 D, 담즙산을 합성하는 기본 물질이다.
- 비타민 D: 피부세포에 존재하는 콜레스테롤의 유도체인 7-디하이드로콜레스테롤로부터 합성된다.
- 담즙산: 주로 간에서 콜레스테롤이 분해되어 생성되며, 지방을 유화시켜서 분해효소들의 작용을 용이하게 한다.

② 콜레스테롤은 프로게스테론, 테스토스테론과 에스트로겐 등 성호르몬 뿐만 아니라 코르티솔과 알도스테론 호르몬 합성의 전구물질이다.
- 코르티솔: 포도당 신생작용을 증진하고 지방과 단백질의 분해를 촉진하여 에너지 대사를 증진시킨다.
- 알도스테론: 나트륨과 염소와 중탄산의 신장 재흡수를 증가시켜서 혈액량과 혈압을 증가시킨다.

③ 콜레스테롤과 지단백질 대사
- 혈중 중성지방이나 콜레스테롤은 단독으로 이동하기가 불가능하다.
- 신체에 필요한 곳으로 이동하기 위해서는 혈중 단백질과 결합하여 지단백질(lipoprotein)을 형성해야만 가능하다.
- 지단백질은 밀도에 따라 분류한다.

◎ 〈표 4.1〉 지단백의 종류와 특징

종류	주요 생성 장소	특징
킬로마이크론	소장	식이의 중성지질을 운반하는 지단백질, 중성지질이 풍부하여 밀도가 가장 낮음.
초저밀도 지단백질(VLDL)	간	간에서 합성되는 중성지질을 조직으로 운반하는 지단백질로 밀도가 두 번째로 낮음.
저밀도 지단백질(LDL)	혈액 내에서 전환	혈액 내 LDL의 증가는 콜레스테롤 증가를 의미하며 동맥경화증의 위험요소로 지적 됨.
고밀도 지단백질(HDL)	간	조직에서 간으로 콜레스테롤을 운반하는 항동맥경화성 지단백질, 콜레스테롤 농도가 가장 낮고 단백질 함량이 높음.

2) 동맥경화증

동맥경화증은 혈관 중 대동맥벽에 중성지방, 콜레스테롤이 축적되어 혈관이 좁아져서 발생하는 것으로 고혈압, 당뇨병, 고콜레스테롤혈증, 흡연, 비만, 연령 등의 다양한 위험인자 들이 원인이다.

(1) 콜레스테롤과 식이요소

① 콜레스테롤 농도를 높이는 경우

포화지방산과 지방의 다량 섭취가 콜레스테롤 합성을 촉진한다. 설탕도 일시적으로 혈중 지질농도를 높인다.

② 콜레스테롤 농도를 낮추는 경우
- 식이요소 중 불포화지방산, 비타민 C와 섬유질 등은 혈중 지방과 콜레스테롤 농도를 낮추는 효과를 나타낸다.
- 운동은 지단백질 중 HDL의 농도를 높여주므로 동맥경화증을 예방하는 인자로 이용된다.

(2) 동맥경화증 예방

육류 지방과 콜레스테롤이 다량 함유된 식품의 섭취량을 감소시켜야 하며, 불포화지방산을 섭취하는 것이 좋지만 오메가-3 지방산은 혈중 지방과 혈액이 엉키는 성질을 감소시킨다. 이것은 등푸른생선에 많이 함유되어 있다.

3. 칼슘과 골다공증

1) 골다공증

골다공증은 뼛속에 구멍이 많이 생긴다는 뜻으로 뼈의 양이 줄어들어 뼈가 얇아지고 약해져 잘 부러지는 병이다. 사춘기에 성인 골량의 90%가 형성되며, 35세부터 골량이 서서히 줄어들다가 50세 전·후 폐경이 되면서 매우 빠른 속도로 골량이 줄어든다.

(1) 골다공증의 특징과 증상

① 골다공증의 특징
- 노인에게 흔히 발생하는 질병으로 특히, 폐경기 이후 여성에게 발생률이 높다.
- 늙어가면서 뼈의 생성량보다 용해량이 많아져 골질량과 골밀도가 감소하여 생기는 질병이다.

② 골다공증의 증상
- 요통, 관절통, 척추통 등 뼈가 쑤시는 통증이 발생한다.
- 작은 충격에도 쉽게 골절이 일어나고 대퇴골 상부, 척추, 팔목뼈, 어깨뼈, 골반 늑골 등이 자주 골절된다.
- 등이 굽고 키가 작아지며 근육과 신경통증을 유발하며, 특별한 자각증상 없이 골절된 후에야 알게 되는 경우가 많다.

③ 골격 조직의 특성
- 뼈는 영구적이 아니라 계속 생성되고 분해되어 보수 및 재생성이 되는 활발한 대사가 이루어지는 조직이다.
- 골조직 생성과 석회화 과정: 단백질인 콜라겐과 점성 다당류의 섬유구조인 골조직이 생성되고 여기에 인산칼슘이 침착하여 단단해지는 석회화 과정이 일어난다.
- 뼈의 생성에 필요한 성분은 단백질, 칼슘, 인 등 무기질과 비타민 A, C, D이다.
- 골격 내의 골질량 결정은 뼈의 생성량과 용해량의 균형에 의해서 결정된다.
- 뼈조직의 감소에 영향을 미치는 요인으로는 유전, 연령, 활동량, 호르몬, 칼슘 섭취 등 여러 가지 생리적·환경적 요인에 의해 영향을 받는다.

- 노령화에 따른 골질량의 감소는 혈청 칼슘 수준이 감소됨에 따라 이를 정상수준으로 유지하기 위해 뼈의 탈무기질화가 일어난다.

(2) 골다공증의 관련요인

골다공증의 관련요인은 유전과 연령, 신체활동, 에스트로겐과 기타 호르몬, 칼슘과 식이요소 등이 있다.

① 유전과 연령

- 유전: 최대 골질량은 유전적인 요인의 영향을 받지만, 뼈 손실량은 환경적 요인의 영향을 받는다. 흑인은 백인과 아시안보다 골밀도가 높고 노년기 골다공증 발생률도 적다.
- 연령: 골질량과 골밀도는 연령에 따라 달라지나 골질량의 감소는 증가된 뼈의 용해량과 감소된 뼈의 생성량으로 결정되고, 뼈의 용해량 증가가 상대적으로 더 중요하다. 여성이 남성보다 골다공증 발생률이 높다.

② 호르몬

- 에스트로겐: 에스트로겐은 골격에 대한 부갑상선 호르몬의 작용을 억제하고 칼시토닌의 작용을 촉진함으로써 뼈의 용해량을 감소시키고 칼슘 평형을 개선시킨다.
- 부갑상선 호르몬: 여성은 폐경 후 부갑상선의 혈중 농도 증가는 뼈의 칼슘 용해를 증가시키고 치밀골의 뼈손실을 증가시켜 골다공증을 유발한다.
- 칼시토닌: 갑상선에서 분비되는 칼시토닌은 뼈의 용해를 저해함으로써 칼슘대사를 개선한다.

> ※ 참고: 섬유소와 골격대사
> 섬유소는 장관 내에서 칼슘의 흡수율을 저하시키는 작용을 하며 고섬유질 식이는 음의 칼슘 평형을 유도하여 골다공증 발생위험을 증가시킨다. 뼈 손실을 막기 위해서 식이 섬유소를 적절히 섭취하고 칼슘 섭취량을 증가시킨다.

③ 칼슘과 식이요소

- 칼슘과 인: 칼슘 섭취량이 부족하면 골다공증을 유발시키고 인이 과잉 섭취되면 요중 칼슘 배설량을 증가시켜 뼈 손실을 촉진한다. 칼슘과 인의 비율은 1:1이다.
- 비타민 D와 불소: 비타민 D가 결핍되면 칼슘흡수와 혈중 칼슘 농도를 저하시켜 뼈의 칼슘 용해를 촉진한다. 불소는 조골세포를 자극하여 뼈조직 생성을 증가시키는 작용을 하지만, 과잉 섭취 시 뼈의 강도를 높여 골경화증과 골절을 유발할 수도 있다.
- 흡연과 알코올: 알코올이 직접 골아세포에 작용해 뼈의 생성을 억제하고 흡연은 폐경 연령을 앞당기고 니코틴은 에스트로겐 분비를 저하시킨다.

2) 골다공증의 예방과 치료

(1) 골다공증 예방

골격의 강도와 골질량을 최대로 유지하고 칼슘, 적당한 단백질과 인, 비타민 C와 D 섭취 등 균형 있는 식이가 중요하다. 적당한 운동을 통해 골질량을 최대화하고 뼈손실을 최대한 최소화 할 수 있다.

(2) 골다공증 치료

뼈조직을 재생시키기보다 더 이상 뼈가 손실되지 않도록 하고 진행속도를 지연시킨다.

① 골다공증 치료를 위한 에스트로겐 요법

폐경기 이후의 여성에게 에스트로겐을 투여하는 것은 골질량의 손실을 최소화하기 위해서다. 장기 투여는 혈전증 및 자궁암의 발생위험률을 증가시킬 수 있다.

② 골다공증 환자의 골질량 감소를 억제하기 위한 방법
- 칼슘보충제 급여: 칼슘보충제로는 탄산칼슘, 인산칼슘 등과 소뼈, 달걀, 굴껍질 분말 등이다.
- 비타민 D와 칼시토닌 요법: 장기간 입원 환자나 설사 환자에게 적당량을 복용하게 한다. 부작용으로 고칼슘혈증, 고칼슘뇨증이 있으며 칼시토닌 투여는 뼈손실 억제와 요통 완화하는데 효과적이지만 약값이 비싸고 식욕부진, 구토 등을 유발한다.
- 운동요법: 적당한 운동은 골손실을 억제하고 폐경기 후에도 골질량을 증가시킨다.

3) 골다공증의 식이요법

(1) 칼슘 급원 및 이용성의 증가

우리나라 정상 성인(19~49세)의 칼슘 권장섭취량은 1일 남자는 800mg, 여자는 700mg이다. 단백질, 인, 비타민 D 등은 칼슘 체내흡수를 증진하고 과량의 지방, 섬유질, 수산, 피트산은 저해시킨다.

(2) 적당량의 단백질, 인 및 비타민 D를 함유한 식사

동물성 단백질을 약 1/3 이상 섭취하고 칼슘과 인의 비율은 1:1, 비타민 D는 칼슘 흡수의 필수성분이므로 적당량의 섭취가 필요하다.

04 영양과 질병: 확인 문제

01 다음 중 에너지 결핍증의 증상이 아닌 것은?

① 피하지방과 근육의 감소
② 구토
③ 다리, 얼굴, 복부에 부종이 생김
④ 운동능력의 감소

정답 ③
해설 피하지방과 근육의 감소로 체중 감소가 현저하고 구토, 사물에 대한 감각이 무뎌지고 말이 없어지며 운동능력 감소, 성장기 시 성장이 현저히 저하된다.

02 다음 중 단백질 결핍증(콰시오커)의 증상에 대한 설명이 아닌 것은?

① 성장이 지연되고 체중과 키가 정상인에 비해 크게 못 미친다.
② 주로 다리, 얼굴, 복부에 부종이 생긴다.
③ 피부염, 분홍반점 등이 생기고 머리카락이 희고 가늘어진다.
④ 피하지방과 근육이 감소하고 구토가 따른다.

정답 ④
해설 ④는 에너지 결핍증 증상이다.

03 다음 중 철분이 많이 함유된 식품이 아닌 것은?

① 땅콩과 녹색채소
② 달걀노른자
③ 올리브유
④ 간

정답 ③
해설 철분이 많이 함유된 간, 콩팥, 고기내장, 달걀노른자, 마른완두콩, 강낭콩, 땅콩, 녹색채소와 당밀 등을 섭취하고 비타민 C와 동물성 식품은 비헴형의 철분을 증가시키므로 철분 함유식품과 같이 섭취를 권장한다.

04 다음 중 콜레스테롤의 체내작용에 대한 설명으로 틀린 것은?

① 성호르몬과 비타민 D와 담즙산을 합성하는 기본 물질이다.
② 각 조직세포의 기능을 원활히 수행하도록 한다.
③ 세포막의 구성성분이나 세포원형질에는 소량 함유되어 있다.
④ 프로게스테론, 테스토스테론과 에스트로겐 등 성호르몬 합성의 전구물질이다.

정답 ③
해설 콜레스테롤은 세포벽의 구성성분이며 세프 원형질에 다량 함유되어 있다.

05 다음 중 콜레스테롤의 증가를 의미하며 동맥경화증의 위험요소로 지적되고 있는 것은?

① LDL의 감소
② LDL의 증가
③ HDL의 감소
④ HDL의 증가

정답 ②
해설 혈액 내의 LDL의 증가는 콜레스테롤의 증가를 의미하며, 동맥경화증의 위험요소로 지적되고 있다. 반대로 HDL의 혈액 내 증가는 동맥경화증을 예방하는 요소이다.

06 뼈조직을 감소시키는 요인으로 가장 거리가 먼 것은?

① 높은 연령
② 운동 부족
③ 에스트로겐 감소
④ 칼슘 섭취의 증가

정답 ④
해설 뼈조직의 감소에 영향을 미치는 요인으로는 유전, 연령, 활동량, 호르몬, 칼슘 섭취 등 여러 가지 생리적·환경적 요인에 의해 영향을 받는다.

07 칼슘과 인의 권장 섭취량은?

정답 칼슘 : 인 = 1 : 1
해설 칼슘 섭취량이 부족하면 골다공증을 유발 시키고 인이 과잉 섭취되면 요중 칼슘 배설량을 증가시켜 뼈 손실을 촉진한다. 칼슘과 인의 비율은 1:1이다.

08 골격에 대한 부갑상선 호르몬의 작용을 억제하고 칼시토닌의 작용을 촉진함으로써 뼈의 용해량을 감소시키고 칼슘평형을 개선시키는 성호르몬은 무엇인가?

정답 에스트로겐
해설 갑상선에서 분비되는 칼시토닌은 뼈의 용해를 저해함으로써 칼슘대사를 개선한다.

09 에너지 결핍증(마라스무스)은 어느 시기에 가장 많이 나타나는가?

정답 영유아기
해설 에너지 결핍증은 부분적 기아상태로서 식품섭취 부족으로 인해 나타나며 이러한 에너지결핍증(마라스무스)은 영유아기에 많이 나타난다.

10 대체로 자가면역기전에 의한 조혈모세포의 장애에 의한 발병에 의한 것이 가장 잘 알려진 발병원인이며, 초기 증상으로 출혈을 보이는 빈혈은 무엇인가?

정답 재생불량성 빈혈
해설 골수 안에서 모든 세포의 모체가 되는 줄기세포를 만들지 못해 혈액세포가 줄어들면서 생기는 질환이다. 따라서 재생불량성 빈혈 환자는 적혈구, 백혈구, 혈소판 등 모든 혈액세포가 감소할 수 있다.

05 성인병의 영양관리

제1부 건강과 영양

1. 체중과다와 비만증

1) 비만

비만증은 체지방이 과도하게 축적된 상태를 말한다. 인스턴트 식품의 섭취증가, 식생활의 풍요, 운동 부족, 부모의 인식 부족 등이 원인이다.

(1) 에너지 대사

생명유지를 위해 에너지가 필요로 하는데 에너지를 얻기 위해서는 식품을 섭취함으로써 신체 내에서의 화학반응을 대사라고 한다. 신체의 모든 기관, 조직, 세포들은 대사작용에 관여하고 에너지 생성, 분해, 합성 등의 화학반응으로 호르몬 신호에 의해 조절된다.

① 에너지 섭취량

에너지는 탄수화물, 지방, 단백질, 알코올을 섭취함으로써 공급되며, 탄수화물은 1g당 4kcal, 단백질은 1g당 4kcal, 지질은 1g당 9kcal이다.

② 에너지 소비량

체내에서 에너지 소비는 기초대사와 활동 및 활동 정도에 따라 1일 에너지 소모량이 변한다.

㉠ 기초대사량

생명현상의 유지를 위해 체내에서 무의식적으로 일어나는 다양한 활동 및 대사작용에 이용되는 에너지이다. 기초대사량은 8시간 수면하고 나서 아침에 공복상태로 적정한 실내온도에서 측정한다.

㉡ 신체활동대사량

육체적 활동을 함으로써 소비되는 에너지로 근육량, 체중, 활동에 의해 영향을 받고 근육량이 많을수록, 체중이 많이 나갈수록 더 많은 에너지가 소모된다.

㉢ 식사성 발열효과

식품섭취 후 일어나는 영양소의 소화, 흡수, 대사 과정에서 소비되는 에너지를 의미한다.

(2) 비만의 판정

① 브로카법

키와 체중을 기초로 하여 비만도를 계산한다. 브로카법에 의한 일반적 지표는 자신의 키에서 100을 뺀 뒤 0.9를 곱한 수치이다.

- 표준체중의 10% 내외: 정상
- 표준체중의 10~20% 내외: 과체중
- 표준체중의 20% 이상: 비만

② 체질량지수(BMI: body mass index)

체중을 키의 제곱으로 나눈 값으로 20~25가 정상체중이고 그 이상은 과체중과 비만으로 분류된다. 그러나 이 지수가 높다고 하여 반드시 비만이라고 단정할 수 없다.

③ 생체전기저항 측정법

지방조직은 전기의 전도성이 낮아 전기저항을 많이 발생한다. 인체에 미세한 전류를 흐르게 하여 전기저항을 측정하고 나이, 성별, 체중에 따라 체지방률을 계산한다. 체지방률이 남자는 25% 이상, 여자는 30% 이상인 경우 비만으로 판정한다.

(3) 비만의 원인

① 유전적, 정신적 요인

지방세포의 수와 비만의 소인이 유전된다는 것 외에도 식사섭취 경향과 습관이 함께 작용한다. 사회적, 심리적 불안, 스트레스, 뇌의 시상하부의 식품섭취와 만복감을 주는 조절중추에 장애가 생길 경우 비만을 초래할 수 있다.

② 내분비 요인

㉠ 갑상선 기능 저하

기초대사량의 저하를 유발하고 이에 따라 에너지 소비가 감소된다.

㉡ 활동량과 운동량 감소

활동량과 운동량이 감소되어 열량의 소비가 감소하는 데도 열량 섭취량을 감소시키지 않으면 나머지는 체지방으로 저장된다.

③ 식습관과 식사행동

기름진 음식, 다식을 즐기는 식습관이 있는 가족에게서 비만이 많고, 외식증가는 비만을 초래한다. 간식은 취침 전이나 비활동 시 섭취하기 때문에 과외 열량으로 인해 체지방으로 축적되기 쉽다.

2) 비만치료를 위한 생활요법

(1) 식사요법
- 소비되는 에너지량보다 에너지를 더 적게 섭취함으로써 부족한 에너지를 체지방을 연소시켜 공급하여 체중을 감소한다.
- 이상적인 체중 감량은 1주일에 0.5~1kg 정도이다. 충분한 단백질 공급과 자신의 열량 필요량의 20% 정도를 감안하여 시작한다.

(2) 운동요법

운동은 자신의 건강상태에 맞는 것을 선택하여 지속적으로 하고, 유산소운동(예 에어로빅, 조깅, 수영, 테니스 등)과 운동량을 늘린다.

(3) 행동수정요법
- 활동과 식습관을 변화시키는 것을 말한다.
- 식사를 기록하여 식사시간, 식사장소, 식사 중 식사태도, 식사와 관련된 행동, 식사 시의 감정상태, 식사 시에 배고픔의 정도, 식사 형태와 양 등을 분석함으로써 행동을 변화시킨다.

2. 순환기 질환

순환기는 심장과 혈관계를 이르는 용어로 혈액의 순환에 관여하는 중요한 기관이다. 심장은 혈액을 말초혈관으로 보내는 펌프작용을 하는 장기로 순환기계통에서 중추적 역할을 한다. 혈액은 체내의 모든 기관의 활동에 필요한 영양물질과 기타 물질을 유리하고 노폐물을 운반하며, 체기능의 조절작용을 한다.

1) 고혈압

혈압이란 동맥 혈관벽에 대항한 혈액의 압력을 말한다. 심장이 수축하여 동맥혈관으로 혈액을 보낼 때의 압력이 가장 높은데 이것을 수축기 혈압이라 하고, 혈액을 받아들일 때의 혈압이 가장 낮은데 이 때의 혈압을 이완기 혈압이라고 한다.

(1) 정의와 원인

① 정의

혈압이 지속적으로 상승되어 있는 상태로 안정 시 수축기혈압이 140mmHg 이상 또는 이완기혈압이 90mmHg 이상인 경우 고혈압이라 정의한다.

② 원인

가족력, 흡연, 노화, 고지혈증, 당뇨병, 60세 이상 고령, 나트륨 과다섭취, 지방과 알코올 과다섭취 등이 있다.

(2) 고혈압의 식이요법

체중조절, 나트륨 섭취 제한, 알코올 섭취 제한, 금연, 가공식품이나 젓갈 섭취를 가능한 적게한다.

2) 동맥경화증

콜레스테롤, 인지질, 칼슘 등을 함유한 지방성 물질이 혈관에 축적된 것으로 혈관의 내강이 좁아지고 탄력성이 적어져 혈액의 이동을 방해하게 된다.

(1) 동맥경화증의 위험요소

고혈압, 고콜레스테롤 혈증, 고혈압과 흡연, 낮은 HDL-콜레스테롤, 높은 LDL-콜레스테롤, 높은 중성지방 섭취 등이 지적되고 있다.

(2) 동맥경화의 증상

심장, 신장, 뇌에 발생하고 산소와 영양소를 공급하는 관상동맥의 경화는 심장근육 괴사로 인한 심근경색증을 야기한다. 말초혈관에 발생하는 동맥경화는 손과 발이 저리고 심하면 피부궤양과 근육괴사가 발생한다.

(3) 동맥경화의 관리

비만으로 고혈압과 당뇨병 등이 발생되기 쉬우므로 체중조절에 유의한다. 체중조절을 위해 저열량식을 실시하고 과로와 과음으로 신장이나 간 등에 무리를 주지 말아야 한다.

3) 뇌졸중, 허혈성 심장질환

(1) 뇌졸중

뇌혈관의 순환장애로 뇌혈관이 막히거나 터져 뇌 조직에 손상이 초래되고 이에 따라 언어장애, 의식장애, 반신마비 등 신체장애가 나타나는 뇌혈관 질환을 뇌졸중이라 한다. 뇌졸중을 중풍이라고도 한다.

① 뇌출혈과 뇌경색

- 뇌경색은 비만, 고혈압 환자에게서 발생빈도가 높고 나이가 들수록 위험률이 높아진다.
- 뇌출혈은 과로, 폭식, 과음, 배변, 분노, 온·냉욕 시에 일어나기 쉽다. 흡연, 운동부족, 비만, 과도한 스트레스 등이 뇌졸중의 위험인자이다.

(2) 허혈성 심장질환(관상동맥성 심장질환)

- 심장근육을 향한 혈액공급이 감소되거나 두절되면서 생기는 급성 또는 만성 심장장

애(예 협심증, 심근경색 등)이다.
- 고혈압, 고콜레스테롤혈증, 흡연 등이 위험요소이며 비만과 당뇨병, 운동부족, 성격 등의 요인도 발병에 관여한다.
- 나트륨 섭취를 제한하고 식이섬유를 충분히 섭취하도록 한다.

3. 당뇨병

췌장에서 분비되는 인슐린의 작용이 부족해서 생기는 탄수화물 대사이상 상태이며 지방과 단백질, 전해질의 대사장애도 수반한다. 증상으로는 다뇨, 다음, 다식, 공복감, 체중감소, 피로감, 케톤증 등이다.

1) 당뇨병의 원인과 진단

(1) 당뇨병의 원인

유전적 요인으로 동일 가계 내 당뇨병이 많이 발생하고 일란성 쌍생아와 양친이 모두 당뇨병인 경우, 인종별로 유태인의 발병률이 높게 나타나고 있다. 비만, 감염, 내분비 이상, 임신, 정신적 스트레스, 영양불량 등도 요인이 된다.

(2) 당뇨병의 진단

요당검사, 임상증상, 혈당검사, 포도당 부하검사 등이 있다. 공복혈당은 당뇨병을 진단하는 지표로 사용된다.

① 공복혈당의 기준

정상인은 공복혈당 70~100mg/dl이고, 당뇨병은 공복혈당 126mg/dl 이상일 때 당뇨병이라 한다.

② 포도당부하 검사

일정 양의 포도당을 경구로 섭취한 후 혈당을 측정하여 당뇨병을 진단한다. 2시간 후 혈당이 200mg/dl 이상이면 당뇨라고 할 수 있다.

2) 당뇨병 관리와 응급상황

(1) 당뇨병 관리와 식이요법

① 당뇨병환자의 관리목적

신체의 정상상태를 유지해 정상 성장과 생활을 유지하고 합병증을 예방하고, 당뇨합병증으로 나타날 수 있는 동맥경화증, 신장질환, 안구질환을 예방하도록 한다.

② 약물요법

식이요법만으로 당뇨병이 관리되지 않을 때 인슐린이나 경구용 혈당강화제를 사용한다.

③ 운동요법

운동을 하면 몸의 당대사가 활발해지고 특히, 근육에서의 당 이용이 왕성해 진다. 인슐린 의존성 당뇨병과 같이 인슐린이 거의 없는 경우는 운동이 오히려 당뇨병성 혼수 등을 유발할 수 있으며 운동 시 급격한 저혈당증을 초래할 수 있다.

④ 식이요법

성인의 정상 체중을 유지하도록 하고 탄수화물 섭취를 줄이고 흡수가 빠른 단순당을 제한한다. 채소, 해조류, 잡곡 등을 섭취하고 포화지방과 콜레스테롤, 소금의 섭취를 줄인다. 또한 금주를 권장한다.

(2) 당뇨병의 응급상황

① 저혈당증

혈당의 절대치가 50mg/dl 이하로 감소되면 나타나는 현상으로 인슐린 용량이 너무 많거나 식사량이 적거나 운동을 과다하게 한 경우 일어난다.

② 당뇨병성 케톤산혈증

인슐린이 부족하면 지방조직 분해가 많아지고 케톤체가 생성되어 심한 탈수현상과 케톤산혈증이 일어나게 된다. 증상은 아세톤 냄새가 나며 얼굴이 붓고 두통, 갈증, 구토, 호흡곤란이 온다.

㉠ 원인

혈당조절이 나쁠 때, 세균성 감염 또는 감기 등 바이러스성 감염, 신체적·정신적 스트레스가 심할 때 나타날 수 있다.

㉡ 인슐린 의존성 당뇨병 환자

열이 나거나 아프면 평소보다 자주(1일 4회) 혈당을 측정하고 소변 케톤검사를 하며, 충분한 양의 수분을 섭취하고 정해진 칼로리에 해당되는 음식을 반드시 공급한다.

③ 응급처방

신속한 인슐린 요법과 수분 및 전해질 주사를 한다. 토사가 없을 때는 맑은 국물을 마시게하고 차나 주스, 사이다, 우유를 준다.

④ 당뇨성 혼수

대부분 인슐린 주사를 맞는 청소년 환자에게 잘 일어나며 오랫동안 인슐린 주사를 맞던 사람이 의사의 지시 없이 갑자기 중지한 때 발생한다. 두통이나 심한 복통 후에 혼수상태에 빠지기도 한다.

성인병의 영양관리: 확인 문제

01 다음 중 어린이 비만증 증가의 요인으로 거리가 먼 것은?

① 인스턴트 식품의 섭취증가
② 식생활의 풍요
③ 부모의 인식 부족
④ 운동 과잉

 ④

해설 비만증은 식생활의 풍요, 인스턴트 식품의 섭취 증가, 운동 부족, 부모의 인식 부족 등으로 인해 계속 증가하고 있다.

02 자신의 키에서 100을 뺀 뒤 0.9를 곱한 수치를 이용하는 비만판정법은?

① 체지방측정
② BMI법
③ 체질량지수
④ 브로카법

 ④

해설 일반적으로 지방비율을 측정하기가 쉽지 않으므로 키와 체중을 기초로 하여 비만도를 계산한다. 표준체중의 20% 이상이면 비만이다.

03 비만의 식이요법에 대한 설명 중 옳지 않은 것은?

① 단백질이 열량원으로 이용되는 것을 억제하고 케톤증을 방지하기 위해 1일 최저 100g 이상의 탄수화물을 섭취해야 한다.
② 이상적인 체중감량은 1주일에 0.5~1kg 정도이다.
③ 음식의 풍미를 높이기 위해 달고 맵게 먹는다.
④ 열량소비량을 높이기 위해 운동량을 늘린다.

정답 ③

해설 짜고 맵게 먹지 않는다. 반찬이 짜고 매우면 밥을 많이 먹게 되기 대문이다.

04 다음 중 정상혈압 수치로 알맞은 것은?

① 수축기혈압 〈 50mmHg, 이완기혈압 〈 50mmHg
② 수축기혈압 〈 70mmHg, 이완기혈압 〈 60mmHg
③ 수축기혈압 〈 120mmHg, 이완기혈압 〈 80mmHg
④ 수축기혈압 〈 130mmHg, 이완기혈압 〈 100mmHg

정답 ③

해설 고혈압은 혈압이 정상보다 계속적으로 높은 경우를 말한다.
정상혈압은 80~120mmHg, 고혈압은 90~140mmHg 이상, 저혈압은 60~90mmHg이다.

05 등푸른 생선에 많이 함유되어 있으며 동맥경화증을 예방하는 것은?

① 오메가-3 불포화지방산
② 인지질
③ 포화지방산
④ 중성지방

정답 ①

해설 비만으로 고혈압과 당뇨병 등이 발생되기 쉬우므로 체중조절에 유의한다. 체중조절을 위해 저열량식을 실시하고 과로와 과음으로 신장이나 간 등에 무리를 주지 말아야 한다.

06 다음 중 당뇨병에 대한 설명으로 옳지 않은 것은?

① 다음, 다뇨, 다식 등의 증상을 보인다.
② 유전적인 요인이 강한 대사병으로서 비만, 연령, 스트레스 등의 발병인자가 부가된다.
③ 섬유소가 풍부한 식사를 한다.
④ 꿀 등 단순당의 섭취를 늘인다.

정답 ④

해설 단순당은 농축된 열량원이며 소화흡수가 빨라 혈당 상승을 촉진시킨다.

07 체중을 키의 제곱으로 나눈 값으로 20~25가 정상체중이고 그 이상은 과체중과 비만으로 분류되는 비만판정법은?

> **정답** 체질량지수
> **해설** 체질량지수가 높다고 하여 반드시 비만이라고 단정할 수 없다.

08 식품섭취 후 일어나는 영양소의 소화, 흡수, 대사 과정에서 소비되는 에너지를 의미하는 것은 무엇인가?

> **정답** 식사성 발열효과
> **해설** 식사성 발열효과는 영양소의 소화, 흡수, 대사 과정에서 소비되는 에너지를 의미한다.

09 이것이 부족하면 지방조직 분해가 많아지고 케톤체가 생성되어 심한 탈수현상과 케톤산혈증이 일어나게 된다. 이것은 무엇인가?

> **정답** 인슐린
> **해설** 인슐린이 부족하면 지방조직 분해가 많아지고 케톤체가 생성되어 심한 탈수현상과 케톤산혈증이 일어나게 된다. 증상은 아세톤 냄새가 나며 얼굴이 붓고 두통, 갈증, 구토, 호흡곤란이 온다.

10 이것은 당뇨병의 증상으로 교감신경계 작용으로 인한 어지러움, 식은땀이 나타나며 심해지면 뇌신경 증상인 의식의 혼탁과 간질발작, 혼수 등이 일어난다. 이것은 무엇인가?

> **정답** 당뇨병성 케톤산혈증
> **해설** 증상은 아세톤 냄새가 나며 얼굴이 붓고 두통, 갈증, 구토, 호흡곤란이 온다.

06 음주, 흡연과 건강

제1부 건강과 영양

1. 음주와 간질환

1) 알코올

(1) 알코올의 개요

① 술의 사용

종교적 의식이나 의학적 목적과 사회적 관습 외에 술에 들어있는 알코올은 기분을 좋게 만들어 스트레스나 우울, 외로움 등을 잊게 해주어 사람들은 술을 마신다.

② 정신약물학적 분류

알코올은 음주로 인한 교통사고, 간질환, 알코올 중독, 관상심장병 발생으로 인한 건강장애도 심각하게 나타나며 정신약물학적 측면에서는 기분을 올려주는 물질이 아니라 떨어뜨려 우울하게 만드는 물질에 속한다고 본다.

(2) 알코올의 체내 이용

① 알코올(에탄올)의 함량

도수 또는 %로 나타내며 20도는 20%의 알코올을 함유하고 있다는 뜻이다.

② 알코올의 열량과 독성

알코올은 1g당 7.1kcal의 열량을 발생시킨다. 알코올의 독성은 아세트알데히드로 숙취의 원인이며, 음주 시 음식을 소량 섭취하거나 안주를 먹지 않고 술만 마시면 이 효과가 더욱 강해진다.

(3) 알코올 대사

① 알코올의 흡수

- 소화과정을 거치지 않으므로 위와 소장에서 매우 빨리 흡수되며 섭취 알코올의 20%가 위점막, 80%는 소장벽에 흡수되어 1분 이내에 뇌로 간다.
- 흡수된 알코올의 2~5%만이 소변, 땀, 혹은 폐를 통해 체외로 배설되고 90~98%는 대부분 간에서 산화반응을 거쳐 대사된다.
- 알코올의 분해는 간에서 이루어지며 1시간 당 처리가 가능하며, 알코올 량은 평

균 체중 1kg 당 0.1g이다.

② 알코올의 대사
- 흡수된 알코올은 우선 위장에서 일부가 대사되고, 주로 간조직에서 대사된다.
- 에탄올은 효소와 결합하여 아세트알데히드와 아세테이트를 생성하며, 아세테이트는 에너지를 발생하거나 콜레스테롤과 지방산을 합성하는데 이용된다.
- 알코올의 산화과정에서 생성되는 대사산물인 아세트알데히드는 알코올에 의한 간 손상을 유발하는 주요 인자로 지적되고 있다.

③ 알코올과 간내 영양소 대사
- 체내 장기 중 가장 큰 장기로서 성인 남자의 간 무게는 1~1.5kg, 여자는 0.9~1.3kg이다.
- 흡수되어 간으로 들어오는 영양소를 분해하여 영양소 및 체내에 필요한 물질을 합성하고 담즙의 생성과 배설 및 영양분 저장, 조절, 해독과 체온조절 등을 한다.
- 간은 탄수화물, 단백질, 지질, 비타민, 무기질 등의 대사에 관여하며 알코올이나 각종 유해성분을 해독하기도 한다.

2) 알코올성 간질환

만성적으로 과량의 알코올을 섭취하면 체내 대사에서 중요한 역할을 하는 간세포의 장애를 가져올 뿐만 아니라 위장, 췌장, 뇌, 신경, 조혈기관 및 면역계에도 치명적인 영향을 줄 수 있다.

(1) 알코올성 간질환 발생

알코올성 간질환은 알코올 자체의 독성작용 외에도 음주와 동반되는 영양장애, 유전자의 영향 및 다양한 인자들에 의해 영향을 받는다.

① 음주습관과 음주기간

마시는 술의 종류에 관계없이 얼마나 많은 알코올을 복용하였는가 가 중요하다. 술을 마셔온 기간이 길수록 심각한 알코올성 간질환이 발생할 위험이 높다.

② 성별 및 기타

여성이 남성에 비해 알코올성 간질환이 더 잘 발생한다. 여성이 남성보다 체내 지방 함량이 더 높기 때문에 알코올이 분포할 수 있는 공간이 적다. 과다지방섭취, 비만, 고혈당의 경우도 알코올성 간질환에 취약하며 간손상의 위험인자이다.

(2) 알코올성 간질환의 유형

① 알코올성 지방간

쉽게 피로하거나 소화불량, 우상복부 불편감이나 통증이 있을 수 있다.

② 알코올성 간염

간세포 염증으로 알코올 중독의 30% 정도에서 나타나고 피로, 식욕부진, 무력감, 체중감소 고열, 간 비대 등의 증상이 나타난다. 심할 경우 황달, 구토 등의 증상이 동반되기도 한다.

③ 알코올성 간경변증

간경변증은 간세포의 염증과 섬유화로 세포의 괴사가 나타나는 상태이다. 하지만 아무런 증상이 없는 경우가 있으며, 심해지면 복수가 차거나 식도 정맥류가 발생하여 심한 출혈을 나타내면서 뇌기능과 신장기능에 영향을 미칠 수도 있다. 알코올 간경변은 간암으로 이환 될 위험이 있다.

(3) 알코올성 간질환의 식사요법

과다한 음주로 인한 불규칙적인 영양 섭취를 교정하고 회복을 위해 단백질과 비타민 및 무기질의 영양소를 충분히 섭취한다.

- 반드시 금주하고 금주 직후에는 회복에 필요한 에너지 공급의 식사와 간식을 자주 섭취한다.
- 충분한 단백질 공급을 위해 고기, 생선, 두부, 달걀 등을 골고루 섭취한다. 단, 간성혼수가 있을 시에는 단백질 섭취를 줄인다.
- 복수 및 부종이 동반된 경우 저염식을 병행한다.
- 녹즙 등 고농축 음식이나 민간요법은 간기능을 악화시킬 수 있으므로 주의한다.

2. 흡연과 폐질환

1) 흡연과 건강

일반적으로 담배와 관련되는 암은 흡연습관의 강도에 따라 좌우된다. 흡연이 일으키는 병은 폐 뿐만 아니라 방광, 구강, 후두, 식도 등에 영향을 준다.

(1) 담배의 유해물질

① 니코틴

- 니코틴은 담배 특유의 성분으로 폐로 빠르게 흡입되어 체액 속으로 흡수된 후 19초 이내에 뇌에 도달한다.
- 혈압, 심박수, 심장 박출량을 증가시키며 말초혈관을 수축시키고 혈중 고밀도지단백 농도를 저하시켜 동맥벽에 콜레스테롤 침착을 촉진함으로써 동맥경화증의

원인이 되고 골다공증의 원인이 된다.
- 습관성 중독으로 뇌에 니코틴 수용체가 생기며, 빠른 속도로 니코틴 내성이 생겨 습관성 중독이 된다.

② 일산화탄소
- 담배 연기 속에 약 0.5~1%의 일산화탄소가 포함되어 있으며, 화학성 질식성 가스에 속한다.
- 체내에서 혈관 내벽세포를 손상시키고 헤모글로빈, 미오글로빈, 시토크롬계 산화효소 같은 단백질과 결합하여 산소공급을 저하시킨다.

③ 타르
- 담뱃진의 성분. 담배 맛과 향을 결정함으로써 흡연 욕구를 충동하는 역할을 한다.
- 방향성 고리화합물이 주성분인데 상당수가 발암물질이다.
- 니트로소아민, 방향성 아민은 방광암을 유발하며 벤조피렌은 폐암을 유발한다.

(2) 니코틴의 금단현상
① 금단현상은 정신불안증, 신경질, 불안감을 유발, 24~48시간에 최대에 이르며 서서히 감소한다.
② 장기 흡연자를 대상으로 한 연구에서 담배를 피운 개수와 관계없이 중독된 흡연자는 니코틴양을 스스로 조절하고 있음을 나타낸다.
③ 중독된 흡연자들은 특별한 상황에서도 니코틴을 섭취하려는 노력을 기울이는데 식초를 넣은 후 말려서 담배 맛을 떨어뜨려도 일반 담배와 비슷한 개수를 피웠다.

2) 흡연과 영양

1) 흡연과 영양섭취 실태

(1) 식습관과 영양섭취 실태
① 스트레스는 흡연과 음주를 증가시키며 미각을 둔화시켜 전반적인 식품선택에 영향을 준다.
② 흡연자들은 탄수화물, 알코올 등의 고열량 식품을 많이 섭취하고 비타민, 무기질 등이 많은 채소류, 과실류는 많이 섭취하지 않는 것으로 알려져 있다.

(2) 혈중지질
① 하루 25개비 이상 피우는 사람들은 HDL이 낮고 LDL은 높다.
② 흡연으로 인해 지방조직에서 지방의 분해가 촉진되어 혈중 유리지방산을 증가시켜

간에서 중성지방과 초저밀도지단백의 합성을 증가시켜 혈중 지질농도가 증가하는데 이것은 간에서 고밀도 지단백합성을 억제하기 때문이다.

(3) 무기질

① 산화된 LDL이 동맥 내벽에 침착하게 되면 콜레스테롤이 축적되어 동맥경화증이 나타난다.

② 저밀도지단백(LDL)은 유해산소에 의해서 과산화지질이 되며 구리, 철 같은 금속이온에 의해 산화가 촉진된다.

③ 담배에 포함된 산소라디칼과 산화를 촉진시키는 물질들이 혈청 구리 농도와 셀룰로플라즈민(구리운반단백질)의 농도를 높인다.

(4) 항산화 비타민

① 담배연기에는 지질을 산화시키는 유리기가 다량 함유되어 지질의 산화를 방지하기 위해 흡연자는 비흡연자보다 체내 항산화 영양소의 필요량이 증가한다.

② 비타민 C, A섭취를 충분히 해야 한다.

3) 흡연과 폐질환

(1) 폐암

폐암이란 폐에서 비정상적인 암세포가 무절제하게 증식하여 종양(덩어리)를 형성하고 인체에 해를 미칠 때 이를 폐암이라 한다. 흡연은 폐암에 있어 가장 중요한 발병요인이다.

① 타르

점액과 섬모운동에 의한 이물질 제거 기능의 장애를 초래하여 상피세포에 흡입 된 담배연기 속에 있는 여러 가지 발암물질에 대한 노출 시간을 길게한다.

② 담배필터의 사용

타르나 니코틴의 흡입을 줄일 수 있어 폐암 위험률을 줄인다.

③ 흡연의 양과 폐암 발생률의 상관관계
- 흡연량이 증가할수록 폐암 발생률이 높으며, 흡연기간도 폐암 발생률과 관계가 있다.
- 흡연 시작 연령이 낮을수록 폐암발생에 영향을 미치는데, 15세에 흡연을 시작한 경우 25세에 시작한 경우보다 60세가 되었을 때의 폐암 위험률이 4배나 된다.

④ 만성폐쇄성 질환

나이가 들면서 생기고 오랜기간 동안 담배를 피운 사람한테 잘 발생한다. 만성폐질환은 서서히 진행되고 처음에는 가벼운 호흡곤란과 기침이 간혹 나타나지만 진행되면 호흡곤란이 심해진다.

(2) 동맥경화증과 심장순환의 질병

① 심장혈관질환의 유발은 흡연량에 따라 증가하며, 대부분 관상동맥질환 환자는 흡연 중이거나 흡연경력이 있다.

② 흡연이 심장순환계 질환을 증가시키는 기전

일산화탄소의 증가로 인해 심근에 산소가 부족해져 심근과 허혈상태가 발생하거나, 니코틴의 직접적인 작용으로 동맥 내벽은 세포가 손상돼어 콜레스테롤 같은 지방의 침투가 용이해져 동백경화증이 생긴다.

③ 흡연이 혈중 지질 농도에 영향을 미치거나, HDL 농도를 감소시켜 관상심장 질환을 초래할 수 있다.

06 음주, 흡연과 건강: 확인 문제

01 알코올에 대한 설명 중 옳지 않은 것은?

① 아세트알데히드는 알코올에 의한 간 손상을 유발하는 주요 인자이다.
② 생성된 아세테이트는 100% 에너지를 발생하는데 사용된다.
③ 에탄올의 함량은 도수 또는 %로 나타낸다.
④ 에탄올은 1g당 7.1kcal의 열량을 발상시킨다.

정답 ②
해설 생성된 아세테이트는 에너지를 발생하거나 콜레스테롤과 지방산을 합성하는데 이용된다.

02 다음 중 간에 대한 설명으로 옳지 않은 것은?

① 영양소 및 체내에 필요한 물질을 합성한다.
② 체내 장기 중 가장 큰 장기이다.
③ 알코올이나 각종 유해성분을 해독하기도 한다.
④ 이산화탄소 배출을 돕는다.

정답 ④
해설 흡수되어 간으로 들어오는 영양소를 분해하여 영양소 및 체내에 필요한 물질을 합성하고 담즙의 생성과 배설 및 영양분 저장, 조절, 해독과 체온조절 등을 한다.

03 알코올성 간질환에 대한 주의사항으로 옳지 않은 것은?

① 복수 시에는 고열량, 고나트륨 식이를 해야 한다.
② 충분한 단백질 섭취를 위해 고기, 생선, 두부 등을 골고루 섭취한다.
③ 가능한 금주를 반드시 지키도록 한다.
④ 부족한 비타민 및 무기질 보충을 위해 채소와 과일을 충분히 섭취한다.

정답 ①
해설 복수 및 부종이 동반 된 경우 저염식이를 병행한다.

04 알코올 중독자가 갑자기 음주를 중단했을 때의 금단증상 발생기간에 대한 설명으로 가장 적절한 것은?

① 1일~2일째 시작, 3~4일 이내 해소
② 1일~3일째 시작, 5~7일 이내 해소
③ 3일~4일째 시작, 7~10일 이내 해소
④ 5일~6일째 시작, 7~10일 이내 해소

정답 ②
해설 알코올 금단현상은 1일~3일째 시작, 5~7일 이내 해소된다.

05 다음 중 흡연 시 쉽게 중독을 일으키는 물질로 금연 시 불안, 초조, 집중력 장애 등의 금단증상을 유발하는 것은?

① 타르
② 니코틴
③ 포름알데하이드
④ 일산화탄소

정답 ②
해설 담배의 유해성분은 니코틴, 일산화탄소, 타르, 그 밖의 기체성분이다.

06 흡연과 영양에 대한 기술 중 옳지 않은 것은?

① 구리 : 아연의 비가 높을수록 급성 심근경색의 위험도는 낮아진다.
② 흡연자는 비흡연자보다 체내 항산화 영양소의 필요량이 증가된다.
③ 하루 25개비 이상 피우는 사람들은 HDL이 낮고 중성지질 LDL은 높다.
④ 아무리 적은 양이라 할지라도 흡연이 지속된다면 동맥경화증 및 심장순환계 질환의 위험률을 높일 수 있다.

정답 ①
해설 심혈관계 질병의 진단 및 예후의 판정에 구리:아연의 비는 매우 민감한 지표로 사용되고 있으며, 구리:아연의 비가 높을수록 심혈관계의 질환이나 급성 심근경색증의 위험도는 증가한다.

07 담배의 독특한 맛을 내는 주요 인자로서 흡연 욕구를 충동하는 역할을 하는 것은?

> **정답** 타르
> **해설** 타르는 담배를 피울 때 파이프나 필터를 검게 하는 담뱃진의 성분이며, 담배 맛과 향을 결정하는 주요 인자로써 흡연 욕구를 충동하는 역할을 한다.

08 알코올의 산화과정에서 생성되는 대사산물로 알코올에 의한 간 손상을 유발하는 주요 인자로 지적되는 것은?

> **정답** 아세트알데히드
> **해설** 에탄올은 효소와 결합하여 아세트알데히드와 아세테이트를 생성하며, 알코올 → 아세트알데하이드 → 아세트산 → 이산화탄소, 물 배출 순이다.

09 간세포의 염증과 섬유화로 세포의 괴사가 나타나는 상태이지만 아무런 증상이 없는 경우가 있으며, 심해지면 복수가 차거나 식도 정맥류가 발생하여 심한 출혈을 나타내면서 뇌기능과 신장기능에 영향을 미칠 수도 있는 알코올성 간질환의 유형은?

> **정답** 알코올성 간경변
> **해설** 알코올 간경변은 간암으로 이환 될 위험이 있다.

10 흡연자들은 혈청 비타민 농도가 비흡연자에 비해 낮아지는데 이때의 비타민은 어떠한 비타민을 말하는가?

> **정답** 비타민 C
> **해설** 흡연자는 비타민 C 대사에 해로운 영향을 일으킨다. 흡연자에게는 비타민 C의 추가 섭취를 권장하지만, 추가적으로 섭취한다고 흡연이 건강 상에 어떤 위해를 주지 않는 것은 아니다.

PART

02

건강과 질병

01 일상생활과 건강
02 노동과 건강

01 일상생활과 건강

제2부 건강과 질병

1. 일상생활의 관리

1) 식사와 배설

일상생활 동안 하루에 세 끼 식사를 규칙적으로 하도록 하고, 아침식사를 안하는 것은 불규칙한 식습관으로 이어져 영양 불균형을 초래하게 된다. 그리고 간식 섭취나 점심 폭식으로 연결되어 체중 증가의 원인이 된다.

(1) 식사

하루에 섭취하는 음식의 총량은 신체적 요구량에 부합되도록 한다. 음식은 골고루 섭취하며 즐거운 마음으로 천천히 식사한다.

(2) 배설

섭취한 음식의 배설은 직장내압 및 반사작용으로 이루어지며 대장에 대변을 오래 가지고 있을수록 수분이 흡수되어 대변이 굳어질 뿐만 아니라, 세균에 의해 부패되기 때문에 가스와 독소를 배출하게 된다.

2) 수면과 휴식

(1) 수면

수면은 개인적인 습관이지만 대체로 하루 7~8시간 정도의 수면이 적당하다.

① 불면증

만성적으로 잠을 자지 못하거나 잠을 자다가 저절로 깨어 다시 잠을 이루지 못하는 경우를 말한다. 원인은 고민, 긴장, 좌절감 같은 정신적 스트레스와 커피·홍차 같은 카페인 함유의 식품 섭취, 과식이나 과음 및 운동부족 등이다.

② 불면증의 대책
- 낮에 몸을 움직여 운동을 하고 취침 전 가벼운 산책도 좋다.
- 잠들기 전 따뜻한 우유를 마시고, 카페인 음료는 금한다.
- 아주 소량의 알코올은 수면에 도움이 될 수 있지만, 이것이 습관이 되어서는 안 된다.

- 조명은 어둡게 하고 전자 기기는 되도록 멀리 두고 업무나 공부에 관련이 없는 기분 전환용 독서를 한다.

3) 활동과 운동

신체활동이 건강을 해치지 않을 정도의 가벼운 운동을 지속적으로 한다. 건강을 위한 적당한 신체활동의 종류와 양이 따로 정해져 있지 않으므로 각자가 좋아하는 활동이 신체에 적합하도록 활동의 양을 조절하도록 한다.

4) 피로

피로는 오랜 시간 일을 하고 나면 전신이 나른하고 능률이 떨어지고 몸의 여러 곳이 쑤시고 아프게 되는 현상이다. 발생 원인은 에너지원의 소모, 피로물질의 축적, 체내에서의 물리·화학적 조절변화, 신체조절기능의 저하 등으로 볼 수 있다.

(1) 피로의 종류

① 정신적인 피로와 육체적인 피로
- 정신적인 피로: 중추신경계의 피로를 말하는 것으로 아주 정밀한 작업을 하거나 어려운 계산을 하는 등 정신적인 긴장을 요하는 작업을 할 때 일어나게 된다.
- 육체적인 피로: 육체적 노동에 의한 근육의 피로를 말하며, 정신적 피로나 육체적 피로는 단독으로 생기기보다는 정신노동이 위주인 경우는 정신적 피로가 많이 생겨 함께 발생한다.

② 보통피로와 과로 및 곤비상태
- 보통피로: 하루저녁 휴식하면 완전히 회복할 정도의 것을 말한다.
- 과로 및 곤비상태: 과로는 다음 날까지도 피로상태가 계속되는 것을 말하며, 과로상태가 축적된 상태를 곤비라 한다.

③ 피로의 증상
- 육체적인 증상: 머리가 무겁고 아프며, 전신이 나른하고 어깨·가슴이 결리고 숨쉬기가 어렵고 팔·다리가 쑤신다.
- 정신적인 증상: 졸음이 오고 주의력이 산만해지며 마음이 안정되지 못한다.

④ 피로의 회복방법

피로회복에는 규칙적인 생활과 기본영양을 골고루 섭취하는 것이 중요하며 육체적인 노동으로 피로할 경우 당분은 좋은 피로회복제가 될 수 있다.

5) 흡연

(1) 담배의 성분

담배연기에는 니코틴, 일산화탄소, 타르 등 4,000여종의 성분이 포함되어 있으며, 이 중 상당수가 독소와 발암성 물질인 것으로 알려져 있다.

① 흡연이 주위 사람에게 주는 영향(간접흡연)

흡연자 자신 뿐만 아니라 배우자를 비롯한 가족과 주변 사람으로 이들의 건강도 위태로워질 수 있다.

② 금연의 장점
- 담배를 끊는 경우에 스트레스 호르몬의 분비가 정상수준으로 돌아온다.
- 산소흡입으로 인한 순환상태는 호전되고 모세혈관은 다시 확장되어 사지와 심장, 뇌로 흐르는 혈액의 순환이 좋아진다.
- 금연 후 10~15년 후에는 폐암, 구강암, 후두암의 위험이 거의 비흡연자의 수준에 가까워진다.

6) 음주

소량의 술을 마시는 경우에 몸의 긴장을 풀어주고 식욕을 자극하지만, 혈압이 높은 사람에게는 역효과를 가져오기도 한다. 알코올은 에너지원이 될 수 있지만 비타민과 미네랄의 결핍을 초래한다.

(1) 알코올의 영향

① 소화된 알코올의 95%는 위나 소장에서 직접 혈액 속으로 흡수된다. 뇌에 도달한 알코올은 소량으로도 강한 흥분제 역할을 하며, 알코올에 의해 증가된 소화액은 위통을 일으키고 신장은 알코올의 자극을 받아 과다한 양의 물을 배설시켜 탈수를 일으킨다.

② 혈중알코올은 반응시간을 지연시키고 신체적인 적응, 시력, 인식능력을 모두 저하시킨다. 혈중알코올은 간에서 이산화탄소와 물로 분해 된 후 몸 밖으로 배설된다.

(2) 만성적 알코올 의존증

① 술을 마심으로써 시력, 성기능, 순환, 영양 등 여러 가지 문제가 나타나며 노인의 알코올 의존증은 비타민과 영양 결핍증의 일차적인 원인이 된다.

② 과음으로 인한 위험성
- 고혈압, 심장마비 등 심장질환의 발생위험이 높다.
- 식사 중 과음하는 경우 흔히, 질식의 발생 위험성이 높은데 인공적 치아 보철물

을 가지고 있는 경우 특히 위험하다.
- 비타민 B_{12}와 엽산의 흡수장애를 유발한다.

2. 성인병의 예방과 건강진단

1) 건강진단

건강을 유지하기 위해서 질병의 진단과 치료가 필요하지만, 치료에 있어서 자각증상이나 타각증상이 있은 후 손을 쓰다보면 이미 때가 늦은 경우가 많기 때문에 발병초기에 조기진단을 함으로써 건강생활을 적극적으로 설계하려는데 의의가 있다.

(1) 건강진단의 분류

건강진단을 크게 나누면 개인적 건강유지를 위한 것과 국민 전체의 건강유지를 위하여 행정적으로 특정한 대상자에게 의무적으로 하는 것이 있는데, 후자의 경우를 '정기건강진단'이라고 한다.

(2) 건강진단의 검사항목

검사항목에 있어서는 대상에 따라 다르나 신체계측 외에 감각기, 신경계, 순환기, 호흡기, 소화기 등의 임상검사와 X선에 의한 흉부검사 등을 한다.

2) 정기검진을 요하는 성인병

(1) 고혈압

정상 성인의 수축기혈압은 120mmHg 미만이며 이완기혈압은 80mmHg 미만이다. 정도에 따라서 고혈압 전단계, 1기와 2기 고혈압 등으로 구분된다.

① 원인

심혈관질환의 가족력(유전), 흡연, 고지혈증, 당뇨병, 나트륨의 과잉섭취 등이다.

② 증상 및 예방

증상은 두통, 가슴이 뛰는 증상이 있을 수 있고 예방으로는 체중조절, 과도한 알코올 섭취 금지, 식이요법 등을 행한다.

(2) 당뇨병

당뇨병이란 혈액 중의 포도당(혈당)이 높아서 소변으로 포도당이 넘쳐 나오는데서 지어진 이름이다. 인슐린은 췌장 랑게르한스섬에서 분비되어 식사 후 올라간 혈당을 낮추는 기능을 한다. 만약 인슐린이 모자라거나 성능이 떨어지게 되면 체내에 흡수된 포도당은 이용되지 못하고 혈액 속에 쌓여 소변으로 넘쳐 나오게 되는 것을 말한다. 우리나라는 최근 당뇨병 인구가 증가하고 있고 공복 혈당치 126mg/dL 이상, 식후 2시간 혈당치 200mg/dL 이상을 기준으로 한다.

① 제1형 당뇨병(인슐린 의존성 당뇨병)

인슐린호르몬의 부족으로 일어나는 질환으로 주로 40대 이하의 젊은 연령층에서 발생하고 발병시간도 빠르며, 일명 소아당뇨라고도 한다. 이 경우는 외부에서 공급하는 인슐린이 없이는 혈당을 조절하기 힘들며 생존에 위협을 받는다.

② 제2형 당뇨병(인슐린 비의존성 당뇨병)

주로 40세 이상의 연령층에서 발성하고 비만, 식생활, 스트레스 등 원인이 다양하다.

③ 당뇨병의 식사요법

- 매일 일정한 시간에 알맞은 양의 음식을 규칙적으로 먹는다.
- 설탕이나 꿀 등 단순당의 섭취를 주의한다.
- 식이섬유를 적절히 섭취하고 적정량의 지방을 섭취하며 콜레스테롤의 섭취를 제한한다.
- 소금 섭취를 줄이며 술은 되도록 피한다.

(3) 뇌졸중

뇌의 일부분에 혈액을 공급하고 있는 혈관이 막히거나 터져 그 부분의 뇌가 손상되어 나타나는 신경학적 증상으로 흔히 중풍이라고도 한다.

① 원인

- 뇌경색증: 뇌혈관의 동맥경화증으로 인하여 혈관이 좁아진 상태에서 일어난다.
- 뇌출혈: 고혈압으로 혈관벽이 약해진 상태로 약해진 혈관벽이 늘어나 꽈리 모양의 동맥류를 이룬 상태이며 뇌혈관의 선천성 기형 등으로 생긴다.

② 초기증상

뇌에 이상이 생기면 반대쪽에 마비, 반신불수, 감각이상, 감각손실 등이 있게 되고 심한 두통과 반복적인 구토에 이어 의식장애가 나타난다.

③ 예방

뇌졸중 예방을 위해서는 금연, 금주 및 절주, 저염식, 지속적인 운동, 적정체중 유지, 스트레스 줄이기, 정기적인 혈압과 혈당 및 콜레스테롤 측정 등이다.

(4) 골다공증

① 폐경기 후 골다공증

에스트로겐의 감소에 의한다. 에스트로겐은 뼈에서 칼슘이 빠져 나가는 것을 차단하는 호르몬이다.

② 노인성 골다공증

노인이 되면서 활동력의 감소, 영양섭취의 부족, 전체적인 대사활동의 저하 등으로 생긴다.

③ 골다공증의 증상

골다공증 환자는 단순한 요통 이외에 특이한 증상이 없어서 골절이나 골의 변형이 발생한 후에나 병원을 찾게 되므로 조기진단이 어렵다.

④ 예방

30세 전·후에 도달하는 최고 골량은 개인차가 매우 심하다고 하는데, 이 때 열심히 운동하고 우유나 멸치 등 칼슘이 풍부한 음식을 충분히 섭취하면 예방효과가 있으며 지속적인 최대한의 골량형성과 유지를 위해 충분한 칼슘 섭취와 운동량의 증가에 노력해야 한다.

3. 기본적인 관찰과 측정법

1) 체온측정

체온은 신체 내부 온도를 말하며 건강상태를 보여주는 중요 지표이다. 감염·외상·약물 부작용 등이 발생했을 때 체온이 정상을 벗어나게 된다. 체온은 구강, 겨드랑이, 이마, 고막 등에서 잴 수 있는데 특정 부위 별로 범위가 조금씩 다르다. 사람의 체온은 대체로 36~37℃ 정도이다.

2) 측정법

(1) 맥박 측정법

성인의 맥박은 분당 60~80회로 규칙성, 강도 등도 함께 평가한다.

(2) 몸무게 측정

정상체중은 표준체중의 범위이고 과체중은 표준체중에서 10~20% 범위일 때를 말하며, 비만은 표준체중보다 20% 이상을 초과할 때를 의미한다.

(3) 혈압의 측정과 평가

성인의 정상치는 120/80mmHg이며, 연령이 증가함에 따라 점차 상승한다.

(4) 후두의 모양과 색깔

염증, 부종, 목구멍의 흰색 또는 노란색 백태 등은 후두 염증의 징후이다.

4. 통상증상의 관리

1) 두통

두통은 머리에 통증이 있고 욱신거리며 눈을 뜨기 힘들 정도로 통증이 계속되다가 몇 시간이 지나면 없어지는 경우가 대부분이다.

(1) 두통의 종류

① 긴장성 두통

얼굴, 목, 두개 근육의 긴장으로 유발되는데 수면부족이나 스트레스 등이 주원인이다.

② 근육성 두통

단순작업, 독서 등으로 인하여 발생한다.

③ 편두통

오심, 구토, 눈이 침침해지거나 빛에 민감해지고 열점을 느끼며 이명 등이 동반한다.

④ 부비동 두통

뺨의 위쪽, 이마, 콧등 부분에 위치한 부비동 위의 통증이다. 부비동은 콧속 양쪽에 있는 구멍으로 여기에 염증이 있거나 액체가 고이면 통증을 유발한다.

(2) 두통의 예방

초기증상을 기록하고 두통발생 초기에 제거하려는 시도를 한다. 규칙적인 운동을 하고 민감한 사람들에게 두통을 유발하는 바나나, 카페인 음료, 초콜릿, 양파, 호두, 적포도주, 신크림, 초산 등의 음식을 피한다.

2) 안질환

(1) 다래끼

다래끼는 눈썹의 뿌리 부분에 염증이 생긴 것으로 1주일 정도 지나면 저절로 치유된다. 염증 초기에는 항생제를 투입함으로써 예방한다.

(2) 눈의 피로

희미한 불빛 아래서 오랫동안 책을 읽거나 세밀한 일을 하는 것을 피한다.

3) 구강질환

(1) 구강궤양과 칸디다증

궤양은 혀에 푸른 빛의 황색반점이 있는 경우로 세정제나 소금물로 입을 깨끗이 한다. 칸디다증은 입이나 혀에 황색 부위가 나타나며 통증을 동반하면 곰팡이의 일종인 구강 칸디다증인 경우가 대부분이다.

(2) 입의 염증

- 잇몸의 염증은 구강세정제나 소금물로 입안을 깨끗이 한 후 진통제를 복용한다.
- 구순 헤르페스는 입술에 수포가 있고 통증이 있는 경우로 바이러스에 의해 감염된다.
- 구치는 구강과 잇몸, 혀 등의 염증에 의해 악취가 난다.

(3) 목젓의 염증

- 목젓 부위의 통증은 목구멍의 가벼운 감염이나 자극에 의해 나타난다.
- 목구멍의 통증은 유행성감기, 유행성 이하선염(볼거리), 인두염 및 편도선염 등 목구멍의 염증에 의한 것이다.

4) 기타

(1) 가슴의 통증

가슴 통증은 예리하게 찌르는 통증, 짓누르는 통증, 지속적인 둔한 통증 등이 있는데 대부분 일시적인 경우가 많다.

① 심근경색으로 인한 통증

짓누르는 듯한 매우 심한 통증이 가슴의 중앙 부위에 느껴지거나 호흡정지와 부정맥을 동반하는 경우는 응급처치를 요한다.

② 일반적으로 급성기관지염, 소화불량, 흉부의 작은 외상 등이 가슴의 통증을 유발한다.

(2) 비출혈

코 부위에 충격을 받으면 출혈이 있게 되는데, 이럴 때에는 다음과 같은 조치가 필요하다.

- 머리를 앞으로 숙이고 앉는다.
- 엄지와 검지손가락으로 코의 중앙을 눌러준다.
- 15분 동안은 입으로 숨을 쉰다.
- 입으로 숨쉬면서 코에는 찬 물수건을 대어준다.
- 하루 동안은 코를 풀지 말고 무거운 물건을 들거나 심한 운동을 삼간다.

5. 스트레스의 관리

1) 스트레스

스트레스는 자극에 대한 신체적·정신적 반응으로 에너지의 소모와 괴로움이 뒤따르는 경우가 많다.

(1) 스트레스 분류

스트레스는 긍정적 스트레스와 부정적 스트레스로 구분할 수 있다.

① 긍정적 스트레스

당장에는 부담스럽더라도 적절히 대응하여 향후 삶이 더 나아질 수 있는 스트레스이다.

② 부정적 스트레스

자신의 대처나 적응에도 불구하고 지속되는 스트레스는 불안이나 우울 등의 증상을 일으킨다.

(2) 스트레스 진행과정

스트레스를 일으키는 원인이 있어야 하는데, 이를 자극원(stressor)이라고 한다. 진행과정은 다음과 같다.

- 1단계: 자극원이 물리적·정신적·사회적인 힘으로 스트레스를 가한다.
- 2단계: 스트레스로 인하여 스트레스 상태가 된다.
- 3단계: 스트레스 상태에서 벗어나려고 적응하는 단계이다.
- 4단계: 스트레스에 의하여 변화된 상태가 된다.

2) 자극원

(1) 신체적 자극원

- 좋은 자극원: 정기적인 예방접종, 균형잡힌 식사와 규칙적인 배설, 적당한 수면과 휴식, 규칙적인 운동, 안전한 생활 등
- 나쁜 자극원: 병원균, 약, 담배, 술, 사고, 불규칙한 생활 등

(2) 정서적 자극원

- 좋은 자극원: 적절한 인내, 성숙한 정서, 밝은 인상, 멋진 모습, 사랑 등
- 나쁜 자극원: 분노, 공포, 적개심, 사랑의 결핍 등

(3) 정신적 자극원
- 좋은 자극원: 강렬한 지적욕구, 적극적인 학습, 계획된 지적활동, 실현가능한 목표 설정 및 실현 등
- 나쁜 자극원: 정신적 갈등, 저조한 지적욕구, 감당하기 힘든임무, 낮은 자긍심 등

(4) 영적 자극원
- 좋은 자극원: 성숙된 도덕심, 좋은 인생 철학 등
- 나쁜 자극원: 죄의식, 도덕심의 결여, 인생철학의 빈곤 등

(5) 사회적 자극원
- 좋은 자극원: 좋은 인간관계, 좋은 의사소통기술, 친한 친구, 적극적인 사회참여, 행복한 가정 내의 인간관계, 직업적 긍지 등
- 나쁜 자극원: 비웃음, 조롱, 싸움 등

3) 스트레스 발생근원

일상생활을 통하여 우리는 매 순간 마다 내적 자극원, 상호작용에 의한 자극원, 삼라만상에 의한 자극원 등을 건강에 좋은 자극원으로 활용하고, 필요에 따라 수시로 이를 창출하여 항상 희열을 느끼도록 자신을 관리함으로써 건강이 증진된다.

(1) 내적인 근원
내적인 근원은 자신이 스스로 스트레스를 만든다. 내적 자극원은 신체 내부로부터 발생하는 스트레스로서 발열, 추위, 통증, 우울, 분노와 같이 나쁜 자극원이 있는가 하면 좋은 신체적 상태, 즐거운 생각, 사랑하는 마음 등과 같이 좋은 자극원이 있다.

(2) 상호작용에 의한 자극원
- 스트레스를 일으키는 상태와 상호작용 관계 속에서 스트레스가 발생한다.
- 상호작용에 의한 자극원은 나와 다른 사람 혹은 동물이나 물건 등의 상대로부터 자극을 받아 스트레스를 느끼는 것이다.
- 인간관계 속에서 발생하는 스트레스가 인간의 정신과정에 영향을 주는 것들이다.

(3) 삼라만상에 의한 자극원

제 3자에 의해서 스트레스를 받거나, 자동차의 경적소리, 날씨, 오염, 홍수, 전쟁, 고통 등에 의해서 스트레스를 받는다.

4) 스트레스가 건강에 미치는 영향

(1) 정신건강

스트레스를 받으면 근심, 걱정, 초조 등 불안 증상이 발생하고 우울증상이 나타나게 된다. 흔히 적응장애, 식이장애, 수면장애 등이 있다.

(2) 신체 질환

스트레스로 인하여 두통, 과민성대장증후군, 고혈압 등이 나타날 수 있다.

(3) 면역기능

장기간 스트레스를 받으면 면역기능이 떨어져 질병에 걸리기 쉬운 상태가 될 수 있다.

5) 스트레스 관리

(1) **스트레스 관리의 기본원칙**
- 일상생활의 일거일동이 좋은 자극원에 의해서 수행되고 있다는 마음가짐을 갖는다.
- 사람을 대할 때에는 항상 얼굴표정, 몸짓, 언어를 통해 남에게 좋은 스트레스를 준다.
- 좋은 스트레스를 줄이기 위해서는 좋은 자극원을 인지하여 받아들이도록 노력한다.
- 나쁜스트레스 관리 기술은 이완요법, 호흡법, 명상, 운동, 요가 등이 있다.

(2) **나쁜스트레스를 줄이는 방법**
- 나쁜 스트레스 상황 시 자신에게 나타나는 증상이 무엇인지 알도록 한다. 즉, 초조와 수면장애, 식욕부진, 무관심 등이 있을 수 있다.
- 나쁜 자극원이 되는 사건을 친구나 가까운 사람에게 이야기 한다.
- 나쁜 자극원을 처리할 수 있는 것과 할 수 없는 것으로 인식한다.
- 낙관적인 태도와 화가 났을 때는 건설적인 방법으로 해소한다.
- 자신의 문제보다 다른 사람의 문제에 눈을 돌리고, 매일 짧은 시간이라도 운동을 한다.

 **일상생활과 건강: 확인 문제**

01 식사에 관한 기술 중에서 틀린 것은?

① 식사를 규칙적으로 해야하는 것은 건강관리의 기본이다.
② 섭취한 음식은 매일 아침에 배설해야 한다.
③ 비만인 사람은 식사를 빨리한다.
④ 소화기계의 기능에 맞도록 식사의 횟수와 간격을 조절한다.

 ③
해설 비만인 사람은 천천히 식사를 해야 하는데 천천히 식사하면 식사 도중에 혈당농도가 상승하면서 식욕이 감퇴되며 식사량을 조절할 수 있다.

02 다음은 피로의 원인을 나열한 것이다. 관계없는 것은?

① 피로물질의 축적
② 단순하고 반복적인 생각
③ 에너지원의 소모
④ 체내에서의 물리·화학적 조절 변화

정답 ②
해설 피로의 발생원인은 에너지원의 소모, 피로물질의 축적, 체내에서의 물리·화학적 조절변화, 신체조절기능의 저하 등으로 볼 수 있다.

03 다음 중 알코올에 관한 설명으로 틀린 것은?

① 소화된 알코올의 95%는 위나 소장에서 직접 혈액 속으로 흡수된다.
② 알코올은 에너지원이 될 수 없다.
③ 체중이 무거운 사람이 마른 사람보다 알코올에 덜 영향을 받는다.
④ 혈중알코올은 간에서 이산화탄소와 물로 분해된 후 몸 밖으로 배출된다.

 ②
해설 알코올은 에너지원이 될 수 있지만, 열량 이외에 몸에 이로운 영양소는 하나도 가지고 있지 않다.

04 다음은 비출혈이 있는 경우의 조치이다. 틀린 것은?

① 고개를 뒤로 젖히게 한다.
② 엄지와 검지로 코의 중앙을 눌러준다.
③ 입으로 숨쉬면서 코에는 찬 물수건을 대어준다.
④ 하루 동안은 코를 풀지 말고 무거운 물건을 들거나 심한 운동을 삼간다.

정답 ①

해설 코피가 날 때 고개를 뒤로 젖히게 되면 피가 목으로 넘어가 잘못하면 폐로 피가 넘어가 흡인되어 폐렴이 발생할 수 있다.

05 스트레스의 과정이 바르게 나열된 것은?

① 자극원 → 스트레스 → 스트레스 상태 → 적응 → 변화된 상태
② 적응 → 자극원 → 스트레스 → 스트레스 상태 → 변화된 상태
③ 변화된 상태 → 자극원 → 스트레스 → 스트레스 상태 → 적응
④ 스트레스 → 적응 → 자극원 → 스트레스 상태 → 변화된 상태

정답 ①

해설 스트레스를 일으키는 원인이 있어야 하는데, 이를 자극원(stressor)이라고 한다. 진행과정은 다음과 같다.
1단계: 자극원이 물리적·정신적·사회적인 힘으로 스트레스를 가한다.
2단계: 스트레스로 인하여 스트레스 상태가 된다.
3단계: 스트레스 상태에서 벗어나려고 적응하는 단계이다.
4단계: 스트레스에 의하여 변화 된 상태가 된다.

06 다음 중 나쁜 스트레스를 줄이는 방법으로 볼 수 없는 것은?

① 좋은 스트레스를 주고받는다.
② 나쁜 스트레스를 주고받는다.
③ 면역체가 강화되도록 한다.
④ 좋은 자극원을 창출한다.

정답 ②

해설 스트레스 기본원칙은 ①, ③, ④ 이외에 나쁜 스트레스를 줄이도록 한다.

07 다음 중 뇌가 손상되어 나타나는 신경학적증상으로 흔히 중풍이라고 하는 것은?

정답 뇌졸중
해설 뇌졸중은 뇌의 일부분에 혈액을 공급하고 있는 혈관이 막히거나 터져 그 부분의 뇌가 손상되어 나타나는 신경학적 증상으로 흔히 중풍이라고도 한다.

08 인슐린호르몬의 부족으로 일어나는 질환으로 주로 40대 이하의 젊은 연령층에서 발생하고 발병시간도 빠른 당뇨병은 무엇인가?

정답 제 1형 당뇨병(인슐린 의존성 당뇨병)
해설 인슐린 의존성 당뇨병은 일명 소아당뇨라고도 한다. 이 경우는 외부에서 공급하는 인슐린이 없이는 혈당을 조절하기 힘들며 생존에 위협을 받는다.

09 입이나 혀에 황색부위가 나타나며, 통증을 동반하는 구강질환은?

정답 구강칸디다증
해설 구강칸디다증은 입이나 혀에 황색 부위가 나타나며 통증을 동반하면 곰팡이의 일종인 구강 칸디다증인 경우가 대부분이다.

10 다음 중 폐경기 후 골다공증의 원인이 되는 호르몬은?

정답 에스트로겐
해설 에스트로겐은 뼈에서 칼슘이 빠져 나가는 것을 차단하는 호르몬이다.

02 노동과 건강

제2부 건강과 질병

1. 노동과 인체의 반응

1) 인체의 적응

건강한 근로자의 노동은 사회발전의 원동력이 되며, 노동은 건강과 밀접한 관련이 있다. 인체는 환경에 대한 적응력을 가지고 있으므로 적절한 노동량과 노동 여건은 오히려 건강을 증진시킨다. 인체의 항상성은 자율신경계, 호르몬계, 뇌하수체에서의 조절 기능에 의하여 이루어진다.

2) 직업과 질병

(1) 직장노동의 특징

직장에서 이루어지는 노동은 생산품을 만들어내는 공정에 의해 틀이 박힌 반복적인 작업과 그 작업으로 발생하는 작업환경이 계속적으로 조성된다.

(2) 질병의 성별차이

여성 근로자의 경우 남자에 비하여 체력이 떨어지며, 인체구조 상 몸의 중심이 하방에 있으므로 활발한 운동 시에 불리하며, 중량작업 시에는 복부 장기를 받치는 지지력이 약하므로 복압을 높이는 작업 시에 내장하수나 자궁하수가 일어날 수 있다. 장시간 서서 하는 작업 시에는 하지의 울혈이나 정맥류가 발생한다.

(3) 작업장과 관련된 질병

산업장에서 흔히 볼 수 있는 정신장애로는 성격이상, 노이로제, 히스테리 등이고 작업장과 관련된 질병으로는 다음과 같다.

- 방직과 주물공장: 호흡기 질환
- 고열 작업장: 소화기계 질환
- 중근 노동과 철야 작업: 뇌졸중과 심장질환
- 자동차의 운전사: 십이지장 궤양

(4) 직업병 발생과 연령과의 관계

인체는 연령이 많아짐에 따라 실질 세포의 위축과 세포수의 감소, 세포간질액과 조직액의 감소 등으로 체력의 약화가 오며, 관절의 연결과 인대의 위축으로 근육의 긴장력이 감퇴한다.

2. 근로자의 건강관리

1) 건강관리

(1) 근로자의 자기건강관리

근로자들은 자신의 건강권을 보호하고 보장받기 위해 자기 건강을 관리할 수 있어야 한다.

① 일상의 생활을 건강하게 해야 한다.

② 근로자가 작업하는 환경에서 발생될 수 있는 유해요인이 무엇이며 이 유해요인에 의해 발생될 수 있는 직업병이나 재해에 대해 잘 알고 있어야 한다.

③ 근로자 스스로 작업환경에 유해요인이 발생 되지 않도록 노력해야 하며, 건강관리에 관한 지식과 기술에 귀 기울이면서 건강관리 능력을 향상시킨다.

④ 직업병이나 직업 관련성 질환 발생 시 진단이나 치료가 잘 이루어지도록 한다.

⑤ 근로자 자신과 동료의 직업병 발생에 대한 지속적인 감시를 통하여 직업병을 조기에 발견할 수 있도록 한다.

(2) 기업주의 산업체 건강관리

① 산업체는 근로자, 원료, 공정, 생산품, 공장으로 구성되며 이들은 서로 상호작용 속에서 산업체의 목표인 생산성을 높이고 있다.

② 산업체의 건강관리
- 복지시설 및 조직을 강화시킨다.
- 산업체의 사회조직을 건강하게 유지하고 작업환경 위생을 감시하고 관리한다.
- 근로자의 자기 건강관리 능력 향상을 위해 교육한다.

(3) 보건관리자의 산업보건

근로자의 건강권은 근로자가 지켜야 하며, 이를 지키도록 도와주는 것이 보건관리자로서의 보건의료전문가이다.

① 근로자의 건강을 위해서 보건관리자가 담당하여야 할 사항
- 작업장의 보건관리사업을 제공하고 근로자의 직업 예방을 위한 교육을 한다.
- 근로자의 직업병 및 직업 관련성 질환의 검진 및 치료를 해야 한다.
- 근로자의 보건교육 및 상담을 실시한다.
- 근로자의 건강을 보호·유지·증진하는데 필요한 지식과 기술을 연구·개발한다.

② 정부의 산업보건
- 정부는 근로자의 건강권 보장을 위해 법을 제정하고, 이의 실현을 위해 행정적 조치를 취한다.
- 정부는 산업보건사업의 책임을 기업주에게 부여하고 이를 법적으로 규제하고 행정적으로 지도·감독한다.
- 정부는 근로자, 기업주, 보건관리자 모두의 역학관계 속에서 근로자의 건강을 관리하는 최대공약수를 찾는 것이 아니라 최소공배수에 따라 결정해야 한다.

2) 직업병의 예방

근로자의 직업병 유해요인으로부터 보호하기 위해서는 보호구의 사용, 정기적인 건강진단, 보건교육 등을 실시한다.

(1) 작업환경관리

① 대치

유해물질의 변경, 공정의 변경, 시설의 변경 등으로 직업병 유해요인 자체를 제거한다.

② 격리

근로자와 유해요인 사이에 물체·거리·시간 등의 장벽을 놓는다.

③ 환기

오염된 공기를 작업장에서 제거하고 새로운 공기를 치환함으로써 이루어진다.

(2) 근로자의 보호

① 보호구의 사용

보호구는 유해요인으로부터 근로자의 신체를 보호하기 위해 만들어진 보조기구이다. 보호구의 종류로는 안전모, 보안경, 보안면, 방진마스크, 방음보호구, 안전장갑 등이 있다.

② 건강진단
　㉠ 채용 시의 건강진단
　　건강진단은 취업 전이나 작업 부서에 배치되기 전에 실시하고, 근로자의 건강정보는 직종마다 적합하게 고안된 채용 시 신체검사표에 의한다.
　㉡ 정기 건강진단
　　• 정기 건강진단은 특별한 위험물 노출에 대한 문진과 그에 해당하는 신체검사의 측면이 강조된다.
　　• 정기 건강진단의 실시 대상과 기간: 유해요인의 특성과 정도에 따라 결정되며, 직업성 유해요인에 의해 침해될 수 있는 신체기관에 대해 세밀한 검사를 실시해야 한다.
　㉢ 건강진단의 특수검사
　　• 유해물질의 작업상 노출과 이로 인한 건강에 대한 효과를 특수검사로 밝힐 수 있다.
　　• 특수검사의 종류: 심전도검사, 뇌파검사, 신경전도검사, 청력검사 등이 있다.
　　• 특수검사의 기준: 특수검사는 신뢰성, 감수성, 저렴한 비용과 안전성을 바탕으로 한다.

③ 보건교육
　작업장의 환경과 건강에 관한 보건교육은 지속적이고 반복적으로 실시한다.

3) 작업과 건강문제

(1) 교대제 근무

① 작업시간의 변화
　• 교대제 근무는 일정한 시간 간격으로 둘 이상 또는 여러 조직을 번갈아 근무하는 제도로서 산업발달에 따라 세계적으로 증가하는 추세이다.
　• 공정상 조업 중단이 불가피한 경우 생산설비를 완전가동하고자 하는 경제적인 이유로 실시한다.

② 교대제 근무의 신체적 부담
　교대제 근무는 근로자의 생체리듬을 깨뜨려 수면장애와 스트레스를 유발하고 소화기장애, 위장질환, 심혈관질환 등 건강에 부정적인 영향을 미친다. 야근을 3~4일 이상 지속하면 피로 축적 현상이 온다.

③ 작업여건
　㉠ 야간작업의 피해를 예방하기 위한 대책

- 야간작업을 폐지할 수 있는 작업공정으로 개선한다.
- 야간작업 시간을 단축하고 작업환경을 개선한다.
- 교대제 편성 시 야근 근속 일수, 작업시간 배정, 교대순서, 교대 시간과 휴일 수 등을 고려해야 한다.

ⓒ 야간작업 후에는 충분한 휴식과 영양을 섭취함으로써 피로회복에 만전을 기한다.

(2) 컴퓨터 사용과 VDT증후군

① VDT(Visual Display Terminal)증후군

잘못된 자세로 컴퓨터를 장시간, 장기간 사용함으로써 나타나는 각종 신체적·정신적 장애를 이르는 말로 게임, 인터넷 쇼핑 등 장시간의 컴퓨터 이용자와 스마트폰, 모바일 디바이스 등의 단말기를 오래 보는 사람들에게 많이 나타나고 있다.

② VDT 작업의 신체적 부담
- 눈의 피로와 이물감이 있고, 목이나 어깨결림 등의 경견완증후군이 나타난다.
- 근육 증상은 VDT 작업의 빈도가 늘수록, 작업시간이 길수록 증가한다.
- 건강인이라도 계속되는 작업인 경우에는 오심·구토 등의 현상이 나타난다.
- 정신신경계 증상, 낮의 피로감, 기상 시 피로감, 두통이 현저하다.
- VDT작업에 따른 건강장해는 일과성 현상이며 일종의 피로현상이다.

③ 예방대책
- 직장의 부담요인을 제거하는 데 있다. 즉, 작업부하요인을 경감, 제거하는 조치를 취하면서 안정, 보온, 목욕을 병행함으로써 중증으로의 이행을 예방할 수 있다.
- 컴퓨터 모니터를 볼 때는 모니터의 높이를 눈높이 보다 10~15도 정도 약간 아래로 오게 한 다음 얼굴이 모니터에서 40cm 이상 떨어지도록 해야 한다.
- 1회 연속작업은 1시간 정도로 하고 작업의 성질에 따라 10~20분의 휴식을 하며, 1일 작업시간은 5시간 이내로 한다.

(3) 경견완장해와 상지작업

① 경견완장해
- 경견완장해(cervical syndrome)는 장시간 일정한 자세로 상지를 반복하여 과도하게 사용하는 노동으로 발생하는 직업성 건강장해이며 경견완증후근이라고도 한다.
- 팔 부위를 반복적으로 과도하게 사용하는 노동에 의해 발생한다(예 전화교환원, 부품조립공과 컴퓨터 키보드를 많이 사용하는 직장인).
- 발생요인: 작업량의 과중, 연속 작업시간, 인간공학적인 결함, 환경 조건의 미

비, 경견완장해에 대한 이해 부족 등이다.

② 상지작업의 신체적 부담

근무한 지 6개월 내에도 오는 수가 있지만, 보통은 1~2년 후에 발생한다. 손가락과 손목, 팔목, 어깨에 피로감을 주고 진행되면 손이 붓고 저리며 지각이상을 초래한다.

(4) 요통

요통은 평생 동안 80%의 사람들이 한 번 이상 경험하고 근로자의 50%가 매년 경험할 정도로 흔한 증세이며, 그 발생은 인간의 기립자세와 관계가 있다.

① 요통의 원인

척추질환, 외상, 척추원반 이상, 임신, 부인과 질환, 비뇨계통 질환, 신경·근육 질환 등이다.

② 요통이 많이 발생하는 작업

남성에게서는 노동자·사무직·농부 등이고, 여성에서는 주부·농부·사무직 등이다.

③ 직업성 요통

- 직업성 요통은 업무 수행 중 허리에 과도한 부담을 받아 허리 부위에 발생한 급·만성통증과 그로 인한 둔부 및 하지의 방사통을 말한다.
- 직장에서 가장 많이 발생하는 요통은 요통증(근막성 요통)이다.
- 예방대책: 바른 자세, 적절한 의자(수평, 쿠션은 얇고 좀 딱딱한 것)를 사용한다.

(5) 직업성 천식

직업성 천식은 직장에서 알레르기성 물질이나 다른 자극적인 물질에 노출되어 유발되는 것을 말한다.

① 직업성 천식의 원인 물질

- 유기용제와 약물(항생제)
- 매우 높은 농도의 불활성 먼지
- 곡류, 밀가루, 커피원두, 피마자, 송진, 홍차 잎, 솜털, 담배 등의 식물류
- 강알칼리, 강산, 산화제(예 암모니아, 염소, 염화수소 등)등의 자극물질
- 조개, 실험동물(예 쥐, 생쥐, guinea pig)), 진드기, 누에, 기타 곤충들로부터 발생하는 먼지

② 증상

기관지 과민반응과 화학적 천식의 증상은 호흡곤란증, 흉부압박감, 천명, 폐색성폐기능장애 등이 있을 수 있다.

③ 예후

천식의 첫 증상이 발생한 사람이 이후에도 원인물질에 계속 노출되면 천식 증상이 일어나고 폐기능이 점차 약화된다.

④ 예방대책

작업장에서 원인이 되는 물질의 농도를 줄이고 호흡 보호구를 착용한다.

(6) 소음과 난청

① 소음의 특성과 관련직종
- 소음은 불규칙하게 뒤섞여 불쾌하고 시끄러운 소리로, 일반적으로 원하지 않는 소리이다.
- 주파수(진동수)로서 사람이 들을 수 있는 음의 주파수는 16~20,000Hz이나 우리가 말을 하는 소리는 250~4,000Hz의 범위이며, 높은 소리일수록 더욱 해롭다.
- 소음과 관련된 직종: 광산터널을 뚫는 작업, 암석이나 돌을 다루는 일, 대형의 내연기관 엔진, 조선업, 제트엔진의 검사 등

② 청력의 손실 형태
- 소음성 일시 난청은 청각피로현상이라 하며, 커다란 소리에 짧은 기간 노출 때 경험할 수 있다.
- 일시적 난청이 회복되지 않은 상태에서 계속적으로 노출되면 영구적으로 난청이 일어나고 회복되지 않는다.
- 소음성 난청은 소음 수준, 소음의 성질, 노출기간, 개인의 감수성 등에 의해서 좌우된다.
- 흡음시설, 반사감소판, 격리, 칸막이 등이 이용되나 근본적으로는 저소음시설로 재설계할 수 있으면 가장 좋다.
- 보호구를 사용하면 8~30dB정도의 차음 효과가 있다.

(7) 결핵

결핵은 만성 전염성 질환이기 때문에 작업환경이나 작업공정과는 직접적인 기인성은 없지만 간접적인 영향을 무시할 수가 없다. 성인의 폐결핵 발병은 어렸을 때 감염되었던 일차감염의 재발에 의한 것이다.

① 결핵검진 상 폐결핵이 비활동성인 경우 90%가 치유된다.

② 경증결핵은 객담검사 상 결핵균을 발견할 수 없는 경우로 타인에게 전염시킬 위험성이 없다.

③ 폐결핵 경중

근로자들의 생활안정을 위하여 일단 3개월 간 근무 중 치료를 할 수 있도록하여 3개월이 지난 후 검사 결과가 호전되고 있으면 근무 중 치료를 계속하고, 악화 되었을 경우에는 휴직하여 안전하게 치료할 수 있도록 한다.

④ X선 상 활동성 결핵으로 판정되면 객담검사를 실시한다.

(8) 직업암(직업성 암)

직업암은 직업적으로 폭로된 발암물질의 독성이 지연되어 나타나는 형태로, 임상 경과는 다른 어떤 직업성 질환보다 심각하다.

① 발생원인

원인으로는 화학물질, 방사선물질이 많으며 폴리염화비닐이 혈관육종, 석면이 폐암과 중피종, 벤젠이 백혈병, 염화비닐이 간암이나 폐암, 비소와 비소화합물이 폐암과 피부암을 일으킨다.

② 직업암이 관심을 끌게 된 이유

개인의 습관이나 자연환경의 변화에 기인하는 일반적인 암과는 달리, 일단 밝혀진 발암물질은 직업적으로 산업공정에서 쉽게 제거할 수 있어 직업암은 비교적 예방이 가능하기 때문이다.

③ 예방대책

산업공정에서 발암물질의 존재를 완전히 제거하고 발암물질의 생산·사용·수입에 대한 국가적 그리고 국제적 차원의 관리제도 확립에 있다.

02 노동과 건강: 확인 문제

01 다음 중 인체의 항상성을 조절하는 기관이 아닌 곳은?

① 자율신경계
② 뇌하수체
③ 호르몬계
④ 혈관계

정답 ④
해설 인체의 항상성은 자율신경계, 호르몬계, 뇌하수체에서의 조절 기능에 의하여 이루어지고 있다.

02 여성 근로자의 신체적 특징을 기술한 것이다. 옳지 않은 것은?

① 복압을 높이는 작업 시에 내장하수나 자궁하수가 일어날 수 있다.
② 중량 작업 시에 복부 장기를 받치는 지지력이 약하다.
③ 인체구조 상 몸의 중심은 상방에 있다.
④ 장시간 서서 하는 작업 시에는 하지의 울혈이나 정맥류가 발생한다.

정답 ③
해설 여성근로자는 남자에 비해 체력이 떨어지며, 인체구조 상 몸의 중심이 하방에 있으므로 활발한 운동 시에 불리하다.

03 근로자의 건강을 위해서 보건관리자가 담당하여야 할 사항이 아닌 것은?

① 근로자의 건강을 보호·유지·증진하는 데 필요한 지식과 기술을 개발한다.
② 원료, 공정, 생산품 등에서 발생하는 유해요인을 감시한다.
③ 근로자의 보건교육 및 상담을 실시한다.
④ 근로자의 직업병 예방에 대하여 교육한다.

정답 ②
해설 보건관리자는 작업장의 보건관리사업을 제공하고 근로자의 직업병 및 직업 관련성 질환의 검진 및 치료를 해야한다. 원료, 공정, 생산품 등에서 발생하는 유해요인의 감시는 기업주가 관리한다.

04 다음 직업병의 작업환경관리 중 대치 방법으로 볼 수 없는 것은?

① 공정의 변경
② 유해물질의 변경
③ 시설의 정리정돈
④ 공정의 변경

정답 ③
해설 대치방법으로 유해물질의 변경, 공정의 변경, 시설의 변경 등으로 직업병 유해요인 자체를 제거시켜 근로자를 유해요인으로부터 노출되지 않도록 한다.

05 건강진단의 종류 중 특수검사에 속하지 않는 것은?

① 청력검사
② 신체검사
③ 심전도검사
④ 뇌파검사

정답 ②
해설 직업병의 초기는 가역적 상태를 발견하기 위해 특수검사를 사용할 수 있다. 이런 특수검사로는 심전도검사, 뇌파검사, 신경전도검사, 청력검사 등이 있다.

06 기관지 과민반응과 화학적 천식의 증상이 아닌 것은?

① 천명
② 호흡곤란증
③ 골소증
④ 흉부압박감

정답 ③
해설 기관지 과민반응과 화학적 천식의 증상은 호흡곤란증, 흉부곤란증, 흉부압박감, 천명, 폐색성 폐기능장애 등이 있을 수 있다.

07 사람의 귀가 감지할 수 있는 주파수의 범위는?

> **정답** 16~20,000Hz
> **해설** 주파수(진동수)로서 사람이 들을 수 있는 음의 주파수는 16~20,000Hz이나 우리가 말을 하는 소리는 250~4,000Hz의 범위이며 높은 소리일수록 더욱 해롭다.

08 소음 수준을 낮추기 위해서 보호구를 사용할 경우에 차음 효과는 얼마인가?

> **정답** 8~30dB
> **해설** 보호구를 착용하면 8~30dB 정도의 차음 효과가 있다. 소음이 아주 큰 곳에서는 귀마개와 귀덮개를 동시에 착용하여 효과를 높일 수 있다.

09 장시간 움직임이 적은 상태에서 팔 부위를 반복적으로 과도하게 사용하는 노동에 의해 발병하는 건강장해는?

> **정답** 경견완장애
> **해설** 경견완장애는 장시간 움직임이 적은 상태에서 팔 부위를 반복적으로 과도하게 사용하는 노동에 의해 발병하는 질환이다.

10 기업주, 정부, 작업환경관리자, 보건관리자 중 근로자의 건강권 보장을 위해 법을 제정하지만, 산업보건사업을 직접 수행하지 않는 관리자는?

> **정답** 정부
> **해설** 정부는 우리나라 근로자의 건강권 보장을 위해 법을 제정하고, 이의 실현을 위해 행정적 조치를 취한다.

PART

03

건강과 식품

01 식품의 의의
02 식품의 조리
03 식품과 위생
04 식품의 가공과 보존
05 기호식품 및 기능성 식품

01 식품의 의의

제3부 건강과 식품

1. 식생활과 문화

1) 식생활 문화

식생활 문화는 자연조건, 사회제도, 사람의 기술에 의해 좌우되므로 지역과 시대에 따라 다양한 식문화가 형성된다. 최근에는 각 지역의 다양한 식문화가 공유되면서 여러 지역의 식문화가 혼합되기도 한다.

(1) 인간의 식생활

인간은 잡식성 동물로 인간이 식용으로 하고 있는 물질은 매우 제한적이다. 인간은 다른 동물에 비해 먹지 않는 물질이 많은 편이며, 여러 가지 식품을 통해 영양분을 얻는다.

(2) 식생활 문화

① 생물학적인 관점

전혀 문제가 없는데도 인간사회에서는 식품으로 생각하지 않는 것들도 아주 많다.

② 지역·민족적인 관점

특정한 지역이나 민족이 애호하는 식품을 다른 곳에서는 혐오 식품으로 여기기도 한다(예 보신탕, 곤충을 이용한 먹거리).

③ 종교적인 관점

힌두교도들은 쇠고기를 먹는 것을 죄악시하고 이슬람교도는 돼지고기를 먹지 않는다.

2) 음식문화

단순히 사회·문화적인 측면 뿐만 아니라 그 지역의 기후, 풍토, 식량사정, 농산물 재배 여건 등의 지리적·생태학적·경제적 여러 요소가 복합적으로 작용하여 오랜 세월에 걸쳐 서서히 형성된다.

현대에 이르러 교통의 발달로 지역 간의 이동이 많아지고, 전세계적으로 문화교류가 빈번해지면서 지역이나 민족, 국가 나름의 독자적 식문화는 상호 영향을 주고 받으며 다양한 변화를 겪고 있다.

2. 식품의 영양소

일반적으로 영양소라 하면 탄수화물, 단백질, 지방, 무기질과 비타민의 5대 영양소와 수분(물)을 포함 시킨 6대 영양소가 있다.

1) 수분

수분(물)은 지구상에서 가장 흔한 물질로서, 자연 상태에서 고체(얼음), 액체(물), 기체(수증기)의 상태로 존재할 수 있다. 수분은 영양소를 운반하고 노폐물을 배출시키며 체내 화학반응이 일어나는 장이 된다. 또한, 체온조절과 타액 및 소화액, 점액 등의 성분으로 윤활작용을 할 뿐만 아니라 인체를 충격으로부터 보호해 준다.

(1) 식품에서의 수분

수분은 대부분의 식품, 물, 음료에 함유되어 있으며 음식 조리 시 자주 첨가하므로 음식과 액체로 널리 섭취할 수 있다.

① 식품 내의 수분함량

  ㉠ 물리적 역할

  수분은 식품 내에서 분산 매개체로 작용하여 친수성 콜로이드를 형성하고, 식품성 식품의 세포 내에서 팽압을 나타내어 특유의 텍스처 특성을 갖게 한다.

  ㉡ 화학적 역할

  식품 중의 수분은 식품에 함유되어 있는 여러 가지 성분들을 녹여주는 용매로 이와 같은 성분들의 운반체로 작용하여 식품 내 화학적 변화를 촉진하며 반응물질로서 여러 화학반응에 직접 참여하기도 한다.

  ㉢ 미생물학적 역할

  식품 중의 수분함량은 미생물의 증식에서 매우 중요한 생육조건이므로 식품의 변질과 깊은 관련이 있다.

  ㉣ 영양학적 역할

  수분은 생명 유지에서 필수적인 요소이고 생체 조직 내에서 영양소 및 노폐물의 운반체로서도 중요한 역할을 하고 있다.

  ㉤ 경제학적 역할

  식품을 거래할 때 가격은 대개 무게 단위로 결정되는데, 이 때 식품의 주요 구성성분인 수분의 함량에 따라 가격이 달라진다.

2) 곡류 및 전분류

곡류는 10~15%의 수분을 함유하고 있으며, 탄수화물 중 인체 내에서 소화, 흡수되는 당질이 70~80% 함유되어 있는데 그 대부분은 전분이다. 우리가 섭취하는 총열량의 60~75%를 곡류 및 서류에서 얻고 있다. 곡류의 단백질 함량은 대개 10% 이하로 육류나 두류 등의 다른 식품군에 비하면 그 함량도 많지 않고 질도 우수한 편이 아니다.

(1) 쌀

우리나라를 비롯해 중국, 일본 등에서는 쌀을 주식으로 하고 있다. 쌀은 밥의 형태로 섭취하고 있어 서양에서 밀을 가루로 만들어 섭취하는것과는 대조적으로 낟알의 형태를 유지하는 조리법을 사용하고 있다.

① 쌀
- 쌀은 전분을 주성분으로 하고 단백질은 약 7%를 함유하고 있으며, 지질과 회분을 적게 함유하고 비타민류도 약간 함유하고 있다.
- 밥을 지을 때 필요한 물의 양은 쌀 중량의 1.5배, 씻은 쌀 부피의 1.2배가 적당하다.
- 밥의 수분함량은 65% 정도이다.

② 쌀 단백질
- 글루텔린이 주이고 알부민과 글로블린도 소량 함유하고 있으며, 아미노산 중에서 특히 라이신·트립토판·메티오닌의 함량이 부족하다.
- 보리나 밀가루에 비하면 쌀 단백질의 질이 우수한 편이고 두류나 다른 잡곡을 함께 섞어 밥을 지음으로써 상호 보완이 가능하다.

③ 쌀의 품종
- 자포니카형: 우리나라 사람들이 선호하는 쌀로, 길이는 길고 통통하며 윤택과 끈기를 가지고 있다.
- 인디카형: 벼알 모양은 약간 납작하고 잎 폭이 넓다.
- 통일미: 자포니카형과 인디카형의 잡종교배 품종으로 개발되어 수확량을 증가시키는데 큰 몫을 담당했다.

④ 현미
백미에 비하면 영양학적으로 우수하고 식이섬유의 함량도 높아 건강식품으로 여겨지고 있다.

(2) 밀가루

밀가루는 가루 형태로 먹는 대표적인 곡류이며, 빵이나 국수 등의 음식의 주재료로 쓰인다. 단백질 함량은 품종 및 부위에 따라 다르지만 8~16% 정도이고 글리아딘, 글루테닌이라는 단백질을 함유하고 있으며 밀가루에 물을 첨가하고 물리적인 힘(반죽)을 주면 글루텐이 형성된다.

◎ 〈표 1.1〉 글루텐 함량에 따른 밀가루의 종류와 용도

글루텐 함량	종 류	용 도
12~16%	강력분	식빵, 국수 등
10~13%	중력분	일반 가정용(수제비, 부침 등)
8~11%	박력분	케이크, 과자 등

(3) 서류

고구마, 감자, 토란 등의 서류는 전분을 다량 함유하고 있어 곡류와 더불어 우수한 열량 급원식품이지만 수분이 많은 편이라 곡류에 비해 저장성이 좋지 못하다.
- 유럽에서는 감자가 주로 주식으로 쓰이는 반면, 우리나라에서는 부식으로 쓰이는 경우가 많다.
- 채소와의 공통점은 비타민과 무기질이 풍부하다.

3) 육류·어패류·난·콩류

(1) 육류

육류나 포유동물 및 가금류의 살코기를 뜻하는 말로서, 우리나라에서 흔히 사용되는 것은 쇠고기, 돼지고기, 닭고기 등이다. 육류에는 우수한 품질의 단백질이 20% 가량 함유되어 있으며, 육류 단백질은 체내에서 합성되지 않는 필수아미노산이 풍부하다.

① 육류조직

육류조직은 근육섬유조직의 알부민과 글로블린, 결합조직의 콜라겐과 엘라스틴, 지방조직이 있다.
- ㉠ 근섬유조직을 구성하는 단백질
  알부민과 글로블린인데, 근원섬유를 형성하는 단백질은 주로 글로블린 일종인 미오신 복합체이고, 근형질을 이루는 단백질은 알부민의 일종인 마이오겐이다.
- ㉡ 결합조직을 이루는 단백질
  - 콜라겐은 물을 넣고 가열하면 80℃ 이상의 온도에서 변화를 일으켜 수용성인 젤라틴을 형성한다.

- 엘라스틴은 탄성섬유로서 둘을 넣고 가열하여도 거의 연해지지 않으며 산·알칼리·단백질 분해효소 등에 대한 저항성도 매우 크다.
  ⓒ 지방조직
  헐거운 결합조직 내에 지방세포가 1개씩 또는 여러 개가 한데 뭉쳐 들어있다.

(2) 어패류

어패류는 일반적으로 주로 식품으로서의 생선과 조개 종류를 이르는 말이다. 연체류(오징어, 낙지, 해파리, 해삼 등), 갑각류(새우, 게, 가재 등), 조개류(대합, 굴, 바지락 등), 생선류가 있다.

① 어패류에 함유된 단백질

종류에 따라 조금씩 다르나 보통 어패류의 10~20%는 단백질로 구성되어 있으며, 필수아미노산이 다량 함유되어 있다.

㉠ 근원섬유 단백질
   어육 단백질 전체의 약 75%를 차지하며 근육운동과 사후강직의 주된 역할을 하고 액틴과 미오신으로 구성되어 있다.

㉡ 근형질 단백질
   어육 단백질 전체의 약 20% 정도를 차지하며 마이오겐이 주된 단백질이다.

㉢ 결합조직을 이루는 단백질
   콜라겐과 엘라스틴인데, 육류의 경우보다 결합조직의 양 자체가 훨씬 적고 엘라스틴이 거의 없다.

② 지방질

참치·고등어 등의 등푸른생선들에는 비타민, 무기질 등이 풍부하고 불포화도가 높은 EPA, DHA등의 지방산 함량이 높아 동맥경화증 및 심장병 등의 성인병 예방에 효과가 있다.

(3) 난류

난류에서 가장 대표적인 것은 달걀이지만 지역에 따라 오리알, 메추리알, 타조알 등이 다양하게 사용되고 있다. 달걀은 영양을 고루 갖춘 완전 식품으로 알려져 있으며, 달걀 흰자의 기포성이나 노른자의 유화성 같은 특수한 조리 특성을 가지고 있다.

① 달걀 부위 별 성분

흰자는 단백질이, 노른자는 지방과 단백질이 주성분이다.

㉠ 단백질 : 품질이 매우 우수하여 다른 식품의 단백질 품질을 평가하는 기준으로 사용되기도 한다.
   - 달걀흰자에 들어있는 단백질은 오브알부민, 콘알부민, 오보큐코이드, 라이소

자임, 오보큐신, 아비딘 등이다.
- 달걀노른자에 들어 있는 단백질은 리포비텔린, 리포비텔리닌, 포스비틴, 리베틴 등이다.

ⓒ 지방 : 달걀흰자에는 거의 없고 노른자에 33%의 비교적 많은 양이 함유되어 있다.

② 달걀흰자와 노른자의 용도
- 달걀노른자는 유화성이 있어 기름에 잘 섞이며, 마요네즈 등의 유화액을 만드는 데 유용하게 사용된다.
- 달걀흰자의 기포성은 달걀흰자를 강하게 저어주면 거품이 형성되는데, 거품을 내어 밀가루 반죽을 하고 음식에 넣으면 부드러워진다.

(4) 콩류

① 콩의 종류는 대두, 팥, 완두, 검정콩, 녹두, 동부 등이 있다.

② 콩류의 단백질은 다른 식물성 식품의 단백질보다 질도 우수하고 양도 비교적 많아서 중요한 단백질 공급원이 되고 있다.

③ 대두를 이용한 가공식품으로는 대두를 발효시켜 만든 각종 장류(된장, 간장, 고추장)와 두부, 두유 등이 많이 쓰이고 있다.

4) 채소 및 과일류

(1) 채소류

① 채소류의 분류
- 색에 따른 분류: 녹황색채소, 담색채소
- 먹는 부위에 따른 분류: 잎채소(엽채류), 열매채소(과채류), 줄기채소(경채류), 뿌리채소(근채류)

〈표 1.2〉 먹는 부위에 따른 채소의 분류

채소 종류	예
잎채소(엽채류)	쑥갓, 배추, 시금치, 상추, 파, 부추
열매채소(과채류)	오이, 호박, 가지, 토마토, 고추, 피망
줄기채소(경채류)	땅두릅, 연근, 아스파라거스, 죽순, 마늘종
뿌리채소(근채류)	당근, 무, 순무, 우엉, 비트

② 채소류의 일반 성분
- 수분은 85~95% 정도 함유하므로 채소류의 텍스처를 결정하는 데 절대적인 역

할을 한다.
- 단백질, 탄수화물, 지방 함량이 낮다.
- 비타민 A, B, C의 급원이 되며 특히, 비타민 C가 많고 무기질로는 칼륨과 칼슘이 많다.

(2) 과일류

85% 이상의 많은 수분을 함유하고 있고 각종 비타민과 무기질의 함량이 높다. 과일에는 과당·포도당·설탕 등의 당이 함유되어 있어 단맛이 나며 과일의 천연색소에는 엽록소, 카로티노이드, 플라보노이드, 안토시아닌 계열의 색소가 있다.

- 엽록소(크로로필): 녹색을 나타낸다.
- 카로티노이드: 노랑에서 주황까지의 색을 보여준다.
- 플라보노이드(안토잔틴): 무색 또는 담황색 색소로서 거의 모든 종류의 식물체 조직에 함유되어 있다.
- 안토시아닌: 빨강에서 보라·파랑까지의 다양한 색깔을 나타낸다(예 딸기).

5) 우유 및 유제품

우유는 수분·지방·단백질·유당 및 무기질의 주성분과 비타민·효소 등의 미량성분으로 구성되어 있으며, 단일식품으로는 가장 완전한 식품으로 알려져 있다.

우유의 일반 성분 함량은 수분 87.73%, 단백질 3.27%, 지방 3.60%, 유당 4.65%, 회분 0.75%로 완전식품이라 할 만큼 여러 가지 영양소를 골고루 함유하고 있다.

(1) 우유

- 우유 단백질: 카세인이 약 80% 정도를 차지하며 수용성인 알부민이나 글로블린은 적다.
- 칼슘: 다른 식품에 비해 월등히 많을 뿐만 아니라 흡수가 용이한 형태로 존재한다.
- 유당: 유아의 뇌 성장이나 발육을 돕는 것으로 유당을 분해하는 효소가 부족한 유당 불내증인 사람들은 우유를 먹으면 설사를 하게 된다.

(2) 유제품

① 치즈

우유 속에 있는 카세인을 뽑아 응고·발효시킨 식품으로 단백질·지방·비타민 A와 B_2가 풍부하다.

② 버터

우유의 지방을 분리하여 응고시킨 식품으로 단백질 함량은 낮고 지방과 비타민 A

함량이 높다.

③ 요구르트

우유에 유산균을 번식시켜 만든 발효유로 단백질, 비타민 A와 B_2, 칼슘·망간 등의 무기질을 지니고 있으며 유산균에 의해 단백질과 지방이 분해되어 있으므로 소화흡수가 쉽다.

6) 유지 및 당류

(1) 유지류

유지는 크게 실온에서 액체인 기름(oil)과 고체인 지방(fat)으로 나눌 수 있는데 이는 구성하고 있는 지방산의 불포화 정도에 따라 달라진다.

① 식물성유지

식물성유지는 불포화지방산을 많이 함유하고 있어 상온에서 액체이며, 필수지방산의 비율도 높다. 필수지방산은 체내에서 합성되지 않거나 합성된다 하여도 그 양이 필요량에 미치지 못하여 음식을 통해 섭취해야 하는 지방산으로 리놀레산, 리놀렌산, 아라키돈산 등이 있다.

- 식물성 기름의 구성 지방산: 팔미트산, 스테아르산, 올레산, 리놀레산 등인데 이들의 구성 비율은 대체로 90% 이상이다.
- 구성지방산의 조성에 따른 분류: 건성유, 반건성유, 불건성유로 구분된다.

② 동물성유지

동물성유지는 식물성 유지에 비해 포화지방산을 많이 함유하고 있어 상온에서 고체이지만, 불포화지방산 함유량도 40% 정도에 달한다. 포화지방산의 조성은 완전 포화 트리글리세라이드가 많고 불포화지방산은 거의 올레산과 리놀레산이다.

(2) 당류

① 설탕

설탕은 농축한 사탕수수나 사탕무의 즙을 정제하여 얻는데, 정제 정도에 따라 백설탕, 황설탕, 흑설탕으로 구분한다.

- 설탕은 가열하면 160~180℃에서 용융이 일어나며 200℃ 이상의 온도에서는 탈수에 의한 탄화가 일어난다.
- 설탕의 과다섭취는 충지발생, 동맥경화증, 심근경색증 등의 성인병 발생과도 관련이 있는 것으로 알려져 있다.

② 꿀

- 벌이 만드는 천연의 전화당 시럽으로 전화당이란 포도당과 과당이 1:1로 혼합된 혼합물이다.
- 꿀의 성분은 대부분 당분이며 식용하거나 약으로 쓴다.

③ 물엿

전분을 산이나 효소로 가수분해(당화)하여 만든 점근성 감미료로 맥아당, 포도당, 덱스트린 등이 있다.

3. 식량문제

1) 세계의 식량문제

인류 생존 위기에는 환경오염, 전쟁, 자원 부족, 인구 문제 등이 있으나 가장 원초적인 위기는 식량문제이다. 전문가들은 2025년쯤에는 세계 인구의 약 30%가 굶주림에 시달리게 되고 약 18억명은 물 부족으로 고통받게 될 것이라고 경고하고 있다. 또한, 2050년에는 주요 곡물 가격이 최대 23% 상승할 것으로 전망하고 있다.

앞으로 농업에 있어서 지구 생태계의 조화 속에서 농경지를 넓히고 단위면적 당 수확량을 늘려 식량 증산을 꾀하는 새로운 차원의 농업기술이 발달 수행되어야 할 것이다.

2) 한국의 식량문제

우리나라는 쌀만 자급자족이 가능할 뿐 곡물(밀, 콩, 옥수수 등)은 대부분 수입에 의존하고 있으며 기후변화로 인해 경작 한계선도 계속 북상 중이다. OECD 통계자료를 이용해 분석한 결과, 우리나라의 곡물 자급률은 1997년 21.6%에서 2017년 15.1%로 하락하였으며 향후 지속적으로 감소하여 2026년 13.0%에 이를 것으로 전망된다.

① 한국인 1인당 연간 식품수급비율
- 곡류 중 쌀이 절반 이상을 차지하고 있지만, 쌀의 섭취량이 줄어들고 있고 잡곡 사용량은 증가하는 추세이다.
- 채소류와 과일류, 육류 및 어패류, 우유·유지류 등의 공급량이 꾸준히 증가하고 있다.

② 농업의 문제점 해결방안
- 농업의 생산성 및 생산량 증대, 기후변화 대응, 지속 가능한 농업으로 전환, 농업에서 새로운 가치 창출, 농업의 범위 확대 등이다.
- 우리나라 농업 해결 과제는 고령화와 농업 노동력 부족, 경지 면적의 지속적 감소, 곡물 자급률 하락, 소득격차, 기후변화로 인한 재배 여건 악화, 농약과 살충제 등으로 인한 환경오염, 식품 안전성 문제 등 해결해야 할 과제이다.

01 식품의 의의: 확인 문제

01 다음 중 수분의 역할에 대한 설명으로 옳지 않은 것은?

① 식품 중의 수분함량은 미생물의 증식에서 중요한 생육조건으로 식품의 저장성과 관련이 깊다.
② 식품 중의 여러 영양 성분을 녹여주는 용매 및 분산 매개체의 역할을 한다.
③ 생체조직 중에서 여러 영양소 및 노폐물의 운반체로서 중요한 역할을 한다.
④ 수분 자체는 화학반응의 매개체로서만 작용할 뿐 직접 반응에 참여하지는 않는다.

정답 ④

해설 식품 중의 수분은 식품에 함유되어 있는 여러 가지 성분들을 녹여주는 용매로 이와 같은 성분들의 운반체로 작용하여 식품 내 화학적 변화를 촉진하며 반응물질로서 여러 화학반응에 직접 참여하기도 한다.

02 수분이 친수성 콜로이드를 형성하는 것과 관계있는 것은?

① 물리적 역할
② 화학적 역할
③ 미생물학적 역할
④ 영양학적 역할

정답 ①

해설 수분은 식품 내에서 분산 매개체로 작용하여 친수성 콜로이드를 형성하고, 식품성 식품의 세포 내에서 팽압을 나타내어 특유의 텍스처 특성을 갖게 한다.

03 다음 중에서 박력분이 주로 이용되는 것은?

① 빵
② 국수
③ 수제비
④ 케이크

정답 ④

해설

글루텐 함량	종류	용도
12~16%	강력분	식빵, 국수 등
10~13%	중력분	일반 가정용(수제비, 부침 등)
8~11%	박력분	케이크, 과자 등

04 달걀노른자에 들어 있는 단백질은?

① 오브알부민
② 콘알부민
③ 포스비틴
④ 아비딘

정답 ③
해설 달걀노른자에 들어 있는 단백질은 리포비텔린, 리포비텔리닌, 포스비틴, 리베틴 등이다. 달걀흰자에 들어 있는 단백질은 오브알부민, 콘알부민, 오보큐코이드, 라이소자임, 오보큐신, 아비딘 등이다.

05 채소의 종류 중 잎채소에 해당하지 않은 것은?

① 피망
② 쑥갓
③ 부추
④ 시금치

정답 ①
해설

채소 종류	예
잎채소(엽채류)	쑥갓, 배추, 시금치, 상추, 파, 부추
열매채소(과채류)	오이, 호박, 가지, 토마토, 고추, 피망
줄기채소(경채류)	땅두릅, 연근, 아스파라거스, 죽순, 마늘종
뿌리채소(근채류)	당근, 무, 순무, 우엉, 비트

06 인류의 생존 위기 중 가장 원초적인 위기에 해당하는 것은?

① 자원부족
② 식량문제
③ 인구문제
④ 환경오염

정답 ②
해설 인류 생존 위기에는 환경오염, 전쟁, 자원 부족, 인구 문제 등이 있으나 가장 원초적인 위기는 식량문제이다.

07 우유는 우수한 품질의 단백질을 가지고 있는데 가장 대표적인 우유 단백질은 무엇인가?

> **정답** 카세인
> **해설** 우유 단백질은 카세인이 약 80% 정도를 차지하며 수용성인 알부민이나 글로블린은 적다.

08 밀가루에 물을 첨가하고 반죽을 하면 형성되는 것은?

> **정답** 글루텐
> **해설** 밀가루는 가루 형태로 먹는 대표적인 곡류이며, 빵이나 국수 등의 음식의 주재료로 쓰인다. 단백질 함량은 품종 및 부위에 따라 다르지만 8~16% 정도이고 글리아딘, 글루테닌이라는 단백질을 함유하고 있으며 밀가루에 물을 첨가하고 물리적인 힘(반죽)을 주면 글루텐이 형성된다.

09 결합조직을 이루는 단백질은 콜라겐과 엘라스틴이다. 물을 넣고 가열하면 변화를 일으켜 수용성인 젤라틴을 형성하는 단백질은?

> **정답** 콜라겐
> **해설** 콜라겐은 물을 넣고 가열하면 80℃ 이상의 온도에서 변화를 일으켜 수용성인 젤라틴을 형성한다. 엘라스틴은 탄성섬유로서 물을 넣고 가열하여도 거의 연해지지 않으며 산·알칼리·단백질 분해효소 등에 대한 저항성도 매우 크다.

10 우유의 지방을 분리하여 응고시킨 것으로 지방과 비타민 A 함량이 높은 것은?

> **정답** 버터
> **해설** ① 치즈: 우유 속에 있는 카세인을 뽑아 응고·발효시킨 식품으로 단백질·지방·비타민 A와 B_2가 풍부하다.
> ② 버터: 우유의 지방을 분리하여 응고시킨 식품으로 단백질 함량은 낮고 지방과 비타민 A 함량이 높다.

02 식품의 조리

제3부 건강과 식품

1. 식품조리의 의의와 목적

1) 식품조리의 이해

식품은 인간의 생명을 유지하기 위한 영양소를 포함하는 물질 자체를 일컫는 말이고, 조리는 식품을 먹을 수 있도록 준비하는 전 과정으로 주된 것은 씻기, 자르기, 익히기, 간 맞추기, 담기 등이 있다. 건강과 생명을 유지하기 위해서 매일 식품을 섭취해야 하지만 우리는 음식을 먹을 때 항상 영양학적인 면을 우선적으로 고려하여 선택하지는 않는다.

문명의 발달과 더불어 조리기구의 개발에 의해 조리는 훨씬 다양하게 발전되어 왔으며, 산업의 발전과 더불어 경제적으로 윤택해지고 식품가공업이 발달하여 음식의 질과 맛을 추구하게 되었다.

2) 식품조리의 목적

① 식품의 기호성 향상

조리의 주목적은 식품을 먹기 쉽고 식품 자체가 지니고 있는 맛 성분이 두드러질 수 있도록 하는 것이며, 눈으로 보아 식욕이 나도록 한다.

② 영양성 및 소화흡수성 향상

조리를 통해 식품 원료를 소화흡수가 잘 되도록 변화시켜 영양의 손실을 최소화하고 소화되기 어려운 식품을 소화하기 쉽게 만드는 것이 중요하다.

③ 안전성 향상

가공·조리 과정에서 식품에 부착되거나 혼입된 미생물·기생충·해충 등을 없애거나 아들이 생장할 수 없는 조건으로 만들어 위생적으로 안전하도록 한다(예 마요네즈나 요거트와 같은 식품이 조리 후에 층 분리가 이루어지지 않고 잘 섞여 있는 안정된 상태를 유지하는 것).

2. 식품의 조리와 맛

1) 조리방법

(1) 물리적 조리방법

인류가 시초부터 사용하였던 방법으로 물로 씻거나 우려내거나 칼로 썰거나 혼합 또는 교반하거나 압축하는 조리방법이다. 열을 가하지 않으므로 생조리라 한다(예 생채, 겉절이, 회, 화채, 샐러드, 아이스크림 등).

(2) 가열 조리방법

가열조리는 인류가 불을 발견하고 이 불을 조정할 줄 알게 되면서 시작된 방법이다.

① 가열 조리의 효과
- 맛이 증진되고 병원균·기생충 등을 살균할 수 있고 식품의 부패도 막을 수 있다.
- 소화율과 영양가가 높아지고 식품의 저장 수명이 연장된다.
- 식품의 텍스처를 조절할 수 있고 색을 변화시킬 수도 있다.

② 가열 조리방법의 구분

여러 가지 매체를 통해 열을 전달하는 조리방법, 식품 내부 성분의 마찰열로 가열하는 전자레인지 조리방법 등이 있다.

③ 열전달 매체를 이용한 가열

㉠ 물 : 물을 매체로 하여 조리하는 방법을 습열 조리법이라고 하는데, 물의 양 또는 온도에 따라서 끓이기, 데치기, 수란법 등이 있다.
- 끓이기: 끓는 물에 식품을 넣어 끓이는 방법(예 보일링, 브레이징, 스튜잉, 시머링 등)
- 데치기: 끓는 물에 식품을 넣어 살짝 익혀 내는 방법(예 나물 중 숙채)
- 수란법: 서양 음식에서는 포칭(poaching)이라 하며, 물의 끓는점 이하에서 식품의 모양을 그대로 보존하면서 익히는 방법(예 생선이나 달걀 조리에 이용)

○ 〈표 2.1〉 끓이기 방법의 종류

종류	방법
보일링(boiling)	식품이 푹 잠길 정도로 물을 붓고 삶는다.
브레이징(braising)	식품을 살짝 볶아 식품이 잠길 정도로 물을 붓고 푹 끓인다.
스튜잉(stewing)	적은 양으로 물에서 장시간 끓인다.
시머링(simmering)	90℃ 정도의 온도에서 서서히 끓인다.

㉡ 수증기

- 수증기로 식품을 쪄서 익히는 방법은 습열 조리법에 속한다.
- 끓는 물에 삶는 방법보다 조리시간이 많이 걸리므로 열에 의한 영양 손실은 피할 수 없으나, 수용성 영양소의 손실은 감소된다.

ⓒ 공기

공기를 매체로 하여 조리하는 방법을 흔히 건열 조리법이라 한다(예 베이킹, 브로일링, 팬브로일링, 로스팅 등).

ⓔ 유지
- 다른 조리 매체를 사용할 때 보다 조리시간이 단축된다.
- 소팅(sauteing), 팬프라잉(pan frying)은 냄비나 프라이팬에 소량의 유지를 바르고 살짝 볶아 내는 방법이다.
- 튀김(frying)은 식품 재료가 잠길 정도의 유지에 튀겨 내는 방법이다.

④ 전자레인지를 이용한 가열

전자레인지는 마이크로파의 성질을 이용하여 음식을 조리하는 기구이다.

㉠ 전자레인지의 조리원리

마이크로파에 의해 물 분자 내에서 마찰이 일어나 식품 자체 내에서 생성된 열로 가열되는 것으로 식품 내부 모든 곳이 동시에 익는다.

㉡ 전자레인지 조리의 특징
- 조리시간이 짧고 갈변현상이 일어나지 않는다.
- 조리실의 온도가 오르지 않는다.
- 식품을 먹을 그릇에 담은 채 직접 조리할 수 있다.
- 식품의 중량이 많이 감소하고, 다량의 식품을 조리할 수 없다.

㉢ 전자레인지 사용 시 주의할 점
- 식품은 반드시 랩으로 포장한다.
- 여러 가지 재료를 배합한 음식을 재가열할 때에는 데워지는 속도에 차이가 있다.
- 사용 가능한 용기는 도자기, 유리(경질의 파이렉스 등), 나무, 대나무, 종이, 플라스틱(폴리프로필렌, 테프론, 실리콘 수지 등) 등으로 된 용기이다.
- 사용 불가능한 용기는 금속 장식이 있는 식기, 칠기, 열에 약한 플라스틱(폴리에틸렌, 비닐, 멜라민, 요소 수지 등)으로 된 용기이다.

(3) 화학적 조리방법

① 미생물에 의한 발효이용
- 효모를 이용한 발효식품: 빵, 술 등

- 유산균을 이용한 발효식품: 김치, 요구르트 등
- 미생물을 이용한 아미노산 발효 중 생성되는 글루탐산나트륨(MSG)은 조미료로 아미노산은 약품이나 식품의 영양 강화제로 이용되고 있다.

② 효소이용
- 고기를 연하게 하는 경우: 배, 파인애플, 파파야 등에 들어있는 단백질 가수분해 효소를 이용
- 식혜: 엿기름에 들어 있는 전분 가수분해효소를 이용
- 치즈: 우유에 레닛을 첨가

※ 참고 : 레닛(rennet)
레닌을 함유하는 응고 효소로, 우유에 작용하여 카세인으로 변화, 침전하게 한다.

2) 맛

우리는 감각기관을 통하여 음식의 외관, 냄새, 맛, 질감 등을 감지함으로써 음식의 맛을 느끼게 된다. 음식의 맛은 냄새, 맛(미각), 입안에서의 느낌 등이 종합된 느낌이다.

(1) 맛

음식의 맛(taste, 미각)은 미뢰에 의하여 감지되는데, 미뢰는 혀의 유두의 상피세포에 있다. 미각의 기본이 되는 맛은 단맛, 짠맛, 신맛, 쓴맛의 네가지(4원미)이며 그 외의 맛은 이 네 가지 맛이 혼합되어 느껴지는 것이다.

① 단맛

단맛은 대개 유기물질에 있는 히드록시기(-OH)에 의한다.
- ㉠ 천연식품 중의 단맛 성분은 주로 다당류, 이당류, 당알코올, 일부 아미노산, 방향족 화합물, 알데히드 등이다.
- ㉡ 설탕
  - 수크로오스(sucrose)는 단맛을 내는 대표적인 당이다.
  - 설탕은 전분의 노화를 방지하며, 고농도일 때는 방부작용을 하고 육류의 연화작용도 한다.
  - 설탕은 빵과 과자를 만들 때에 비효소적인 갈변에 관여함으로써 빵의 풍미를 증진시킨다.
- ㉢ 아스파르템(aspartame)
  인공합성 감미제로 WHO에서는 발암물질로 분류하였으며 설탕보다 180배의 단맛이 나며 칼로리는 적다. 둘신, 사카린, 시클라메이트는 인체에 해로워 사용이

금지되어 있다.

② **짠맛**

짠맛은 염의 이온에 의한다. 특히, 음이온인 염소(Cl-)가 짠맛을 내는데 염소에 결합 된 양이온에 따라 짠맛이 조금씩 달라진다.

㉠ 소금
- 소금의 주성분은 염화나트륨이고 그 외에 염화칼륨, 염화마그네슘, 염화칼슘, 황산 마그네슘 등의 불순물이 섞여 있어 약간 쓴맛을 가진다.
- 소금은 불순물을 제거하는 정도에 따라 호염(천일염, 굵은소금), 재제염(꽃소금, 고운소금), 정제염으로 분류된다.
- 소금은 음식의 맛을 내는 기본적인 조미료이다.
- 소금은 방부, 탈수, 변색 방지, 조직의 견고성 유지, 다른 맛의 강화작용 등을 한다.

㉡ 간장
- 재래식 간장의 이용: 검은색이 엷고 단맛이 약하므로 맑은장국을 끓일 때 사용한다.
- 개량식 간장의 이용: 단맛이 강하고 색이 진해 식품을 조릴 때 사용한다.

③ **신맛**

신맛은 식품에 존재하는 수소이온(H+)이나 산의 염에서 온다.

㉠ 신맛의 성분
- 과일이나 채소의 주된 신맛 성분: 유기산
- 조미료로 이용되는 식초의 주성분: 아세트산

㉡ 신맛의 강도
- 총산도보다는 수소이온 농도에 의하나 신맛과 수소이온 농도가 반드시 평행하는 것은 아니다.

ⓒ 식초
- 생선의 비린내를 없애주고 탄력성을 부여한다.
- 초밥, 마늘장아찌, 피클 등에서는 방부작용을 한다.
- 녹색채소에 산이 닿으면 녹황색으로 변하고, 붉은색 채소는 더욱 곱게 변하며, 백색채소는 백색을 유지하여 더욱 선명하게 된다.

④ 쓴맛

ⓐ 쓴맛을 내는 화합물
주로 알칼로이드와 배당체이다. 즉, 차와 커피에 들어 있는 카페인, 코코아에 들어 있는 테오브로민은 쓴맛을 내는 알칼로이드, 감귤류에는 플라보노이드의 배당체인 나린진이 있다.

ⓑ 쓴맛은 단맛, 신맛, 짠맛에 비하면 미각을 느낄 때까지의 시간이 길고, 또 맛이 오래 남아 가시지 않는다.

> ※ 참고 : 역치농도
> 입안에서의 어떤 물질의 맛을 감지해 낼 수 있는 농도를 그 물질의 역치농도라 한다. 일반적으로 네 가지 기본 맛 중 단맛은 가장 농도가 높을 때 느껴지고, 다음으로 짠맛, 신맛, 쓴맛의 순으로 농도가 낮을 때 입안에서 그 맛이 감지된다.

⑤ 매운맛

맵다고 느끼는 감각은 미각이라기보다는 생리적인 통각이다. 즉, 미각신경을 강하게 자극함으로써 느껴지는 기계적 자극현상이다.

ⓐ 매운맛 성분
고추, 후추, 생강 등의 매운맛 성분은 비휘발성이고 겨자, 마늘, 파, 양파 등의 매운맛 성분은 휘발성이다.

- 고추의 매운맛 성분: 캡사이신(capsaicine)으로 방부작용도 하고 있다.
- 후추의 매운맛 성분: 차비신(chavicine)이며 고기의 누린내나 생선의 비린내를 없애주고 식욕을 돋우어 준다.
- 겨자, 무, 캐비지 등의 매운맛 성분: 조직 중에 있는 시니그린(sinigrin)이 미로시나아제(myrosinase)에 의하여 가수분해되어 이소티오시안산 알릴(Allyl isothiocyanate)이다.
- 생강의 매운맛 성분: 진저롤(gingerole)등으로 생선의 비린내와 돼지고기의 누린내를 가리는 작용을 한다.
- 마늘의 매운맛 성분: 마늘을 썰거나 다져서 조직을 파괴하면 알리나아제(allinase)에 의하여 매운맛과 냄새를 가진 알리신(allicin)으로 분해된다.

- 파의 매운맛 성분: 여러 가지 저분자량의 황화합물을 함유해 강한 매운맛을 가진다.

⑥ 구수한 맛
  ㉠ 구수한 맛을 내는 성분
    MSG(monosodium glutamate)나 IMP(inosine-5'-monophosphate) 또는 GMP(guanine-5'-monophosphate)가 있다.
    - MSG: 다시마, 김, 된장, 간장에는 유리아미노산인 글루탐산이 다량 함유되어 있다.
    - IMP: 가쓰오부시, 멸치 또는 각종 육류에 다량 함유되어 있다.
    - GMP: 마른 표고버섯에 다량 함유되어 있다.
  ㉡ 복합조미료
    핵산계 조미료(IMP, GMP)와 MSG를 혼합한 제제로 미량으로도 강한 정미력을 나타내는 동시에 독특한 감칠맛을 얻을 수 있다.

⑦ 떫은맛
  떫다고 느끼는 감각은 식물체 중의 타닌(tannin)류가 입안에 표피 단백질을 응고시켜 일어나는 신경의 마비 또는 수축에 의한 것이다.
  ㉠ 찻잎의 떫은맛 성분: 주로 카테킨(catechin)과 갈릭산(gallic acid)에 의한 것이다.
  ㉡ 커피의 떫은맛 성분: 클로로젠산(chlorogenic acid)에 의한 것이다.
  ㉢ 덜 익은 감의 떫은맛 성분: 시부올(shibuol) 때문인데, 수확 후에 더운 식염수에 담가 두거나 이산화탄소 중에 밀봉하여 두면 떫은맛이 없어진다.

(2) 냄새
한 가지 냄새만이 아니라 여러 가지 냄새를 내는 물질들이 합쳐서 어떤 음식의 독특한 냄새를 이룬다.
① 냄새를 감지하는 곳: 콧속 깊이 위치하고 있는 후각상피세포로써, 여기에는 수많은 후각세포가 있다.
② 냄새의 감지과정: 휘발성 냄새 물질의 분자가 후각기관의 감각 수용기에 닿아 후각세포를 자극하면 그 신호가 뇌에 전달됨으로써 인지된다.
③ 사람의 후각은 다른 감각기관에 비해 쉽게 피로감을 느낀다.

3. 조리와 질

1) 위생적인 면

(1) 식중독

식품 또는 물의 섭취에 의해 발생되었거나 발생된 것으로 간주되는 감염성 또는 독소형 질환이다. 식중독은 원인에 따라 세균성 식중독(독소형·세균형)과 바이러스성 식중독, 자연독 식중독(식물성·동물성·곰팡이), 화학적 식중독으로 구분한다.

(2) 기생충 질환

① 기생충의 감염양식

경구감염, 경피감염 및 태반감염 등으로 대별되며, 이 중 식품위생과 밀접한 관계가 있는 것은 식품을 통한 경구감염이다.

② 기생충 질환 예방 시 주의사항
- 육류, 어패류는 충분히 가열 조리하여 섭취한다.
- 손을 항상 깨끗이 씻고 식기, 행주, 도마 등도 항상 청결히 유지한다.
- 물은 반드시 끓여 먹고 과일이나 채소 등은 흐르는 물에 철저히 세척한다.
- 인분을 비료로 사용하는 것을 금하고 기생충란을 사멸 또는 배제시킨다.
- 정기적으로 검변하여 조기에 구충하고 바퀴, 파리 등의 해충을 구제한다.

〈표 2.2〉 기생충 감염과 관련식품

기생충 감염	관련식품	기생충 감염	관련식품
폐흡충	담수게, 가재	아니사키스	대구, 청어, 고등어 등의 해수어
간흡충	붕어 등의 담수어	만손열두조충	개구리, 뱀, 닭
요코가와 이형흡충	은어	무구조충	소
광절열두조충	송어	유구조충	돼지
유극악구충	가물치	장관기생원충	채소류
회충, 구충	채소류		

(3) 감염병

① 경구감염병

감염자의 변이나 구토물이 감염원이 되어 식품이나 식수를 통해 전염되는 질병으로 소화기계 감염병이라고 한다. 대표적인 경구감염병은 콜레라, 세균성이질, 장티푸스, 파라티푸스, 폴리오 등이다.

㉠ 경구감염병의 병원체: 세균, 바이러스, 기생충 등

ⓒ 경구감염병의 예방대책
- 환자나 보균자의 조기 발견에 유의하고 필요에 따라 격리시킨다.
- 식품·상수도·우물물 등의 분뇨 오염에 대한 관리를 철저히 한다.
- 식품의 제조·취급·조리에 사용하는 용기·기구·식기의 세척과 소독을 철저히 한다.
- 위생적으로 처리 된 물을 사용한다.
- 식품조리 종사자에 대한 위생교육을 철저히 한다.
- 쥐, 파리, 바퀴 등의 침입을 방지, 구제한다.
- 신선한 식품재료를 선택하여 위생적으로 처리한다.

② 인수공통감염병

사람과 가축의 양쪽에 이환되는 감염병을 말하며, 이 중에서도 특히 동물로부터 사람에게 감염되는 병을 말한다.

ⓐ 인수공통감염병의 발생경로: 감염병에 이환된 동물과 접촉함으로써 발생하며, 주로 이환동물의 고기, 우유, 알 등을 섭취함으로써 사람에게 감염되는 경우가 많다.

ⓑ 인수공통감염병의 예방법: 우유 등은 충분히 살균하고 이환동물을 가능한 한 초기에 발견해서 격리시켜 치료하거나 도살하여 사체를 태워 없앤다.

2) 영양적인 면

(1) 준비단계

① 식품은 우선 다듬고 씻고 썰어서 음식을 만든다.

② 영양소의 손실량: 단면이 크면 클수록 물에 접촉하는 시간이 길면 길수록 커진다.

(2) 물에 담그기

① 곡류나 두류 또는 건조식품은 가열 조리하기 전에 흔히 '불린다'라고 하는 물에 담그는 과정을 거친다.

② 흡수 속도는 물의 온도가 높을수록 빠르다.

(3) 가열 조리 방법

① 찌기

보통 증기에 찌는 방법과 압력을 가해 100℃ 이상의 온도로 높여서 기간을 단축시켜 찌는 방법이 있다.

ⓐ 증기에 찌는 방법: 물에 삶는 것보다 수용성 성분의 손실은 적지만 조리시간이

길어 열에 의한 비타민 등의 파괴나 색소의 변화는 피할 수 없다.
　ⓛ 압력솥을 이용해 찌는 방법: 조리시간을 단축할 수 있어 색, 영양소, 맛 성분을 최대한으로 보유하기에 좋은 방법이며, 조리시간이나 연료 소모 면에서도 경제적인 방법이다.

② 삶기와 데치기
식품을 물에 넣고 끓이는 방법으로 수용성 물질의 손실이 가장 크다.
　㉠ 일반적으로 조리 온도가 높을수록, 조리 수의 양이 많을수록, 조리시간이 길수록 비타민 C와 같은 수용성 영양소의 손실이 크다.
　ⓛ 녹색채소는 데친 후 빨리 찬물에 헹군다.

③ 볶기
음식 재료를 수분이 없는 상태에서 열을 가하여 이리저리 자주 저으면서 익히는 방법이다.
　㉠ 장점: 수용성 성분의 손실이 없고 식품의 색·향을 보유하고 기름진 풍부한 맛을 더해서 맛을 높인다.
　ⓛ 대개 잘게 썰어 볶으므로 산화와 열에 의한 영양성분의 파괴가 일어난다.

④ 굽기
수분이 없는 상태에서 직접 불에 굽거나 오븐 속의 건열로 익히는 방법이다.
　㉠ 장점: 수용성 성분의 용출이 적고 가열함으로써 열에 의해 분해된 것도 표피 가까운 조직 속에 보유되며 조리시간이 짧다.
　ⓛ 단점: 열에 약한 성분의 파괴가 매우 크며, 식품 속의 지질이 녹아서 흘러나오게 된다.

⑤ 튀기기
다량의 기름에서 160~190℃의 고온으로 가열하는 방법이다.
　㉠ 장점: 식품에 기름의 향미(flavor)가 가해지며, 수용성 성분의 손실이 없고 조리시간이 짧아서 영양소의 손실도 적다.
　ⓛ 단점: 식품 중의 수분은 탈수되는 대신 기름을 흡수하므로 칼로리가 높아진다.

⑥ 기름에 지지기
비교적 영양소의 손실이 없는 좋은 조리방법이다.

3) 관능적인 면

(1) 식품의 색

식품에 함유 되어 있는 천연색소로는 엽록소(chlorophyll), 안토잔틴(anthoxanthin), 안토시아닌(anthocyanin), 카로티노이드(carotinoid), 헴(heme) 색소가 있다.

① **엽록소(chlorophyll)**

　엽록소는 광합성이 가장 중요한 요소로, 빛에서 에너지를 흡수하여 이산화탄소를 탄수화물로 전환시킨다. 채소를 데치거나 삶으면 엽록체와 액포의 막이 파괴되어 엽록소와 유기산이 서로 반응을 하게 되므로 녹색을 띤 엽록소는 녹황색을 띤 페오피틴(pheophtin)으로 변한다.

　㉠ 녹색채소를 데칠 때 소금을 첨가할 경우 나타나는 현상: 색이 선명해지고 엽록소의 용출이 줄어들며 비타민 C의 산화도 억제된다.

　㉡ 녹색채소를 데칠 때 식소다를 첨가할 경우 나타나는 현상: 녹색을 선명하게 유지할 수 있으나 비타민 C를 쉽게 파괴시키며 채소가 뭉그러지기 쉽다.

② **안토시아닌(anthocyanin)**

　㉠ 딸기, 자두, 포도, 가지 등의 과일과 채소에 함유 되어 있는 적색, 적자색의 색소이다.

　㉡ 산성에서는 적색, 알칼리성에서는 청색으로 변하며 철·주석·알루미늄 등의 금속이온과 반응하면 색이 짙어진다.

③ **안토잔틴(anthoxanthin)**

　㉠ 마늘, 양파, 무, 연근, 죽순, 콩나물, 숙주 등에 함유 되어 있는 백색색소이다.

　㉡ 조리할 때 산을 넣으면 색이 더 희어지고 알칼리성 물질이 닿으면 황색 또는 황갈색으로 변한다.

　㉢ 식소다를 넣어서 만든 식빵이 옅은 황갈색을 띠는 이유는 밀가루의 안토잔틴이 알칼리성인 식소다에 의하여 황갈색으로 변색되기 때문이다.

④ **카로티노이드(carotinoid)**

　㉠ 고추, 당근, 옥수수 등의 황색과 주황색 및 적색을 띠는 지용성 색소이다.

　㉡ 분자 내에 산소를 함유하지 않는 카로틴류와 산소를 함유하는 크산토필류로 구분된다.

　㉢ 물에 녹지 않고 알칼리에는 안정하나 산에 대해서는 불안정하다.

　㉣ 공기가 없으면 열에 대해서도 안정하나, 공기가 있으면 상온에서도 산화되기 쉽다.

⑤ **헴(heme)**

　㉠ 미오글로빈과 헤모글로빈은 모두 산소와 가역적으로 결합할 수 있는 헴(heme)을 가지고 있는 색소 단백질이다.

ⓒ 미오글로빈 또는 헤모글로빈 산화과정: 어두운 붉은색의 미오글로빈 또는 헤모글로빈은 산소와 결합하면 선명한 붉은색의 옥시미오글로빈 또는 옥시헤모글로빈으로 되며, 계속 공기와 접촉하면 암갈색의 메트미오글로빈 또는 메트헤모글로빈으로 산화한다.

(2) 갈변반응

① **효소적 갈변반응**

효소에 의한 갈변이 일어나기 위한 조건은 효소, 기질(페놀 물질), 산소가 모두 갖추어져야 한다.

　ⓐ 식품(과일이나 채소)은 단면이 공기 중에 노출되면 페놀 물질들이 산소와 접촉하게 되고, 효소반응이진행되어 갈색 물질이 형성된다.

　ⓑ pH의 강하
- 유기산을 첨가하여 pH를 낮추면 페놀 물질을 산화하는 효소의 활성을 저하시키거나 불활성화시킬 수 있다.
- 과일의 갈변을 방지하는 데 적합하다.

　ⓒ 온도조절(가열과 냉장)
- 가열: 효소는 단백질로 구성되어 있으므로 가열에 의하여 쉽게 불활성화된다.
- 냉장법:낮은 온도에서 냉장해도 효소의 활성을 저하시킬 수 있다(일시적).

　ⓓ 환원제 처리
- 갈변 억제에 이용되고 있는 환원성 물질: 아황산가스, 아황산염 등
- 아황산가스는 농도를 조절하기 어렵고 가스 자체가 부식성이 있기 때문에 아황산염 용액에 과일이나 채소를 담그는 방법을 이용한다.

　ⓔ 산소의 배제
식품을 밀폐된 용기에 넣기, 공기의 제거, 공기 대신 이산화탄소나 질소가스로 대체한다(예 껍질 벗긴 감자나 우엉, 연근 등을 물에 담가 두거나 껍질을 깎은 과일에 설탕을 뿌리거나 시럽에 담그는 것).

② 비효소적 갈변반응
- ㉠ 캐러멜화 반응
  - 높은 온도에서 가열한 당이 분해되어 일어나는 갈변반응으로, 당 함량이 많은 식품들을 가열하거나 가공할 때 흔히 일어난다.
  - 캐러멜화는 분해산물들이 중합반응을 거쳐 캐러멜이라는 분자량이 큰 갈색 중합체를 형성하며 캐러멜은 가공식품의 착색 또는 착향에 이용된다.
- ㉡ 아미노-카보닐 반응
  - 대부분의 식품은 당류 외에 유리아미노산, 단백질 등을 다소라도 함유하고 있으므로 가공·조리 또는 저장 중에 가장 많이 쉽게 일어나는 비효소적 갈변반응이다.
  - 아미노-카보닐 반응은 식품의 색 뿐만 아니라 맛, 냄새 등에도 큰 영향을 준다.
- ㉢ 아스코르브산의 산화에 의한 갈변반응
  - 아스코르브산은 강한 환원력을 가지고 있으므로 효과적인 항산화제, 갈변 방지제이다.
  - 문제점: 아스코르브산이 비가역적으로 산화된 후에는 그 자체가 갈변반응을 수반하는 산화과정에 들어가게 된다.

(3) 식품의 관능평가

관능평가는 계획된 조건 하에서 여러 사람들의 감각을 통해서 제품의 질을 판단하고 보편타당성이 있는 결론을 얻어내는 것이다.

① 식품의 관능평가의 장점과 단점
- ㉠ 장점: 오감을 가지고 실시하므로 간편하고 신속하다.
- ㉡ 단점: 개인차가 심하므로 결과의 정밀도가 떨어진다.

② 관능평가의 종류
- ㉠ 차이조사: 음식의 특징적인 차이를 감지·평가하는 방법으로 8~9명의 훈련된 평가원이 관능검사실에서 오전 10시 또는 오후 3시에 실시한다. 2점 비교법, 3점 검사법, 1대 2점 검사법, 순위법, 채점법 등 여러 가지 방법이 있다.
- ㉡ 기호조사: 새로운 음식을 개발했을 때 시판에 앞서 훈련받지 않은 수백~수천 명의 일반 소비자를 대상으로, 그 음식이 먹음직스러운가 그렇지 못한가를 조사하는 방법이다.

02 식품의 조리: 확인 문제

01 다음 중 조리의 의의에 대한 설명으로 옳지 않은 것은?

① 산업의 발달에 따라 식품가공업이 발달하여 음식의 질과 맛을 추구하게 되었다.
② 문명의 발달과 더불어 조리기구의 개발에 의해 조리는 훨씬 다양하게 발전되었다.
③ 음식을 먹을 때 항상 영양적인 면이 우선 고려되어야 한다.
④ 조리 과정이란 식품을 먹을 수 있는 음식으로 만드는 최종단계이다.

정답 ③
해설 건강과 생명을 유지하기 위해서 매일 식품을 섭취해야 하지만 우리는 음식을 먹을 때 항상 영양학적인 면을 우선적으로 고려하여 선택하지는 않는다.

02 다음 중 건열조리법에 해당되지 않는 것은?

① 베이킹
② 브로일링
③ 로스팅
④ 시머링

정답 ④
해설 공기를 매체로 하여 조리하는 방법을 흔히 건열 조리법이라 한다(예 베이킹, 브로일링, 팬브로일링, 로스팅 등).

03 전자레인지 조리의 특징이라 볼 수 없는 것은?

① 조리 시간이 짧다.
② 다량의 식품을 조리할 수 없다.
③ 갈변현상이 일어나지 않는다.
④ 식품의 중량이 증가한다.

정답 ④
해설 식품의 중량이 감소한다.

04 다음 중 전분가수분해 효소를 이용한 식품은?

① 김치
② 식혜
③ 요구르트
④ 치즈

정답 ②

해설 식혜는 엿기름에 들어있는 전분 가수분해효소에 의하여 쌀 전분의 일부를 말토오스와 글루코오스로 가수분해시킨 후 그 물에 그 밥알을 띄워서 먹는 음식이다.

05 신맛은 식품에 존재하는 무엇에 기인하는가?

① 수소이온
② 염기
③ 히드록시기
④ 알칼로이드

정답 ①

해설 신맛은 식품에 존재하는 수소이온(H^+)이나 산의 염에서 온다.

06 다음 중 현재 사용되고 있는 인공 합성 감미제는?

① 둘신
② 시카린
③ 아스파르템
④ 시클라메이트

정답 ③

해설 아스파르템은 인공합성 감미제로 설탕보다 180배의 단맛이 나며 칼로리는 적다. 둘신, 사카린, 시클라메이트는 인체에 해로워 사용이 금지되어 있다.

07 다음 식품 중 매운맛 성분이 휘발성인 것은?

① 고추
② 마늘
③ 생강
④ 후추

정답 ②
해설 고추, 후추, 생강 등의 매운맛 성분은 비휘발성이고 겨자, 마늘, 파, 양파 등의 매운맛 성분은 휘발성이다.

08 매운맛 성분과 식품을 바르게 연결한 것은?

① 고추 – 캡사이신
② 겨자 – 차비신
③ 후추 – 진저롤
④ 파 – 알리신

정답 ①
해설 식품과 매운맛 성분: 고추–캡사이신, 후추–차비신, 겨자–이소티오시안산 알릴, 생강–진저롤, 마늘–알리신, 파–저분자량 황화합물

09 기생충의 감염양식 중 식품위생과 밀접한 관계가 있는 것은?

① 태반감염
② 경피감염
③ 경구감염
④ 공기감염

정답 ③
해설 경구감염은 감염자의 변이나 구토물이 감염원이 되어 식품이나 식수를 통해 전염되는 질병으로 소화기계 감염병이라고 한다. 대표적인 경구감염병은 콜레라, 세균성이질, 장티푸스, 파라티푸스, 폴리오 등이다.

10 효소에 의한 갈변이 일어나기 위한 조건에 해당되지 않는 것은?

① 효소
② 페놀 물질
③ 산소
④ 수소

정답 ④
해설 효소에 의한 갈변이 일어나기 위한 조건은 효소와 기질(페놀 물질), 그리고 산소가 모두 갖추어져야 한다.

11 서양 음식에서는 포칭(poaching)이라 하며, 물의 끓는점 이하에서 식품의 모양을 그대로 보존하면서 익히는 방법을 무엇이라 하는가?

정답 수란법
해설 수란법은 서양 음식에서는 포칭(poaching)이라 하며, 물의 끓는점 이하에서 식품의 모양을 그대로 보존하면서 익히는 방법(예 생선이나 달걀 조리에 이용)

12 미생물을 이용한 아미노산 발효 중 생성되는 이것은 조미료로 사용된다. 이것은 무엇인가?

정답 글루탐산나트륨(MSG)
해설 미생물을 이용한 아미노산 발효 중 생성되는 글루탐산나트륨(MSG)은 조미료로 아미노산은 약품이나 식품의 영양 강화제로 이용되고 있다.

13 짠맛, 신맛, 쓴맛, 단맛 중 역치(threshold)농도가 가장 높은 것은?

정답 단맛
해설 입안에서의 어떤 물질의 맛을 감지해 낼 수 있는 농도를 그 물질의 역치농도라 한다. 일반적으로 네 가지 기본 맛 중 단맛은 가장 농도가 높을 때 느껴지고, 다음으로 짠맛, 신맛, 쓴맛의 순으로 농도가 낮을 때 입안에서 그 맛이 감지된다.

14 사람과 가축의 양쪽에 이환되는 감염병을 말하며, 이 중에서도 특히 동물로부터 사람에게 감염되는 병은?

정답 인수공통감염병
해설 인수공통감염병의 발생경로는 감염병에 이환된 동물과 접촉함으로써 발생하며, 주로 이환동물의 고기, 우유, 알 등을 섭취함으로써 사람에게 감염되는 경우가 많다.

15 마늘, 양파, 무, 연근, 죽순, 콩나물, 숙주 등에 함유 되어 있는 백색색소는?

정답 안토잔틴(anthoxanthin)
해설 조리할 때 산을 넣으면 색이 더 희어지고 알칼리성 물질이 닿으면 황색 또는 황갈색으로 변한다.

03 식품과 위생

1. 식품과 미생물

1) 식품위생

식품의 재배, 생산 혹은 제조로부터 최종적인 섭취에 이르기까지의 모든 단계에서 식품의 안정성, 완전무결성과 건전성을 확보하기 위해 필요한 모든 수단 및 방법이라 정의할 수 있다.

(1) 식품위생의 목적

① 유독물이나 이물질의 혼입, 변질이나 오염에 의해 변패된 식품이 인체에 해를 끼칠 수 있는 원인을 찾아내 제거한다.

② 식품취급에 필요한 기구, 용기 및 포장에 대하여 품질을 보장하여 인체의 건강을 해할 우려가 없는 안전한 식생활을 할 수 있도록 하는 것이다.

(2) 식품 중 미생물의 영향

식품에는 각각 고유의 미생물총(microflora)이 형성되어 있으며 이들은 대개 비병원성이므로 식품위생 상 크게 문제 되지 않는다. 그러나 일부 식중독균이나 경구감염병균에 오염된 식품을 섭취한 경우 건강 장애를 초래하게 되는 경우가 있다.

(3) 식품 중 위해요인

① 위해요인

생물학적 위해, 화학적 위해, 물리적 위해가 있다.

② 건강장애의 생성 요인

- 내인성: 식물성 자연독, 동물성 자연독, 식이성 알레르겐, 변이원성 물질, 기타 생리작용 성분 등이 있다.
- 외인성: 세균성 식중독균, 경구감염병균, 곰팡이독, 기생충, 의도적 식품첨가물, 비의도적 식품첨가물 등이 있다.
- 유기성: 물리성, 화학성, 생물성 등이 있다.

2) 미생물

미생물은 크기가 매우 작아서 눈으로는 볼 수 없는 아주 작은 생물을 일컫는다.

(1) 미생물과 식품 관련
미생물 중 식품과 관련이 있는 것은 서균, 곰팡이, 효모, 바이러스 등이다.

(2) 생태학적 관점의 미생물 종류
① 수생 미생물: 물속에 사는 세균들로서 담수세균, 해수세균, 하수세균 등으로 나뉜다.

② 토양 미생물: 유기물 분해의 주역, 토지의 자기정화작용을 하는 세균, 곰팡이, 효모 등을 말한다.

③ 분변 미생물: 사람이나 동물의 소화관 내에 서식하는 미생물로서 대부분은 세균이다. 분변은 소화기계 감염병이나 식중독의 감염원이 될 수 있다.

④ 공중 미생물(낙하균): 토양이나 먼지로부터 유해하여 공기 중에 부유하는 미생물들로, 호흡기 계통의 감염병을 유발하는 세균이나 바이러스 등도 포함되어 있다.

⑤ 식물체 부착 미생물: 곡류 및 두류 등의 표면에 부착한 곰팡이의 증식에 의해 형성된 곰팡이독(mycotoxin)이 있다.

(3) 분변오염지표균
① 분변오염: 사람이나 동물의 배설물에 의한 토양, 하천, 저수지 등의 오염을 의미하며 물이나 식품의 오염 여부를 검사하는 지표가 된다.

② 식품의 분변오염: 소화기계 감염병, 인수공통감염병, 세균성 식중독 등의 감염위험의 가능성을 의미한다.

③ 분변오염지표균: 미량의 분변오염 여부를 밝히기 위해 분변 중에 다수 존재하는 세균을 오염지표로 이용하여 검사하는데, 이와 같은 세균을 분변오염지표균이라 한다.

④ 분변오염지표균으로 쓰이는 세균: 대장균군, 장구균 등이 있다.

⑤ 분변오염지표균으로 사용하기 위한 세균 조건
- 사람이나 동물의 장관 내에만 존재하여야 한다.
- 분변을 통해 외계로 배출된 뒤에는 증식하지 않은 채 장기간 생존해야 한다.
- 소수라도 검출이 용이해야 한다.

2. 식중독

1) 세균성 식중독

세균성 식중독이란 세균이 다량 증식된 식품을 섭취했을 때 유발되는 급성 위장염 증세를 나타내는 증후군을 의미한다. 세균성 식중독의 잠복기와 식중독 기전은 다음과 같다.

- 1~6시간(황색포도상구균, 바실루스균): 이미 생성된 독소를 섭취한 경우
- 8~16시간(웰치균, 바실루스균): 체내에서 독소가 생성된 경우
- 16시간 이상(대장균, 살모넬라균, 장염비브리오균): 감염성 세균인 경우

(1) 감염형 세균성 식중독

장내에서 식중독균이 생육하게 되고 이 균들이 죽어 분해되면서 세균 세포 내에 있던 내독소가 소화관 내로 퍼져 나와 급성 위장염 증세를 일으킨다. 살모넬라 식중독, 장염비브리오 식중독, 병원성대장균 식중독이 있다.

① 살모넬라 식중독

  ㉠ 원인균: 살모넬라 속에 속하는 10여 종의 세균이다.
  ㉡ 처치: 62~65℃에서 30분간 가열하면 사멸시킬 수 있다.
  ㉢ 원인 식품: 우유 및 유제품, 닭고기, 달걀 등이 주된 원인 식품이다.
  ㉣ 증상: 주요 증상은 오심, 구토, 복통, 설사 등의 전형적인 급성 위장염 증세이며 심한 경우 탈수, 혼수, 허탈 등이 나타나고 사망에 이를 수도 있다.
  ㉤ 예방
  - 식품이 오염되지 않도록 해야 하며 방충, 방서 등에 유의해야 한다.
  - 저온에서 저장하고 조리 후 섭취까지의 시간을 되도록 짧게 하여 식품에서 세균이 증식하는 것을 억제해야 한다.
  - 먹기 직전에 식품을 다시 가열한다.

② 장염비브리오 식중독

  ㉠ 원인균: 3~5% 식염농도에서 잘 자라는 호염균이라서 병원성 호염균 식중독이라고도 불렀다.
  ㉡ 처치: 60℃에서 15분, 100℃에서 수 분 내 사멸한다.
  ㉢ 원인 식품: 어패류가 가장 흔한 오염원이고 특히, 생식하는 경우에 문제가 된다. 때로 소금 절임한 야채류도 원인이 된다.
  ㉣ 증상: 섭취 후 12~24시간에 복통과 심한 설사를 유발하며 두통과 오심이 나타난다.
  ㉤ 예방

- 7~9월 사이 어패류 생식에 주의하고 생선의 표면과 아가미를 담수로 충분히 씻는다.
- 저온에서 저장하도록 하고 가열 조리 후 바로 먹는다.

③ **병원성대장균 식중독(O-157)**
  ㉠ 원인균: 주 오염원은 덜 익힌 육류나 오염된 우유 등이며 치즈, 사과주스, 오염된 칼·도마 등에 의해 다져진 음식물 등이 있다.
  ㉡ 증상: 구토, 복통, 설사, 대장출혈 등을 일으키며 소아나 증세가 심한 성인의 경우에는 용혈성 요독증을 나타내어 사망에까지 이르기도 한다.
  ㉢ 예방
    - 음식을 익히거나 데워 먹는 습관이 필요하다.
    - 도마나 조리기구는 청결히 사용하고 손을 자주 비누로 씻어야 한다.

(2) 독소형 식중독

독소형 세균성 식중독이란 다량의 세포 외독소를 섭취함으로써 일어나는 식중독을 의미한다.

① **포도상구균 식중독**
  ㉠ 원인균: 사람에게 화농성 식중독을 유발하는 황색포도상구균이며 외독소(exotoxin)가 식중독의 원인이 된다.
  ㉡ 처치: 100℃에서 1시간 가열한다.
  ㉢ 잠복기: 1~6시간
  ㉣ 원인식품: 우유 및 유제품, 크림, 육류, 햄, 김밥, 떡 등 곡류 및 그 가공품 등이 있다.
  ㉤ 증상: 오심, 구토, 복통, 설사, 탈수, 의식장애 등이 나타난다.
  ㉥ 예방: 저온 저장과 음식의 위생적 처리, 생식은 피하고 익혀 먹는 것이 중요하다.

② **보툴리누스 식중독**
  ㉠ 원인균: 보툴리누스균이 만들어내는 외독소인 신경독에 의한 독소형 식중독이다.
  ㉡ 처치: 100℃에서 15분 이상 가열한다.
  ㉢ 잠복기: 12~36시간
  ㉣ 원인식품: 19세기 말까지는 햄, 소시지 등에서 발생했고 20세기에 들어서면서 통조림 식품으로 인한 식중독의 발생이 많아졌다.
  ㉤ 증상: 오심, 구토, 복통, 설사, 신경마비, 시력장애, 안검하수, 복시, 사시, 동공확대, 신경장애, 운동장애, 호흡곤란으로 인한 사망 등이 나타난다.

ⓑ 예방: 80℃에서 10분 가열 처리하고 4℃ 이하에서 저온 저장한다. 캔의 경우 용기가 부풀어 있으면 열지 말고 바로 반품하거나 버려야 한다.

③ 웰치균 식중독
- 다량의 음식을 제조하는 집단 급식시설에서 발생 위험이 높다.
- 웰치균은 공기가 있는 경우 자랄 수 없는 혐기성 균이다.
- 설사와 복통이 발생하고 발열은 없다.
- 쇠고기, 닭고기가 가장 흔한 감염원이다.

(3) 바이러스성 식중독

바이러스에 오염된 음식물을 섭취하여 일어나는 건강상의 장애를 의미하며, 기온에 영향을 받지 않아 겨울철에도 유행한다. 역학조사방법이 확립되어 있지 않아 원인식품에서 검출된 예가 없으며, 감염경로가 원인식품에 국한되지 않고 오염된 음용수, 환자의 변이나 토물, 공기감염 등 매우 다양하다.

① 주요 증상: 메스꺼움, 구토, 설사, 위경련 등이 나타난다.
② 종류: 노로바이러스, 로타바이러스, 장관 아데노바이러스 등이 있다.
③ 예방
- 식품을 권장에 따라 적절한 온도에서 조리하고 위생적으로 취급한다.
- 해산물의 생식을 금한다.
- 식품 취급자는 양호한 개인위생을 실천한다.

2) 화학적 식중독

화학적 식중독의 원인 물질은 합성 첨가물, 농약, 중금속, 용기 및 포장에서의 유해물질, 환경오염 등이다. 세균성 식중독 등 다른 식중독에 비해 발생빈도는 극히 낮으며, 한 번 발생하면 대규모 사고로 확대 가능성이 있다.

(1) 합성 첨가물에 의한 식중독

① 식품첨가물: 식품의 외관, 향미, 조직 또는 저장성을 향상시키기 위한 위한 목적으로 첨가되는 비영양물질을 말한다(예 조미료, 착색료, 보존료 등).
② 합성첨가물의 사용 목적별 분류
  ㉠ 품질의 개량·유지: 유화제, 이형제, 피막제, 추출제, 용제, 품질 개량제, 밀가루 개량제, 호료·안정제
  ㉡ 변질·변태의 방지: 보존료, 살균·살충제, 산화방지제
  ㉢ 관능의 만족: 조미료, 감미료, 산미료, 착색료, 착향료, 발색제, 표백·탈염소제

           ㉣ 영양 강화: 강화제
           ㉤ 식품의 제조: 식품 제조용 소포제
           ㉥ 기타: 팽창제, 껌 기초제
        ③ 합성첨가물 중 특히 문제가 되는 것: 착색제, 감미료, 보존제, 산화방지제, 표백제, 발색제 등이다.
        ④ 인공감미료: 식품제조용 소포제
        ⑤ 인공착색료: 식품을 보기 좋게 하기위해 착색하는 데 사용되는 유색물질로 타르계 색소나 카로틴 등이 있다.

    (2) **농약에 의한 식중독**
        농약은 살균제, 살충제, 살서제, 제초제, 식물성장 조절제 및 이들 약제의 효과를 증대시키기 위하여 첨가되는 증량제, 전착제, 유화제 등의 보조제를 총칭하는 용어이다.
        ① PMA 같은 유기수은제: 침투성이 거의 없고 분해속도도 느리다.
        ② 파라티온 같은 유기인제: 침투력과 독성이 강하지만 분해속도도 빨라서 대개 급성 중독을 유발한다.
        ③ DDT나 BHC 같은 유기염소제: 거의 분해가 되지 않으므로 장기간 지방조직에 축적되어 만성중독을 유발한다.
        ④ 농약의 부착량이나 잔류량: 같은 양의 농약이 살포되어도 사과보다는 복숭아 표면에 더 많은 양의 농약이 부착되고, 열매보다는 잎 부위에 더 많은 농약이 잔류된다.

    (3) **중금속에 의한 식중독**
        ① 납(Pb)
           ㉠ 특징: 납으로 만든 관이나 납땜, 용기에 사용한 유약이나 농약의 성분 등에 의해 식품으로 이행된다.
           ㉡ 만성중독의 증상
              ● 복부불편감, 복부통증, 변비, 식욕부진, 현기증, 구토, 체중감소 등이 나타난다.
              ● 안색이 납빛으로 창백해지며 연산통(납통증), 요독증, 구강염, 심장박동 이상 및 호흡장애 등의 증상이 나타난다.
        ② 카드뮴(Cd)
           ㉠ 일본 도야마현 가도가와 유역의 이타이이타이병의 원인 물질이다.
           ㉡ 카드뮴은 독성이 매우 강한 축적성의 중금속으로 신장의 세뇨관에 축적되어 소변 중의 물질 재흡수 기능의 장애를 초래하여 칼슘과 인을 배설시킨다.

ⓒ 증상: 구토, 설사, 경련, 신장장애, 골연화증, 전신동통, 보행 곤란, 전신 무력증 등이다.

③ 수은(Hg)
  ㉠ 일본의 미나마타시에서 발생한 미나마타병의 원인 물질이다.
  ㉡ 미나마타병은 수은 중독으로 인해 발생하는 다양한 신경학적 증상과 증후를 특징으로 한다.
  ㉢ 만성중독의 증상: 손의 지각이상, 언어장애, 시청각 기능장애, 구내염, 보행 곤란, 중심성 시야협착, 흥분 상태 등이다.

(4) 제조·가공·저장 중에 생성되는 유해물질

① 나이트로사민
  ㉠ 반응성이 매우 강한 아질산염이 포함된 식품의 가공 및 보존 중에 아민이나 아마이드류 등의 질소화합물과 반응하여 생성되는 화합물로 발암물질을 증명한다.
  ㉡ 나이트로사민 생성의 전구체가 되는 아질산염은 육류의 발색제이다.
  ㉢ 육가공 과정에서 아스코르브산을 첨가하면 나이트로사민 생성을 억제할 수 있다.

② 가열식품 중 발암·변이원성 물질
  ㉠ 벤조피렌: 숯불구이 등으로부터 유래 된다.
  ㉡ 아크릴아마이드: 자연에 존재하지 않고 감자, 곡류 등 전분식품을 120℃ 이상의 고온에서 튀기거나 구우면 식품 표면의 수분이 감소하고 표면 온도가 상승하면서 생성된다.
  ㉢ 남성 생식 능력을 저하시키고 발암 추정 물질이다.

3) 자연독 식중독

(1) 식물성 자연독

식물성 자연독은 청산 배당체(매실, 은행, 살구, 카사바, 수수류 등), 알칼로이드(독버섯류), 솔라닌(감자류), 고시폴(면실유), 리신·리시닌(피마자) 등이 있다.

① 버섯류
  독성분인 유독성 알칼로이드 물질(아마니타톡신, 무스카린 등)이다.
  ㉠ 식용버섯: 느타리버섯, 표고버섯, 송이버섯, 싸리버섯 등으로 그 종류가 한정되어 있다.
  ㉡ 독버섯은 알광대버섯, 광대버섯, 파리버섯, 화경버섯, 미치광이버섯, 독깔때기버섯 등이 있다. 독버섯 감별법은 다음과 같다.

- 줄기가 세로로 잘 갈라지지 않을 경우 유독
- 줄기가 거칠게 느껴지는 경우 유독
- 색이 아름답고 선명하고 윤이 날 경우 유독
- 버섯 특유의 향이 아닌 악취가 나는 경우 유독
- 쓴맛, 신맛이 나는 경우 유독
- 버섯을 잘랐을 때 유즙이나 점액이 분비되면 유독
- 버섯을 끓인 물에 은수저를 넣었을 때 흑색으로 변하는 경우 유독

② 감자
  ㉠ 솔라닌이라는 독성분을 함유하고 있다.
  ㉡ 싹트는 부분이나 저장 중에 녹색으로 변한 부위는 0.1% 이상 함유하고 있다.
  ㉢ 증상: 구토, 설사, 복통, 두통, 발열, 수족저림, 언어장애 등이 나타난다.

③ 매실·은행·살구 등
  ㉠ 독성분은 청산 배당체(아미그달린, 프루나신 등)로 알데히드나 케톤의 시안히드린이 당과 결합되어 있는 물질이다.
  ㉡ 중독증상: 두통, 현기증, 오심, 구토, 복통, 설사, 호흡곤란, 마비, 의식불명, 발작, 호흡마비 등이 있다.

④ 면실유
  ㉠ 독성분인 고시폴(gossypol)은 목화의 씨(면실)나 박에 함유 되어 있는 것으로, 페놀 계열의 산화방지 작용을 하는 물질이다.
  ㉡ 중독증상: 피로, 졸음, 위장장애, 식욕감퇴, 현기증, 구내건조 등이다.

(2) 동물성 자연독

　① 복어

　　㉠ 테트로도톡신: 복어의 유독 성분으로 복어의 알, 내장, 난소, 간, 껍질 등에 집중적으로 함유되어 있고 독력은 봄에 강해져서 산란기인 5~6월에 최고조에 달한다.

　　㉡ 테트로도톡신의 중독 증상

　　　● 초기 증세로 먼저 피부 감각, 미각, 청각 등의 둔화·마비가 나타나는 지각이상이 오며 다음으로 운동장애, 안구운동 장애 및 동공 확대가 일어나고 청색증이나 호흡마비 등이 나타난다.

　　　● 사망 직전까지 의식이 또렷하다.

　　㉢ 체내 들어간 독소를 제거하는 방법: 구토, 위세척, 설사 유도 등의 방법이 쓰인다.

　② 조개류

　　㉠ 특성: 독성 물질은 주로 조개의 내장에 존재하고 열에 안정하므로 보통의 가열조리로 파괴되지 않는다.

　　㉡ 마비성 조개중독

　　　● 모시조개, 홍합, 진주조개, 대합조개 등에 의해 발생하는 식중독으로 원인 독소는 삭시톡신, 고니오톡신, 프로토고니오톡신 등이 있다.

　　　● 5~9월 특히, 한 여름에 독성이 가장 강하다.

　　　● 중독증상: 입술·혀·잇몸 등의 마비, 사지마비, 보행 곤란, 언어장애, 오심, 구토, 호흡곤란 등이 나타난다.

　　㉢ 베네루핀 중독

　　　● 바지락, 굴, 고동, 모시조개 등에 의해 발생하는 식중독으로 원인 독소는 베네루핀(venerupin)이다.

　　　● 독력은 계절에 따라 변화가 있어 1~4월에는 높으나, 6~11월에는 없어진다.

　　㉣ 시구아테라 중독

　　　● 독어, 특히 지중해에서 잡히는 시구아(cigua)에 의해 일어나는 식중독으로 원인 독소는 시구아톡신, 팔리톡신, 마이토톡신, 시구아테린, 그리스틴 등이다.

　　　● 특징: 독성은 대형어일수록 강하고 근육보다 내장에 독이 많다.

　　　● 중독 증상: 구토·복통·설사 등의 소화기 증상과 입술·혀·전신의 마비, 온도 감각의 이상, 두통·현기증·호흡곤란·경련·의식불명 등이 나타난다.

(3) 곰팡이독

　곡류에 생긴 곰팡이가 생육하면서 만들어내는 독소를 섭취하여 일어나는 질병이나 건강장애를 의미한다.

① 곰팡이독의 종류

　㉠ 간장독(hepatotoxin): 간병변, 간종양, 간세포 괴사, 간암 유발(예 아플라톡신, 루브라 독소 등) 등을 일으킨다.

　㉡ 신장독(nephrotoxin): 급성 또는 만성 신장증, 신장의 물 재흡수 능력 저하, 소변량 증가(예 시트리닌, 코지산 등) 등이 나타난다.

　㉢ 과민증 피부염 물질: 광과민증, 일광 피부염, 안면 습진(예 스포리데스민 등) 등이 나타난다.

② 곰팡이독의 특징

　㉠ 감염형이 아니다.

　㉡ 계절 및 기후와 관련이 있다.

　㉢ 항생물질이나 약제요법이 별 효과가 없다.

　㉣ 탄수화물이 풍부한 농산물이나 곡류에서 압도적으로 많이 발생한다.

③ 곰팡이독의 종류

　㉠ 아플라톡신
- 아스페르길루스(*Asperhillus*) 속 곰팡이가 만들어 낸 독소이며, 가장 독성이 강한 것은 B_1, G_1, B_2, G_2의 순서와 같다.
- 건조되지 않은 탄수화물이 풍부한 곡류, 땅콩 제품에서 생성된다.
- 증상: 간암 유발물질로 간출혈, 신장출혈, 간세포괴사 등이 나타난다.

　㉡ 황변미
- 곰팡이에 오염되어 변질된 쌀은 보통 외관이 황색으로 변하므로 황변미라 부른다.
- 아플라톡신 생성 곰팡이보다 낮은 수분활성도에서도 생육한다.
- 동남아시아산 쌀에 황변미 발생률이 높다.

　㉢ 맥각독
- 맥각균: 보리, 밀, 호밀 등의 맥류 꽃에 기생하여 맥각이라는 단단한 균핵이 발생된다.
- 증상: 소화기계 증상, 의식을 잃고 사망, 임산부의 경우는 조산이나 유산이 된다.

　㉣ 푸모니신
- 1988년 푸사리움 모닐리포르에 곰팡이로 오염된 옥수수에서 처음 발견되었다.
- 돼지의 폐부종과 사람의 식도암 등 질병을 유발한다.

4) 식중독의 예방과 관리

(1) 식중독의 예방원리

① 교차오염

오염된 식재료, 기구, 조리하는 사람과의 접촉으로 인해 오염되지 않은 식품에 미생물이 혼입되는 것을 의미한다.

② 식중독 예방관리

- 이미 오염된 식중독균이 더 이상 증식하지 못하도록 온도와 시간을 관리한다.
- 식품 내부까지 충분히 가열하여 사멸한다.
- 식품을 취급하는 사람의 개인위생과 건강상태가 중요하다.
- 생산자, 가공, 유통업체, 외식업, 정부의 규제관리 기관과 유기적 관계를 맺고 각각의 관리를 충분히 해야 기대하는 목적을 달성할 수 있다.

(2) 빅데이터 기반, 식중독 예측지도

국민건강보험공단은 식품의약품안전처, 기상청, 국립환경과학원과 함께 식중독 예측지도를 개발한다. 지자체, 교육청 및 외식업중앙회 등의 각 기관에서는 취약지역, 시설에 대한 지도와 점검 및 급식관계자 교육·홍보 등 예방활동을 전개한다.

(3) 식품위생관리 행정제도

① 제조물 책임법: 제품의 결함과 소비자가 입은 생명, 신체 또는 재산상 손해의 인과관계만 증명할 수 있다면 기업의 책임 유·무에 관계없이 기업을 제소한다.

② 회수제도: 결함 제품에 대한 사전 시정조치 강구 및 피해의 확대를 막기 위한 것으로 기업의 장류성에 따르는 사후관리에 중점을 둔 제도이다.

③ 이력추적제도: 제조, 가공에서부터 판매에 이르기까지 각 단계별로 이력추적 정보를 기록, 관리, 제공하여 식품안전사고가 발생할 경우 문제가 되는 식품을 추적함으로써 원인을 규명하고 식품의 유통을 차단해 회수하는 등, 필요한 조치를 취하도록 관리하는 제도이다.

④ 식품안전관리인증기준: 식품의 원료, 제조, 가공, 유통 전 과정에서 위해물질이 식품에 혼입되거나 오염으로부터 생길 수 있는 위해 가능성을 사전에 방지하기 위한 예방관리 시스템이다.

⑤ 우수제조기준: 안전하고 우수한 제품을 생산하기 위한 최소한의 시설기준이다. 건강기능식품에 적용하며 작업장의 구조, 설비를 비롯하여 원료의 구입, 생산, 포장, 출하에 이르기까지 전 공정에 걸친 생산과 품질관리에 대한 체계적인 기준이다.

⑥ 농산물 우수관리제도: 농림축산식품부가 주관하는 제도로서 농산물의 안전성 확보, 자연환경으로부터의 위해요인 유입을 최소화하기 위해 농산물의 생산에서부터 수확 후 포장 단계까지 토양, 수질 등의 농업환경 및 농산물에 잔류할 수 있는 농약, 중금속 및 유해생물 등의 유해요소를 관리하는 기준이다.

(4) 유통기한

① 유통기한: 제품의 제조일로부터 소비자에게 판매가 허용되는 기한으로 경과할 경우 판매가 금지된다.

② 품질유지기한: 식품 고유의 품질이 유지될 수 있는 기한으로 경과하더라도 판매가 가능하다.

3. 식품 알레르기

1) 식품 알레르기의 정의 및 원인·증상

식품 알레르기는 체내에 생성된 항체가 식품 중의 어떤 성분을 항원으로 인식함으로써 알레르기 증세가 발현되는 것이다.

(1) 식품 알레르기의 원인

약 90%는 달걀, 우유, 밀, 콩, 견과류, 어패류에 의해 나타나지만, 그 외 다양한 음식물 및 첨가물이 알레르기 반응을 일으킬 수 있다.

(2) 식품 알레르기 증상

복통, 구토, 설사 등의 위장 증세가 많지만 두드러기, 천식, 편두통, 비염 또는 쇼크 증세 등이 나타나기도 한다.

2) 식품 알레르기의 항원과 치료

식품의 알레르기의 증상은 구토, 복통, 설사 등의 위장장애이다. 입술 주위나 얼굴, 몸의 가려움증, 두드러기, 홍반, 습진, 재채기나 콧물, 기침, 기관지 천식 등이 나타난다.

(1) 식품 알레르기의 치료

원인 식품의 연속적인 섭취를 피하고, 항원성이 낮은 식품 중에서 대체식품을 택하여 영양의 균형이 깨어지지 않도록 유의해야 한다.

(2) 기타 알레르기

유당 불내증 같이 특정 성분을 체내에서 분해하지 못하여 나타나는 식품 불내증이 있다. 식품 중에 자연적으로 함유되어 있는 히스타민이나 아세틸콜린, TMAO(트리메틸

아민-N-산화물: trimethylamine-N-oxide)와 같은 성분이 가성 항원으로 작용하여 나타나는 알레르기가 있다.

03 식품과 위생: 확인 문제

01 식품의 위해요인 중 건강 장애의 생성요인에 따라 나눈 것 중 다른 것은?

① 내인성
② 외인성
③ 유기성
④ 화학적

정답 ④
해설 식품의 안전을 위협하는 대표적 위해요인으로는 생물학적 위해, 화학적 위해, 물리적 위해가 있다.

02 식품으로 인한 건강장애 유발 중 내인성 생성 요인에 속하지 않는 병원물질은?

① 식이성 알레르겐
② 동물성 자연독
③ 변이원성 물질
④ 곰팡이독

정답 ④
해설 곰팡이독은 외인성 생성요인에 속한다.

03 병원 물질 중 삭시톡신은 병원물질 종류 중 어디에 해당 하는가?

① 동물성 자연독
② 곰팡이독
③ 경구감염병균
④ 세균성 식중독균

정답 ①
해설 곰팡이 독은 아플라톡신, 경구감염병균은 이질균, 세균성 식중독 균은 감염형 식중독 균이다.

04 식중독을 일으키는 원인 중 자연 식중독 종류로 다른 것은?

① 바이러스성
② 동물성
③ 식물성
④ 곰팡이

정답 ①
해설 바이러스성은 미생물 식중독 분류에 속한다.

05 미생물 식중독 중 감염형의 원인균 및 물질로 다른 것은?

① 살모넬라
② 장염비브리오
③ 콜레라
④ 클로스트리디움 보툴리눔

정답 ④
해설 클로스트리디움 보툴리눔은 세균성 중 독소형 원인균에 속한다.

06 분변오염지표균으로 쓰이는 세균으로 적합한 것은?

① 병원성 대장균과 비브리오균
② 장구균과 포도상구균
③ 대장균군과 장구균
④ 분변 미생물 전부

정답 ③
해설 미량의 분변오염 여부를 밝히기 위해 분변 중에 다수 존재하는 세균을 오염지료로 이용하여 검사하는데, 이와 같은 세균을 분변오염지표균이라 한다. 분변오염지표균으로 사용하기 위한 세균 조건은 다음과 같다.
- 사람이나 동물의 장관 내에만 존재하여야 한다.
- 분변을 통해 외계로 배출된 뒤에는 증식하지 않은 채 장기간 생존해야 한다.
- 소수라도 검출이 용이해야 한다.

07 우리나라에서 가장 많이 발생하는 식중독으로 늦봄에서 가을 사이에 많이 발생하며, 열에 매우 강한 독소형 식중독은?

① 포도상구균 식중독
② 보툴리누스 식중독
③ 병원성 대장균 식중독
④ 살모넬라 식중독

정답 ①

해설 포도상 구균 식중독은 사람에게 화농성 식중독을 유발하는 황색포도상 구균이며 외독소(exotoxin)가 식중독의 원인이 된다.

08 식물성 자연독 중 청산배당체와 관련 없는 것은?

① 매실
② 은행
③ 독버섯
④ 살구

정답 ③

해설 식물성 자연독은 청산 배당체(매실, 은행, 살구, 카사바, 수수류 등), 알칼로이드(독버섯류), 솔라닌(감자류), 고시폴(면실유), 리신·리시닌(피마자) 등이 있다.

09 복어의 테트로도톡신에 대한 설명으로 옳지 않는 것은?

① 체내에 들어간 독소를 제거하기 위해서는 구토, 위체척, 설사 유도 등의 방법이 쓰인다.
② 미각, 청각마비, 호흡마비, 청색증 등이 나타난다.
③ 5~6월에 독성이 최고조에 달한다.
④ 사망 직전까지 의식이 없다.

정답 ④

해설 복어의 유독 성분으로 복어의 알, 내장, 난소, 간, 껍질 등에 집중적으로 함유되어 있고 독력은 봄에 강해져서 산란기인 5~6월에 최고조에 달한다. 사망 직전까지 의식이 또렷하다.

10 조리 기구 포장에 의한 중독 중 포장 재료로부터 이행될 수 있는 물질의 연결이 잘못 된 것은?

① 종이류 - 사이징제
② 종이류 - 첨가제
③ 도자기 - 납
④ 금속제품 - 납

정답 ②
해설 종이류(셀로판 포함)는 착색제(형광염료 포함), 충진제, 사이징제, 펄프용 방부제 등이다.

11 이타이이타이병의 원인 물질로서 구토, 설사, 경련, 신장장애, 골연화증, 전신 동통 등을 나타내는 중금속은 무엇인가?

정답 카드뮴
해설 일본 도야마현 가도가와 유역의 이타이이타이병의 원인 물질이다. 카드뮴은 독성이 매우 강한 축적성의 중금속으로 신장의 세뇨관에 축적되어 소변 중의 물질 재흡수 기능의 장애를 초래하여 칼슘과 인을 배설시킨다.

12 아스페르길루스(*Asperhillus*) 속 곰팡이가 생성해 내는 강력한 발암성을 가진 독소를 무엇이라고 하는가?

정답 아플라톡신
해설 아스페르길루스(*Asperhillus*) 속 곰팡이가 만들어 낸 독소이며, 가장 독성이 강한 것은 B_1, G_1, B_2, G_2의 순서와 같다. 건조되지 않은 탄수화물이 풍부한 곡류, 땅콩 제품에서 생성된다.

13 감자의 독성분으로 다음 세대에 기형을 유발하는 최기성 물질 및 발암물질로 알려져 있는 것은?

정답 솔라닌
해설 솔라닌은 감자의 싹트는 부분이나 저장 중에 녹색으로 변한 부위는 0.1% 이상 함유하고 있다.

14 미생물의 종류 중 일명 낙하균이라고 하며 호흡기계통의 감염병을 유발하는 세균이나 바이러스를 포함하는 것은?

> **정답** 공중미생물
> **해설** 공중 미생물(낙하균)은 토양이나 먼지로부터 유해하여 공기 중에 부유하는 미생물들로, 호흡기 계통의 감염병을 유발하는 세균이나 바이러스 등도 포함되어 있다.

15 다량의 음식을 제조하는 집단 급식시설에서 발생 위험이 높으며 설사와 복통이 발생하지만 발열은 없는 독소형 식중독은 무엇인가?

> **정답** 웰치균 식중독
> **해설** 독소형 세균성 식중독이란 다량의 세포 외독소를 섭취함으로써 일어나는 식중독을 의미한다. 웰치균은 공기가 있는 경우 자랄 수 없는 혐기성 균으로 쇠고기, 닭고기가 가장 흔한 감염원이다.

04 식품의 가공과 보존

제3부 건강과 식품

1. 냉동식품

1) 냉동식품의 특성과 냉동원리

냉동식품은 동결 전처리 과정에서 먹을 수 없는 부분은 제거하고 필요에 따라서는 가벼운 열처리도 하기 때문에, 실제로 조리할 때에는 상당히 간편하게 이용할 수 있다. 냉동원리는 식품에 함유된 수분을 가능한 한 동결시켜 -18℃ 이하의 저온에서 저장한다.

(1) 냉동식품의 특성

① 편리성

냉동 상태의 반조리식품으로 즉석조리 시에 더 이상의 처리가 필요하지 않으며, 약간의 가열로 해동이 가능하므로 조리시간이 짧고 간단하다.

② 저장성

㉠ 냉동저장: 식품 중의 수분을 동결시킨 상태로 저온에서 저장하는 것으로, 냉장법보다 미생물의 생육과 효소작용의 억제에 훨씬 더 효과적이다.

㉡ 저장 온도가 낮을수록 냉동식품의 선도는 오랫동안 유지되며 식품의 색, 선도, 영양 등 장기간 보존할 수 있다.

③ 안전성

식품에 함유된 수분을 가능한 한 전부 동결시켜 -18℃ 이하의 저온에 저장하므로서, 최소한 1년간 안전하게 보존할 수 있다.

④ 가격의 안정성(경제성)

어획량이 많은 시기에 수산물을 냉동식품으로 가공하면 항상 일정한 공급량을 유지할 수 있어 가격을 안정시킬 수 있다.

(2) 냉동식품의 원리

식품을 냉동시켜 저온에서 잘 저장하면 식품이 본래 가지고 있는 맛이나, 색, 영양가, 텍스처 등의 변화 없이 효과적으로 장기간 보존할 수 있다.

① 부패 미생물의 생육을 정지시킨다.

② 과일과 채소들의 호흡작용을 정지시킨다.

③ 식품 조직 중의 효소들이 촉매하는 자기소화 또는 변패작용을 억제시킨다.

④ 식품 성분의 산화와 같은 화학적인 변화들을 억제시켜 저장 수명을 연장한다.

(3) 냉동식품의 종류

① 비조리식품: 수산물(어류, 새우류, 게류, 패류, 오징어류), 농산물(감자, 콩류, 딸기, 감), 축산물(수조육류) 등이 있다.

② 조리식품: 튀김류(새우, 오징어, 생선, 육류), 튀김류 외(냉동만두, 냉동면, 피자류, 햄버그, 패티, 미트볼, 빵반죽 및 케이크, 과자류) 등이 있다.

2) 냉동식품의 전처리·포장·저장·해동

(1) 냉동식품의 전처리

① 쇠고기: 도살 직후 1~2℃의 온도에서 적어도 20시간 보관하면서 숙성시킨 다음에 냉동한다.

② 닭: 미생물의 성장 억제를 위해 얼음을 섞은 10℃ 이하의 물에 담가 냉각한다.

③ 어패류: 냉동 전에도 0℃ 가까운 온도에서 냉장 보관하고 냉동에 앞서 사후경직을 저온에서 해소시켜야 한다.

④ 과일: 갈변하지 않도록 설탕 시럽을 첨가하거나 소금물에 넣었다가 꺼내어 냉동하는 것이 좋다.

⑤ 채소: 90~100℃에서 몇 분간 데치기 조작을 해서 효소들을 불활성화시킨다.

(2) 냉동식품의 포장

① 냉동식품의 용기 및 포장 재료: 냉동 온도에서도 기계적인 강도와 유연성을 잃지 않고 공기와 수분을 투과시키지 않으면서 밀봉하거나 밀착이 쉽게 되는 것이어야 한다.

② 냉동식품의 용기나 포장 재료가 수분을 투과시키고, 냉동식품과 포장 사이 또는 용기 내에 공간이 있으면 빙정의 승화가 일어나게 되어 외관이나 맛이 손상된다.

③ 냉동식품을 공기가 들어가는 재료로 포장하면, 유지 등의 식품성분이 산화되어 맛이나 색이 나빠진다.

(3) 냉동식품의 저장

① 저장 온도가 낮을수록 냉동식품의 품질을 손상시키는 물리적·화학적인 변화들이 억제된다.

② 냉동식품은 일반적으로 -20~-18℃에서 저장하는데, 저장실의 온도가 심하게 변동

되면 재결정화가 일어난다.

③ 냉동식품의 냉동해: 냉동식품의 표면에서 얼음이 승화되면 다공성의 조직 형성, 색소의 파괴, 지방의 산화 등이 일어나는데 이러한 냉동에는 공기와 수분을 투과시키지 않는 포장 재료로 밀착 포장함으로써 방지할 수 있다.

(4) 냉동식품의 해동

① 공기해동: 냉동식품을 상온에서 그대로 해동시키는 방법으로, 간편하기는 하나 미생물의 성장, 효소적 변패 및 산화반응 등이 일어날 우려가 있다.

② 침수해동: 상온의 물 또는 묽은 식염수에 담가 해동시키는 방법으로 공기 해동에 비하여 해동 속도가 빠르며, 해동할 때 다량의 물과 물을 저어주면 해동 속도가 더 빨라진다.

③ 초단파 해동: 식품 내의 물분자에 급속한 진동을 일으켜서 발생되는 마찰열을 이용하여 식품 내부 모든 곳에서 해동이 이루어지지 때문에 해동 속도도 빠르고 변패작용도 거의 없다.

④ 가열조리: 소포장한 냉동식품은 따로 해동 과정을 거치지 않고 조리하면 냉동 상태에서 즉시 조직 단백질이 변성되므로 형태가 흐트러지거나 즙이 용출되지 않는다.

(5) 식품냉동의 문제점

① 식품 냉동 시 일어나는 조직의 손상은 피하기 어렵다.

② 식품을 급속 냉동시키면 세포의 내부와 외부에 미세한 빙핵이 생성되어 조직의 손상이 경미하게 일어나지만, 냉동속도가 느리면 큰 빙정이 생성되어 조직의 손상이 심하게 일어난다.

> ※ 참고: 냉동식품의 물리적·화학적인 변화
> • 물리적인 변화: 재결정화, 승화
> • 화학적인 변화: 색소의 파괴, 비타민의 분해, 단백질의 변성, 지질의 산화

2. 건조식품

1) 건조의 원리와 변화

(1) 건조의 원리

① 식품의 건조

식품 중의 수분을 제거함으로써 식품에 보존성과 저장성을 부여하는 방법이다.

품의 건조 저장방법은 비교적 간단하고 제조 및 저장 비용이 저렴하며, 저장 효과가 높기 때문에 오래 전부터 널리 이용되고 있다.

② 식품의 건조 속도
  ㉠ 공기 중의 수분의 분압과 식품 중의 수분의 증기압이 평형에 이르게 되면 건조 속도는 0에 도달한다.
  ㉡ 식품의 건조 속도에 영향을 주는 요인: 식품의 표면적, 건조 온도, 공기의 유속, 공기의 건조도 및 압력 등 여러 가지 요인에 의해 영향을 받는다.
  ㉢ 건조 온도가 일정할 경우 압력을 감소시키면 건조 시간이 단축된다.

(2) 건조 중의 변화

① 표면경화
  건조되는 동안 식품의 표면에 굳은 피막이 형성되는 것으로 낮은 온도에서 천천히 식품 전체가 고르게 건조되도록 하면 표면경화를 감소시킬 수 있다.

② 수축
  건조되는 동안 식품은 수축되어 텍스처가 변하므로 복원성이 좋지 않다.

③ 방향의 손실
  식품이 건조되는 동안 휘발성 방향 성분이 손실되며, 냉동 건조 또는 진공 건조 등의 방법으로 건조시키면 방향 성분의 손실을 감소시킬 수 있다.

④ 산화 및 갈변반응
  ㉠ 식품 중의 지방, 비타민 및 카로틴은 산화에 의해 파괴되기 쉬우며 엽록소, 안토시아닌, 미오글로빈 등도 파괴되어 식품의 영양가, 색, 맛 등이 손상된다.
  ㉡ 식품을 건조할 때 아미노-카보닐 반응이 일어나서 갈변하며, 건조 중에도 조직에 함유되어 있는 폴리페놀 산화효소에 의해 갈변반응이 일어난다.

2) 건조식품의 전처리·건조·포장

(1) 건조식품의 전처리
  ① 데치기: 과일이나 채소의 조직 중 변패 효소들을 불활성화시키기 위하여 행하는 전처리이다. 90~100℃의 열탕에 담그거나, 수증기로 열처리한 후에 즉시 냉각하여 식품 성분의 변화를 방지한다.
  ② 과일을 아황산가스 또는 아황산염으로 처리하면 갈변반응이 억제된다.
  ③ 식품 중의 지질과 지용성 성분들의 산화를 방지하기 위하여 산화 방지제로 처리하거나, 0.5~1%의 뜨거운 수산화나트륨(NaOH) 용액에 침지하여 과피의 왁스질을

제거하면 건조 속도를 높일 수 있다.

(2) 식품의 건조방법

식품의 건조방법으로 자연 건조와 인공건조(공기순환 건조, 접촉건조, 진공건조, 냉동건조)이 있다.

① 자연 건조

㉠ 장점: 태양열과 자연풍을 이용하므로 비용이 적게 든다.

㉡ 단점: 건조 시간이 오래 걸리고 기후 등 환경의 지배를 많이 받으며, 건조 도중 미생물의 발육과 효소작용에 의해 식품의 신선도가 떨어질 수 있고 이물질이 혼입되기 쉬우며 넓은 면적을 필요로 한다.

② 공기순환 건조

가열된 공기의 기류 속에서 식품을 건조하는 방법으로 빨리 건조된다. 건조 장치에 따라 킬른 건조, 캐비닛 건조, 터널 건조 등이 있다.

③ 냉동 건조

건조할 식품을 먼저 -40~-30℃ 급속 동결한 후 진공실에 넣고 얼음을 승화에 의하여 제거하여 건조시키는 방법이다.

㉠ 장점: 건조된 식품보다 수축이나 표면경화가 일어나지 않아 복원성이 우수하며, 영양 성분이나 방향 성분 등의 식품 성분들의 보존성도 우수하다.

㉡ 단점: 비용이 많이 들고 건조 후의 부피가 크고 다공질이어서 산화되기 쉬우므로 저장할 때는 진공포장하거나 불활성 가스를 채워 밀봉해야 한다.

④ 접촉 건조

가열한 금속의 표면에 액체 식품을 도포하여 건조하는 방법으로 건조한 것보다 색이나 맛이 떨어진다.

⑤ 진공 건조

밀폐된 장치 안에서 식품이 저온에서 진공하여 건조되므로 식품의 성분이 산화되는 일이 적고 비타민 등의 손실도 적어 품질이 좋은 건조식품을 만들 수 있다.

(3) 건조식품의 포장

① 건조식품의 포장재료의 조건: 수분과 산소 투과성이 낮은 것이어야 한다.

② 플라스틱 재료로 진공 포장하거나 불활성 가스로 치환하여 밀봉한다.

3. 발효식품

우리나라의 대표적인 발효식품으로는 김치류, 장류, 젓갈류 등이 있으며, 누룩을 빚어 발효시킨 약주, 탁주, 청주, 맥주, 과실주와 식초류 등도 있다.

1) 발효의 원리

(1) 일반적인 발효의 원리

① 미생물들이 분비하는 각종 효소들에 의하여 식품의 고분자 유기물질(탄수화물, 지방, 단백질)이 분해된다.

② 산화, 환원, 중합 등 다양한 화학적 작용을 받아 당, 아미노산, 유기산, 알코올, 이산화탄소와 같은 비교적 간단한 물질로 변함으로써, 그 식품의 품질과 저장성을 향상시킨다.

(2) 발효와 부패

① 발효: 식품이 미생물의 작용을 받아 사람에게 유익한 상태로 변화는 것을 의미한다.

② 부패: 식품이 미생물의 작용을 받아 사람에게 무익하거나 유해하게 변화는 것을 의미한다.

2) 발효식품

발효식품은 미생물의 효소 활성에 의한 발효를 이용하여 만드는 식품이다. 발효 과정에 관여하는 미생물은 주로 곰팡이, 효모, 세균 등이 있다.

(1) 김치류

① 김치의 재료와 종류

㉠ 김치의 재료: 주재료로 사용되는 무, 배추, 오이 등 30여 종의 채소류가 있고 고춧가루, 마늘, 파, 생강 등의 향신료가 사용된다.

㉡ 김치의 종류

- 형태에 따른 분류: 김치류, 깍두기류, 동치미류, 소박이류, 겉절이류, 장아찌류 등이다.
- 주재료에 따른 분류: 배추, 무, 오이, 기타 채소 등이다.

② 김치의 발효에 영향을 미치는 요소

㉠ 소금 농도: 3% 미만일 때는 발효를 촉진하고 김치의 색도 좋지만, 4% 이상이면 오히려 발효가 억제된다.

㉡ 발효온도: 고온에서는 단시간, 저온에서는 장시간이 소요된다.

- ⓒ 산도: 김치는 pH 4.3 정도일 때 가장 맛이 좋고, 그 이후에는 산도가 급격하게 올라가고 표면에 피막이 형성되어 산패현상과 연부현상이 나타난다.
- ⓔ 부재료: 전분, 당, 오이 등을 첨가하면 락트산 생성이 촉진되어 김치의 발효가 촉진된다.

③ 김치 발효 중에 일어나는 성분의 변화

- ⓐ 김치가 성숙되는 동안 젖산균, 효모 등의 미생물이 단당류에 작용하여 여러 가지 유기산, 에틸알코올, 이산화탄소 등을 생성하여 김치의 상큼한 맛을 낸다.
- ⓑ 유기산
    - 휘발성 산: 아세트산과 탄산이 가장 많은데, 탄산은 쉽게 물과 이산화탄소로 분리된다.
    - 비휘발성 산: 락트산(젖산)과 숙신산(호박산)의 함량은 김치의 염도와 발효온도에 따라 다르지만 김치의 염도와 발효 온도가 낮을수록 이 두 유기산의 함량은 많다.
    - 잘 발효된 김치에는 젖산과 젖산균이 풍부하며, 비타민 A, 비타민 C, 칼슘, 철, 인 등의 무기질이 풍부하고 배추와 무에 함유 되어 있는 식이섬유는 변비와 대장암 예방에 좋다.

④ 김치의 맛과 비타민 C

- 발효과정을 거치는 동안 고분자 화합물이 분해되면서 독특한 향미를 가진 저분자 물질이 생성되어 무나 배추의 세포막을 통하여 내부로 침투함으로써 조화를 이루는 맛이다.
- 김치에 함유되어 있는 비타민 C는 수용성이며 쉽게 산화하는 성질이 있어, 김치를 담그면 그 함량이 일단 감소하지만 숙성함에 따라 증가하여 숙성 적기에 최고치를 보이다가 그 후 다시 감소한다.

(2) 장류

① 메주

- ⓐ 재래식 메주
    - 초겨울에 대두를 푹 무르게 삶아 찧어서 모양을 만들어 말린 후 겉이 굳어지면 짚으로 매어 따뜻한 방에 두거나 짚을 사이사이에 끼우고 쌓아서 2~3개월 정도 띄운다.
    - 콩만을 쓰기 때문에 구수한 맛이 강하고 단맛은 별로 없다.
    - 야생의 잡균이 많이 번식하여 특유의 향을 내지만, 숙성관리가 미비하여 발효 숙성이 불완전 하다.

ⓒ 개량 메주
　　　● 삶은 콩에 종균(황국균)을 입혀서 1~2주일 발효시키는 간단한 방법으로 콩에 밀이나 보리를 섞어 만들기도 한다.
　　　● 밀이나 보리와 같은 전분질 원료가 첨가되므로 단맛이 강하다.
　　　● 발효 숙성이 양호하여 잡발효를 억제하고 맛을 향상시키지만, 품질이 균일하여 집집마다 독특하던 장맛은 내지 못한다.

② 간장
　　ⓐ 간장의 종류
　　　● 재래식 간장: 재래식 메주에 소금물을 부어 1~2개월 숙성시킨 후 메주를 건져서 된장으로 사용하고 남은 액체를 달인 것이 간장이다.
　　　● 개량식 간장: 개량 메주에 소금물을 부어 숙성시킨 후 간장을 짜서 살균한 것으로, 잡균의 작용을 받지 않으며 단맛과 구수한 맛이 강하다.
　　ⓑ 간장의 용도
　　　● 재래식 간장: 검은색이 옅고 단맛이 약하므로 장국을 끓일 때 사용한다.
　　　● 개량식 간장: 색이 진하기 때문에 음식을 조릴 때 사용한다.
　　ⓒ 간장의 맛
　　　소금의 짠맛, 아미노산의 구수한 맛, 유기산의 신맛, 당분의 단맛이 어우러져서 나는 맛과 발효 과정에서 생긴 알코올, 카르보닐 화합물, 에스테르류, 페놀류 등에 의한 것이다.

③ 된장
　　ⓐ 된장의 종류
　　　● 재래식 된장: 재래식 메주를 소금물에 담가 발효시킨 후 간장을 빼낸 찌꺼기를 다시 계속 발효시켜서 만든 것으로 단맛과 구수한 맛이 적다.
　　　● 개량식 된장: 찐콩 및 쌀 또는 보리쌀과 코지를 섞어 물과 소금을 넣고 일정기간 동안 숙성시킨 것으로, 재래식 된장에 비해 맛과 영양이 우수하다.
　　ⓑ 된장은 우리 전통 식생활에 주된 단백질 공급원으로 오랜 사랑을 받아왔다.

④ 고추장
　　ⓐ 고추장은 쌀과 보리 등으로 질게 지은 밥이나 되게 쑨 죽에 메줏가루, 고춧가루, 소금을 넣어 섞어서 만든 검붉은 빛깔의 장이다.
　　ⓑ 고추장은 전분질 원료가 당화되어 생성된 당의 단맛, 단백질 원료가 가수분해되어 생성된 아미노산의 구수한 맛, 고추의 매운맛, 소금의 짠맛이 잘 조화를 이룬 복합 조미료이자 기호식품이다.

ⓒ 전분질 원료에 따른 분류: 찹쌀 고추장, 쌀 고추장, 보리고추장 등

⑤ 청국장

청국장은 삶은 대두를 40℃ 전·후에서 납두균으로 16~18시간 발효시켜 대두에서 실과 같은 점액성 물질이 생긴 것이다.

ⓐ 가정에서는 대두를 삶아 깨끗한 짚으로 적당히 싸서 보온하면 청국장을 만들 수 있다.

ⓑ 청국장은 담근지 2~3일이면 먹을 수 있으며, 콩을 통째로 발효시켜 그대로 먹으므로 영양 손실이 적다.

(3) 젓갈류

① 젓갈류의 종류

어패류를 소금만으로 발효시킨 젓갈과 소금 이외에 같은 부재료를 넣어 발효시킨 식해류로 크게 나눌 수 있다.

② 젓갈의 제조 원리

젓갈은 어패류에 소금을 넣고 염장하여 부패균의 번식을 억제하고, 발효과정에서 어육 자체의 자기효소나 미생물에 의해 단백질이 가수분해되면서 유리아미노산과 핵산 관련 물질이 생성되어 고유한 감칠맛과 독특한 풍미를 낸다.

③ 젓갈류의 숙성발효

ⓐ 숙성발효 공정: 수분과 단백질 함량이 높은 어패류에 소금 또는 소금과 곡류를 가하여 염장하여 부패 변질을 억제시키면서 원료 중의 유기성분이 자기소화효소나 미생물의 작용을 받도록 하여 비린내가 제거되고 구수한 맛이 나도록 한다.

ⓑ 숙성발효 기간: 1~2개월 이상 소요되며 6개월~1년까지 장기 저장이 가능하다.

ⓒ 숙성발효 시 소금의 함량과 온도의 영향을 크게 받는데, 저염과 고온의 조건에서는 숙성발효가 매우 빠르게 진행된다.

④ 젓갈의 분류

ⓐ 반찬으로 사용되는 것: 굴젓, 명란젓, 창란젓, 곤쟁이젓, 조개젓 등이다.

ⓑ 김치류의 양념으로 이용되는 것: 멸치젓, 새우젓, 갈치젓, 조기젓, 황석어젓 등이다.

ⓒ 젓갈이 구수한 감칠맛을 가지고 있는 이유: 리신, 글루탐산, 글리산, 알라닌 등의 유리아미노산과 핵산관련물질, TMAO(trimethyl-amineoxide)베타인 등의 정미 성분이 소금의 짠맛과 조화를 이루기 때문이다.

④ 소금만으로 젓갈을 담그는 방법
  ㉠ 건염법: 마른 소금을 어패류에 뿌려 어체에서 나오는 물이 소금물을 이루게 하는 방법으로 가장 흔히 사용되고 있는 방법이다.
  ㉡ 혼합법: 어패류에 소금을 묻혀 그릇에 담고 소금물을 붓는 방법이다.
  ㉢ 습염법: 소금물에 어패류를 넣는 방법이다.
  ㉣ 온염법: 추운계절에 소금물을 따뜻하게 데워서 생선에 붓는 방법이다.
  ㉤ 냉염법: 더운 계절이나 수온이 높은 지역에서 생선을 0~5℃로 냉각시킨 후 염장하는 방법이다.
  ㉥ 냉동염법: 큰 생선이나 지방이 많은 생선을 일단 얼렸다가 절이는 방법이다.

4. 레토르트 파우치 식품

1) 레토르트 파우치 식품의 개요

(1) 레토르트 파우치 식품의 정의

조리·가공한 식품을 알루미늄 등으로 만든 주머니에 넣어 밀봉한 후 레토르트(retort)에 넣고 100℃ 이상의 고온에서 고압 살균하여 공기와 광선을 차단한 상태에서 장기간 식품을 보존할 수 있도록 만든 식품을 의미한다.

(2) 레토르트 파우치법의 장점과 단점
  ① 레토르트 파우치법의 장점: 장기관 보관이 가능하고 값이 싸고 휴대하기가 간편하며, 용기째로 데울 수 있고 폐기물 처리가 쉽다.
  ② 페토르트 파우치법의 단점: 금속캔이나 유리병보다는 포장 강도가 약해서 유통이나 저장 중에 파괴 될 우려가 있다.

(3) 포장용기

① 레토르트 파우치의 조건

㉠ 가스 투과 억제력, 저장성, 위생성, 생산성, 수송 및 경제성 등이 좋아야 한다.
㉡ 열접착성, 내수성 및 차단성이 우수해야 한다.

② 포장재료

플라스틱 필름에 알루미늄박 등을 접착시킨 적층 필름이 많이 쓰이는데 투명한 것도 있고 불투명한 것도 있다.

(4) 레토르트 파우치의 종류

① 투명 파우치: 2층으로 된 적층 필름으로 기체를 투과시키는 성질이 있으므로 장기간 보관하기는 어렵고, 대개 3개월 정도 저장할 수 있다.
② 불투명 파우치: 3층 또는 4층으로 된 적층 필름으로 산소와 빛이 투과하지 않고 125~135℃의 높은 온도에 견디므로 통조림과 마찬가지로 오랫동안 저장할 수 있다.

2) 레토르트 파우치 식품의 제조공정

① 레토르트 파우치 식품의 일반적인 제조공정: 원료 → 선별, 수세, 충진 → 밀봉 → 검사 → 살균 → 냉각 → 제품
② 주의사항: 파우치 속에 공기가 남아 있으면 살균할 때 용기에 내압이 걸리기 쉽고 내용물의 열전달이 방해되며 보존 중에 산화, 변질된다.
③ 살균하는 온도와 시간: 100~125℃에서 15~40분 정도 살균한다.

5. 완전조리 식품

1) 완전조리 식품의 개요

완전조리 식품은 조리 조작이 완료되어 그대로 먹거나 간단한 가열만으로 먹을 수 있는 가공도가 높은 식품이다. 종류로는 냉동조리 식품, 반찬류, 도시락, 샌드위치, 햄버거 등이다.

2) 완전조리 식품의 장점과 단점

① 완전조리 식품의 장점

조리시간과 노동력이 절약되고 적은 양을 만들 때 비용도 절감된다.

② 완전조리 식품의 단점

㉠ 소금의 과잉 섭취라든가 미량 영양소의 섭취 불량 등이 일어날 수 있다.
㉡ 여러 가지 반찬들의 유통·소비 단계에서 비위생적으로 되기 쉽고, 천편일률적인 음식으로 되기 쉽다.
㉢ 가공도를 높이기 위해 식품 첨가물을 사용하게 되면 안전성의 문제가 제기된다.

04 식품의 가공과 보존: 확인 문제

01 냉동식품의 특성 중 냉동 상태의 반조리식품은 즉석조리 시에 더 이상의 처리가 필요하지 않은 것과 관계 있는 것은?

① 가격의 안정성
② 편리성
③ 능률성
④ 저장성

정답 ②
해설 냉동식품의 편리성은 냉동 상태의 반조리식품으로 즉석조리 시에 더 이상의 처리가 필요하지 않으며, 약간의 가열로 해동이 가능하므로 조리시간이 짧고 간단하다.

02 미생물의 성장을 억제하기 위하여 얼음을 섞은 10℃ 이하의 물에 담가 냉각시켜야 하는 것은?

① 쇠고기
② 닭
③ 어패류
④ 채소

정답 ②
해설
① 쇠고기: 도살 직후 1~2℃의 온도에서 적어도 20시간 보관하면서 숙성시킨 다음에 냉동한다.
② 닭: 미생물의 성장 억제를 위해 얼음을 섞은 10℃ 이하의 물에 담가·냉각한다.
③ 어패류: 냉동 전에도 0℃ 가까운 온도에서 냉장 보관하고 냉동에 앞서 사후경직을 저온에서 해소시켜야 한다.
④ 과일: 갈변하지 않도록 설탕 시럽을 첨가하거나 소금물에 넣었다가 꺼내어 냉동하는 것이 좋다.
⑤ 채소: 90~100℃에서 몇 분간 데치기 조작을 해서 효소들을 불활성화시킨다.

03 미생물, 효소 등의 작용을 이용하는 것으로 생물학적 가공에 속하는 것은?

① 쌀
② 잼
③ 치즈
④ 식초

정답 ④
해설 물리적 가공: 쌀, 잼 / 화학적 가공: 치즈

04 다음 중 과일의 갈변반응을 억제할 수 있는 것은?

① 이산화탄소
② 황화수소
③ 아황산가스
④ 염화수소

정답 ③

해설 과일을 아황산가스 또는 아황산염으로 처리하면 갈변반응이 억제된다.

05 부패와 발효의 설명 중 다른 것은?

① 부패는 몸이나 유기물이 썩거나 붕괴되는 과정이다.
② 부패는 단백질이나 기타 유기물이 부패미생물에 의해 분해되어 악취를 생성하는 변화이다.
③ 발효는 단백질이나 기타 유기물이 발효미생물에 의해 분해되어 악취를 생성하는 변화이다.
④ 발효는 인간에게 유익한 물질과 이로운 냄새 성분을 생성하는 변화이다.

정답 ③

해설 발효는 단백질이나 기타 유기물이 발효미생물에 의해 분해되거나 모양을 바꾸되 인간에게 유익한 물질과 이로운 냄새 성분을 생성하는 변화를 말한다.

06 레토르트 파우치 식품의 제조공정이 바르게 나열된 것은?

① 원료 → 선별, 수세, 충진 → 밀봉 → 검사 → 살균 → 냉각 → 제품
② 원료 → 선별, 수세, 충진 → 검사 → 밀봉 → 냉각 → 살균 → 제품
③ 원료 → 선별, 수세, 충진 → 살균 → 검사 → 밀봉 → 냉각 → 제품
④ 원료 → 선별, 수세, 충진 → 냉각 → 밀봉 → 검사 → 살균 → 제품

정답 ①

해설 살균하는 온도와 시간: 100~125℃에서 15~40분 정도 살균한다. 파우치 속에 공기가 남아 있으면 살균할 때 용기에 내압이 걸리기 쉽고 내용물의 열전달이 방해되며 보존 중에 산화, 변질된다.

07 식품 내의 물분자에 급속한 진동을 일으켜서 발생되는 마찰열을 이용하여 식품 내부 모든 곳에서 해동이 이루어지게 하는 냉동식품의 해동방법은?

정답 초단파 해동
해설 초단파 해동은 식품 내의 물분자에 급속한 진동을 일으켜서 발생되는 마찰열을 이용하여 식품 내부 모든 곳에서 해동이 이루어지지 때문에 해동 속도도 빠르고 변패작용도 거의 없다.

08 냉동건조나 진공건조 등의 방법으로 낮은 온도에서 천천히 식품전체가 고르게 건조되어 손실을 감소시킬 수 있는 것은?

정답 표면강화
해설 건조되는 동안 식품의 표면에 굳은 피막이 형성되는 것으로 낮은 온도에서 천천히 식품 전체가 고르게 건조되도록 하면 표면경화를 감소시킬 수 있다.

09 전분질 원료가 당화되어 생성된 당의 단맛, 단백질 원료가 가수분해되어 생성되는 장류는 무엇인가?

정답 고추장
해설 고추장은 전분질 원료가 당화되어 생성된 당의 단맛, 단백질 원료가 가수분해되어 생성된 아미노산의 구수한 맛, 고추의 매운맛, 소금의 짠맛이 잘 조화를 이룬 복합 조미료이자 기호식품이다.

10 공기와 광선을 차단한 상태에서 장기간 식품을 보존할 수 있도록 만든 식품의 가공 방법으로 적당한 것은?

정답 레토르트 파우치법
해설 레토르트 파우치 법은 조리·가공한 식품을 알루미늄 등으로 만든 주머니에 넣어 밀봉한 후 레토르트(retort)에 넣고 100℃ 이상의 고온에서 고압 살균하여 공기와 광선을 차단한 상태에서 장기간 식품을 보존할 수 있도록 만든 식품을 의미한다.

05 기호식품 및 기능성 식품

제3부 건강과 식품

1. 기호식품

1) 차

차나무의 성질은 조금 차고(혹은 냉(冷)하다고도 함), 그 맛은 달고 쓰면서 독이 없는 식물이다. 오래되고 채한 음식을 소화시켜 주며 아울러 머리와 눈을 맑게 하고 소변을 잘 통하게 해주며, 당뇨병을 치료하고 사람으로 하여금 잠을 적게 해주며 불에 화상을 입은 독을 해독시켜 준다.

1827년 차 속에서 카페인을 발견하면서 연구가 본격화되었는데 찻잎은 75~80%의 수분과 20~25%은 30여 가지의 성분이 함유 되어 있는 고형 물질로 이루어져 있다.

(1) 차의 산지

① 차의 원산지: 중국, 인도 등

② 현재 차의 주산지: 중국, 인도, 스리랑카(실론), 자바, 수마트라 등

③ 우리나라 차 재배지: 지리산, 한라산, 전라남도의 보성, 강진 지방 등

(2) 차의 재배

① 차나무는 비교적 덥고 강우량이 많아야 잘 자라며, 해발 2,100m 이하의 지역에서 잘 자란다.

② 차나무를 잘 재배하려면 1년에 몇 번씩 광범위하게 전주를 해 주어야 한다.

③ 어린 가지의 끝에서 새로 나와서 반쯤 벌어진 새싹과 그보다 먼저 나온 2~3개월의 잎만이 차의 가장 좋은 원료로 이용된다.

(3) 차의 종류

① 녹차

㉠ 새로 돋은 가지에서 딴 어린 잎을 차 제조용으로 사용한다.

㉡ 고온에서 단시간 가열하여 산화효소가 파괴되므로 녹색이 그대로 남아 있으며 산뜻하고 구수한 맛을 가진다.

② 홍차
- ⊙ 어린 잎을 발효시켜서 녹색을 빼내고 말린 것이다.
- ⓒ 산화로 인해 찻잎의 색은 홍색으로 변하고 풋내가 없어지며 홍차 특유의 향기가 생긴다.

(4) 발효된 정도에 따른 차의 종류
- 녹차: 발효시키지 않은 것
- 홍차: 완전히 발효시킨 것
- 오룡차: 녹차와 홍차의 중간 정도의 질을 가진 반발효차

(5) 차의 성분

기호음료로서 중요한 차의 성분은 카페인, 페놀물질, 방향 성분 등이다. 차를 제조하는 동안 색, 타닌, 방향 성분 등의 변화가 일어나는데, 카페인은 거의 변화가 없다.

① 카페인
- ⊙ 알칼로이드의 일종으로 차의 카페인 함량은 2~4%로 커피열매보다 많으나 덜 용해되어 차의 카페인 함량은 커피보다 많지 않다.
- ⓒ 카페인은 쌉쌀한 맛의 성분으로, 중추신경을 자극하여 흥분시키며 혈액 순환을 촉진하고 강심, 이뇨 및 혈관 확대작용이 있다.

② 카테킨
- ⊙ 카테킨(catechin)은 폴리페놀의 일종으로 쓴맛을 가지고 있으며 가장 대표적인 차의 유효성분이다.
- ⓒ 찻잎에 들어있는 카테킨은 체내에서 중금속(수은, 카드뮴, 납 등)과 결합하여 배설시키는 해독작용을 하며, 고혈압 및 동맥경화증의 예방효과, 항암효과, 혈당 저하효과 등도 있다.

③ 페놀물질
- ⊙ 차의 맛, 색, 향기에 관여하는 주요 성분으로 차에 함유 되어 있는 대부분의 페놀물질은 타닌(tannin)에 속한다. 타닌은 떫은맛과 관계가 있으며 수렴작용과 지혈작용을 한다.
- ⓒ 페놀물질은 갓 움트고 있는 싹과 첫째 잎에 가장 많이 함유되어 있고 그 아래 잎으로 내려갈수록 함량이 적다. 페놀 함량이 많을수록 차의 색이 진하다.

④ 유리아미노산

다량 들어있는 테아닌(theanine)은 차 특유의 아미노산으로 단맛을 띤 감칠맛을 내며 뇌신경 물질을 조절하고 신경계를 안정시켜 긴장을 이완시킨다.

⑤ 비타민·유리당 및 유기산
  ㉠ 녹차에는 비타민 C가 많이 들어있고 이 밖에도 비타민 A, B, E 등이 있다.
  ㉡ 녹차에 소량 들어있는 유리당과 유기산은 차의 맛과 향에 관계가 있으며, 유리당은 카테킨류의 혈당 상승 억제작용을 도와주며 유기산도 카테킨류의 항산화 상승효과가 있다.

(5) 차의 보관

방습성이 좋은 용기에 담아 보관해야 하며, 또한 다른 냄새에 쉽게 동화되므로 냄새가 나는 곳에 보관하지 않는 것이 좋다.

2) 커피

커피나무에서 생산된 생두를 일정 시간 동안 볶은 뒤 곱게 분쇄하고 물을 이용하여 그 성분을 추출해 낸 음료이다. 커피는 에티오피아가 원산지이며 현재는 브라질, 베트남, 콜롬비아, 인도네시아, 온두라스의 순으로 생산량이 많다. 커피나무에 열린 앵두와 비슷한 진한 붉은색을 띤 열매를 '커피체리(coffee cherry)'라 하고, 커피열매를 따서 모든 껍질을 다 벗긴 것을 '커피생두(green coffee)'라고 한다.

(1) 커피의 종류

생두는 여러 종이 있지만 현재 상업적으로 재배하는 주요 품종은 아라비카와 로부스타로 전체 품종의 95%를 차지한다. 커피는 산지명이나 제조명을 상표로 사용하는 일이 많다.

① 아라비카: 700m 이상의 고지에서 재배되며 원산지는 에티오피아이다. 부드럽고 향기가 있으며, 마일드(Mild)와 브라질(Brazil)로 분류된다.

② 로부스타: 300m 이상의 고지에서 재배되며 원산지는 콩고이다. 이는 인스턴트 커피의 주원료로 이용된다.

③ 리베리카: 라이베리아가 원산지이며, 향미가 떨어지고 쓴맛이 강하다.

(2) 커피콩을 볶는 동안에 일어나는 변화

① 커피 로스팅(roasting)의 온도, 시간, 속도에 따라 커피 맛이 달라진다.

② 카페올과 같은 휘발성 방향물질과 이산화탄소가 생성된다.

③ 커피 열매에서 수분이 증발하여 증량이 감소하며, 섬유소와 탄수화물은 부분적으로 탄화되므로 커피를 끓였을 때 탄 냄새와 맛이 난다.

④ 탄닌은 볶는 과정에서 약간 불용성으로 되며, 볶는 동안에 카페인에는 거의 변화가 일어나지 않는다.

(3) 커피의 성분

① 카페인: 신경을 자극하여 흥분시킴으로써 기분을 상쾌하게 하고 이뇨작용도 있다.

② 탄닌: 커피를 끓일 때 지나치게 많이 추출되면 떫고 쓴 커피 맛이 난다.

③ 방향성분: 카페올, 에스테르, 페놀 등인데, 대부분이 휘발성이어서 가열하면 휘발되거나 변한다.

④ 유기산: 가장 주된 것은 클로로젠산이며 약간 시고 약간 쓴맛을 낸다.

⑤ 이산화탄소: 이산화탄소로 인해 커피를 마실 때 입안에서 상쾌함을 느끼게 된다.

(4) 커피의 보관 및 추출

① 커피의 보관

커피콩이 공기에 노출됨에 따라 볶은 지 10일 정도 지나면 신선하지 않은 맛이 나기 시작하므로 밀봉하여 진공포장을 한다.

② 커피의 추출

㉠ 커피 추출방법에는 침출식과 여과식이 있는데, 일반적으로 여과식 커피(에스프레소 머신, 핸드 드립)가 더 맛이 좋은 것으로 평가되고 있다.

㉡ 맛있는 커피는 가능한 한 방향 성분이 손실되지 않고 탄닌은 적게 우러나 있으며 색이 맑게 추출된 것이다.

㉢ 커피를 추출할 때 맛에 영향을 미치는 요인: 분쇄한 커피 입자의 크기, 커피와 물의 비율, 커피의 신선도, 물의 온도, 정확한 추출 시간 등이다.

3) 기타음료

(1) 탄산음료

① 탄산음료: 음료에 이산화탄소를 주입하여 만든 맛이 산뜻하고 시원한 음료이다(예 콜라, 사이다, 환타 등).

② 콜라: 콜라나무의 열매 추출액에 감미료와 여러 가지 향신료를 가하고 캐러멜 등으로 착색하여 만든 검은색의 탄산음료이다.

③ 사이다: 탄산가스가 함유된 무색의 탄산음료로 달고 시원한 맛이 난다. 유럽에서는 사과를 발효시켜 만든 과일주를 말한다.

④ 탄산음료의 과잉 소비 시 문제점: 치아를 부식시키고 비만을 촉진하며 비타민의 부족 등 영양 불균형을 초래하고, 식품첨가물의 안전성 등 청소년의 건강에 좋지 않은 영향을 미치기 쉽다.

(2) 코코아와 초콜릿

① 코코아와 초콜릿의 원료: 카카오(cacao)나무의 열매 속에 있는 씨를 볶아 갈아서 만든 반죽으로 초콜릿과 코코아 가루를 만든다.

② 코코아와 초콜릿의 향미 성분: 테오브로민과 카페인을 함유하고 있는데, 테오브로민의 함량이 더 많다.

③ 코코아와 초콜릿의 가장 큰 성분 차이: 초콜릿은 50% 이상의 지방을, 코코아는 22% 정도의 지방을 함유한다.

④ 코코아와 초콜릿 음료의 영양가가 커피나 차보다 높은 이유: 초콜릿이나 코코아 자체에 영양성분이 많이 함유되어 있을 뿐만 아니라 음료를 혼합할 때에는 물 대신 우유를 사용하기 때문이다.

(3) 전통음료

① 전통차: 열매, 과육, 곡류 등을 이용한 여러 가지가 있는데 기호음료 및 약용으로 마신다(예 구기자차, 결명자차, 율무차, 모과차, 유자차, 생강차, 오미자차, 인삼차 등).

② 화채: 꿀이나 설탕을 탄 오미자 국물에 계절 과일이나 꽃잎을 잣과 함께 띄우는 것이다(예 진달래화채, 배화채, 밀감화채, 복숭아화채, 보리수단 등).

(4) 이온음료

① 탈수 현상을 막고 땀을 많이 흘림으로서 손실되는 전해질들을 보충할 수 있도록, Na^+, Mg^+, Cl^- 등의 전해질을 첨가하여 만든 것이다.

② 체내에서 물보다 빨리 흡수되어 갈증을 신속하게 해소시켜 준다.

2. 기능성 식품

1) 기능성 식품

건강을 호전시키는 생리효과를 가지는 식품 및 그 성분을 가지고 제조 및 가공한 식품이다. 생체에 대해서 특정한 조절기능(신체리듬 조절, 생체방어, 질병의 예방과 치료, 노화억제, 비만 방지, 알레르기 감소 등)을 발휘할 수 있도록 설계·가공한 식품이다.

(1) 기능성 식품의 조건
   ① 화학구조 및 그 작용 메커니즘이 명확히 규명된 기능성 인자(영양소와 구별)를 가지고 있어야 하고 무엇보다도 안전해야 한다.
   ② 명확한 제조 목표가 설정되어 있어야 하고, 사람이 경구적으로 섭취함으로써 효능을 발휘할 수 있어야 한다.

(2) 기능성 식품의 기능
   ① 영양성: 식품의 1차 기능이며 인간의 생명과 건강을 유지하는 기능이다.
   ② 기호성: 식품의 2차 기능이며 인간의 감각에 의해 맛과 향, 색 등을 인지하고 만족감을 느끼게 하는 기능이다.
   ③ 기능성: 식품의 3차 기능이며 건강유지 및 증진, 질병예방에 도움을 주는 생체조절 기능이다.
   ④ 기능성 식품: 법적인 개념보다 연구나 상업적 홍보를 위해 통용되는 개념으로 식품의 생체조절기능을 강조한 식품이다.
   ⑤ 기능성 식품의 소재로 쓰이고 있는 종류: 여러 가지 식이섬유, 올리고당, 고도불포화지방산, 일부 펩티드 및 단백질 등이 있다.

2) 다양한 기능성 식품

(1) 식이섬유
주로 식물에 많이 함유된 섬유질로 사람의 소화효소로 소화되지 않고 몸 밖으로 배출되는 성분을 일컫는다.

① 식이섬유의 기능
   ㉠ 중금속 등의 일부 유해물질의 장내 흡수를 저지한다.
   ㉡ 일부 식사 성분의 흡수를 억제함으로써 비만 및 당뇨병을 예방하는 효과가 있다.
   ㉢ 장내에서 물을 흡수·팽창하여 배변량을 늘려 줌으로써 변비 치료에 도움을 준다.
   ㉣ 혈청콜레스테롤 함량을 낮춰 심장병 및 당뇨병을 예방하는 효과가 있다.
   ㉤ 대장 내의 세균에 영향을 끼쳐 발암물질의 작용을 억제하여 대장암을 예방한다.
   ㉥ 장내 유용균의 증식을 촉진하여 장내 세균총을 개선해 주고, 장운동을 활발히 해 주며 장기능을 강화하여 변비 및 대장암 예방, 장 게실증 예방 등의 효과가 있다.

② 식이섬유 과일 섭취 시 문제점

일부 무기질 및 영양 성분의 흡수 저하를 가져올 수 있다.

(2) 고도불포화지방산

① 정의: 지방산에 4개 이상의 이중결합을 가지고 있는 지방산이다(예 아라키돈산, EPA, DHA 등).

② 고도불화지방산의 생리적 작용: 혈중 중성지방과 콜레스테롤 수치의 저하, 항균작용, 면역력 증가, 심근경색과 뇌경색의 예방, 혈소판 응집 예방, 동맥경화증과 혈전증 예방 등이다.

③ DHA는 리놀렌산으로부터 체내에서 합성되기도 하나, EPA는 거의 체내에서 생합성이 이루어지지 않아 식품으로부터 섭취해야만 하는 것으로 알려져 이를 함유한 기능성 식품의 개발이 더욱 활기를 띠고 있다.

(3) 올리고당

① 정의 및 특징: 단당류가 2~10개 정도 결합한 당으로 감미를 가진 수용성의 물질로, 다당류 가운데 구조가 비교적 간단하고 용해도나 맛, 화학적 성질 등이 단당류와 비슷하다.

② 올리고당의 생리적 기능: 장내 비피더스균 증식, 장내 정장작용, 부패균의 발육 억제, 유기산의 생성 증대, 유해물질의 감소, 당뇨병 환자의 혈당감소, 저칼로리 감미료, 충치예방, 식품의 물성 개량 등이다.

③ 흔히 사용되는 올리고당: 키토올리고당, 갈락토올리고당, 프로토올리고당, 대두올리고당, 만난티노오스 등이 있다.

④ 올리고당이 이용되고 있는 식품: 음료수, 과자류, 캐러멜, 초콜릿, 쿠키, 케이크, 빵, 아이스크림, 잼, 젤리, 요구르트 등이 있다.

05 기호식품 및 기능성 식품: 확인 문제

01 차에 대한 설명으로 옳지 않은 것은?

① 차는 중국, 인도 등 동양이 원산지이다.
② 차나무는 비교적 덥고 강우량이 많아야 잘 자란다.
③ 차나무를 잘 재배하려면 1년에 몇 번씩 광범위하게 전주를 해 주어야 한다.
④ 다 자란 가지에서 나온 찻잎이 가장 좋은 원료로 이용된다.

정답 ④
해설 어린 가지의 끝에서 새로 나와서 반쯤 벌어진 새싹과 그보다 먼저 나온 2~3개월의 잎만이 차의 가장 좋은 원료로 이용된다.

02 차의 성분 중 면역력 증진에 효과적이며 레몬의 3~5 배 정도 함유되어있다. 이 성분은?

① 식이섬유
② 엽록소
③ 카테킨
④ 아스코르브산

정답 ④
해설 녹차에는 아스코르브산이 레몬보다 3~5배 이상 함유되어 있으며 특히, 봄에 채취한 녹차에 다량 함유되어 있다.

03 다음 중 가장 기본적인 식품의 기능에 관한 내용으로 틀린 것은?

① 1차 기능: 감각기관에 의해 맛, 향, 색에 대한 만족감을 준다.
② 1차 기능: 생명과 건강을 유지하는 기능을 한다.
③ 3차 기능: 건강 유지 및 증진을 한다.
④ 3차 기능: 생체조절 기능으로 질병 예방에 도움을 준다.

정답 ①
해설 2차 기능은 감각기관에 의해 맛, 향, 색에 대한 만족감을 준다.

04 커피콩을 볶는 동안에 일어나는 변화로 볼 수 없는 것은?

① 커피 열매에서 수분이 증발하여 중량이 감소하고 섬유소와 탄수화물은 부분적으로 탄화된다.
② 카페올과 같은 휘발성 방향 물질이 생성된다.
③ 탄닌은 볶는 과정에서 약간 불용성으로 된다.
④ 카페인은 쓴맛이 약화된다.

정답 ④
해설 카페인은 볶는 동안에 거의 변화가 일어나지 않는다.

05 기능성 식품의 조건과 관련 없는 것은?

① 영양소의 기능을 해야 한다.
② 사람이 경구적으로 섭취함으로써 효능을 발휘할 수 있어야 한다.
③ 안전해야 한다.
④ 명확한 제조 목표가 있어야 한다.

정답 ①
해설 화학구조 및 그 작용 메커니즘이 명확히 규명된 기능성 인자(영양소와 구별)를 가지고 있어야 하고 무엇보다도 안전해야 한다.

06 식이섬유의 기능에 속하지 않는 것은?

① 장내 유용균의 증식을 촉진하여 장내 세균총을 개선해 주고 장운동을 활발히 해 준다.
② 혈청콜레스테롤 함량을 낮추어 주어 심장병 및 담석증 등을 예방하는 효과가 있다.
③ 과잉섭취를 통해 영양 성분의 흡수 촉진을 증진시킨다.
④ 중금속 등의 일부 유해물질의 장내 흡수를 저지한다.

정답 ③
해설 식이섬유는 주로 식물에 많이 함유된 섬유질로 사람의 소화효소로 소화되지 않고 몸 밖으로 배출되는 성분을 일컫는다. 일부 식사 성분의 흡수를 억제함으로써 비만 및 당뇨병을 예방하는 효과가 있다.

07 땀을 많이 흘림으로써 손실되는 전해질들을 보충할 수 있도록 Na^+, K^+, Mg^+, Cl^- 등의 전해질을 첨가하여 만든 기호식품은?

> **정답** 이온음료
> **해설** 체내에서 물보다 빨리 흡수되어 갈증을 신속하게 해소시켜 준다.

08 700m 이상의 고지에서 재배되는 커피로 마일드와 브라질로 분류되는 종류는?

> **정답** 아라비카
> **해설** 700m 이상의 고지에서 재배되며 원산지는 에티오피아이다. 부드럽고 향기가 있으며, 마일드(Mild)와 브라질(Brazil)로 분류된다.

09 폴리페놀의 일종으로 쓴맛을 가지고 있으며 가장 대표적인 차의 유효성분은?

> **정답** 카테킨
> **해설** 찻잎에 들어있는 카테킨은 체내에서 중금속(수은, 카드뮴, 납 등)과 결합하여 배설시키는 해독작용을 하며, 고혈압 및 동맥경화증의 예방효과, 항암효과, 혈당 저하효과 등도 있다.

10 차는 발효과정을 거쳐 제조되었는가의 여부에 따라 발효차와 불발효차로 나눌 수 있다. 녹차와 홍차의 중간 정도의 질을 가진 반발효차는 무엇인가?

> **정답** 오룡차
> **해설** 녹차는 발효시키지 않은 것, 홍차는 완전히 발효시킨 것, 오룡차는 녹차와 홍차의 중간 정도의 질을 가진 반발효차이다.

PART

04

건강과 운동

01 건강과 체력
02 건강을 위한 운동의 효과
03 운동과 질병

01 건강과 체력

제4부 건강과 운동

1. 체력운동

1) 체력의 개념과 구성

(1) 체력의 개념

① 체력은 인간의 일상생활을 보다 윤택하게 영위하는 데 필요한 신체적인 활동능력이다.

② 체력은 신체활동의 감소와 정신적 스트레스, 심신의 피로 축적 등을 해결하는데 매우 중요한 요소이다.

③ 체력은 신체의 성장과 발달, 적절한 운동에 의하여 증가되지만 연령의 증가와 운동부족 현상에 의하여 쇠퇴한다.

(2) 체력의 구성

주변 환경의 변화에서 오는 각종 스트레스를 견뎌내는 방위체력과 운동을 일으키고 지속시키며, 조절할 수 있는 행동체력으로 구성된다.

① 행동체력
  ㉠ 근력: 근육이 수축할 때에 발생하는 힘이다.
  ㉡ 순발력: 근육이 짧은 시간에 폭발적으로 수축하는 힘을 말한다.
  ㉢ 지구력: 운동을 오랫동안 지속할 수 있는 능력으로, 지구력에는 근지구력과 심폐지구력이 있다.
  ㉣ 조정력: 근육과 신경계의 영향을 받아 운동을 효과적으로 수행하는 능력으로 평형성·교차성 등을 조정력이라 한다.
  ㉤ 유연성: 신체의 굴신 범위를 넓혀서 동작을 부드럽게 하는 능력으로 신체 각 관절의 가동성과 근육의 신전성에 의해 좌우된다.

② 방위체력
  ㉠ 외계의 스트레스에 대항해 자신의 건강을 유지하려고 하는 능력이다.
  ㉡ 인간이 생활환경으로부터 생존을 영위할 때 신체의 내·외부적으로 물리적·화학적·생물학적·생리적·정신적 자극 등과 같은 스트레스를 견디거나 이겨낼 수 있

는 능력을 말한다.

(3) 체력의 구성요소

① 행동체력의 구성요소
- ㉠ 운동을 일으키는 힘: 근력(악력), 순발력(제자리 멀리뛰기)
- ㉡ 운동을 지속하는 힘: 근지구력(윗몸일으키기), 심폐지구력(오래달리기)
- ㉢ 운동을 조절하는 힘: 평형성(눈감고 한발로 서기), 민첩성(사이드스텝), 유연성(스트레칭)

② 방위체력의 구성요소
- ㉠ 환경의 변화(기온, 기압)에 견디는 힘
- ㉡ 질병(세균, 기생충)에 견디는 힘
- ㉢ 생리적 변화(배고픔, 갈등, 피로)에 견디는 힘
- ㉣ 정신적 변화(긴장, 불안)에 견디는 힘

2) 체력운동의 내용과 방법

체력운동은 정기적·규칙적으로 운동을 행함으로써 현재 이상의 체력을 향상시키는 것으로, 맨손이나 기구를 이용하여 신체의 활동능력과 저항력을 높이는 데 목적이 있다.

(1) 근력운동

① 등속성 운동
- ㉠ 관절의 모든 각도에서 움직임의 속도가 동일하게 유지되는 상태에서 일어나는 근수축 운동으로, 등척성 및 등장성 운동의 결점을 보완한 것이다.
- ㉡ 대표적인 등속 운동: 사이벡스, 미니짐 기구를 이용한 운동 등이다.

② 등장성 운동
- ㉠ 근육이 수축하는 힘은 같은 상태에서 근육의 길이가 짧아지거나 길어지면서 장력을 발생하는 근수축 운동으로 웨이트 트레이닝이라고도 한다.
- ㉡ 등장성 운동은 동적인 운동이므로 실제 운동 장면에 가까운 것이 특징이며 개인의 근력에 따라 부하가 결정된다.
- ㉢ 대표적인 등장성 운동: 바벨, 덤벨 기계 또는 고무줄 등을 이용한 운동 등이 있다.

③ 등척성 운동
- ㉠ 근육이 수축하지만, 근육의 길이와 관절의 각도가 변하지 않는 운동으로 정적 저항 운동이라고도 말한다.
- ㉡ 특수한 도구나 장소가 필요없이 간단하게 수행할 수 있는 운동이다.
- ㉢ 운동을 처음 하는 사람 또는 부분적인 골격근의 강화를 필요로 하는 사람 등에게 적합하다.
- ㉣ 대표적인 등척성 운동: 벽 밀기, 고정된 물건 들기 등이 있다.

(2) 순발력 운동

① 순발력: 근육이 순간적으로 수축하면서 나는 힘이다.

$$\text{순발력(power)} = \text{힘} \times \text{거리}/\text{시간} = \text{일}/\text{시간}$$

② 순발력은 다양한 스포츠에서 기초가 되는 능력이며, 순발력 운동은 모두 동적 근력 운동이다.

③ 순발력의 증대 요인: 강력한 근력, 근단축 속도의 증가, 신경 충격의 집중성, 무산소적 해당능력의 효율성 개선 등이 있다.

(3) 근지구력 운동

① 근지구력: 오랜 시간 동안 근력을 지속적으로 발휘할 수 있는 능력이다.

② 근지구력의 측정: 최대 근력의 1/3 혹은 1/4의 부하를 주어 들어올리는 횟수 및 지속 시간으로 측정한다.

③ 근지구력의 증대에 영향을 미치는 요인: 단위 근육당 혈류량과 산소 섭취량의 증가와 함께 정신력 등에 의해 결정된다.

(4) 심폐지구력 운동

① 심폐지구력: 오랜 시간 동안 일정한 심폐 기능을 지속적으로 발휘할 수 있는 능력으로, 유산소적 작업 능력이라고도 한다.

② 심폐지구력을 결정하는 요인: 환기기능(폐), 심박출량(심장), 모세혈관, 조직의 적응성, 효율성(기술), 의지력 등이 있다.

③ 심폐지구력을 향상시키기 위한 방법
- ㉠ 지속주 트레이닝: 장거리를 쉬지 않고 달리는 운동으로, 가장 오래 전부터 사용하고 있다.
- ㉡ 인터벌 트레이닝: 활동과 휴식을 번갈아 하는 방법으로 운동과 운동 사이에 불완

전한 동적 휴식을 취면서 반복·연습하는 것이다.
- 산소 섭취능력의 강화
- 산소 부채량의 증가
- 호흡기능과 순환기능의 강화
- 신진대사 능력의 발달
- 전신 지구력 향상

ⓒ 레피티션 트레이닝: 강도 높은 운동의 훈련에 사용되며, 거의 전력에 가까운 운동 강도로 되풀이하여 행하고 운동과 운동 사이에 완전한 휴식을 5~10분 정도 취한다.

④ 심폐지구력 향상을 위한 운동: 걷기와 오래달리기, 수영, 자전거 타기 등의 유산소 운동이 있다.

(5) 유연성 운동

① 유연성: 유연성은 동작을 부드럽고 탄력있게 할 수 있는 능력을 말하는 것으로, 유연성의 크기는 관절의 가동 범위에 의해 결정된다.

② 유연성 훈련의 목적
ⓐ 동작을 원활히 한다든가 부상을 예방한다.
ⓑ 순발력을 얻을 수 있는 잠재력과 신체의 가동범위를 증가시킨다.

③ 스트레칭의 방법
ⓐ 편안한 장소에서 간단한 동작부터 시작한다.
ⓑ 스트레칭을 하는 동안 호흡은 정상적으로 행한다.
ⓒ 반동동작을 취하면 안되며, 조심성있게 천천히 실시한다.
ⓓ 서서히 스트레칭 유지 시간을 늘리되, 대부분의 경우 10초를 유지하고 30초까지 늘린다.
ⓔ 발바닥 전체를 지면에 밀착시키고 몸을 확고히 지탱하는 것이 중요하다.
ⓕ 부위에 집중하기보다 전체적으로 실시한다.

2. 운동과 에너지

1) 근수축의 에너지원과 에너지 공급체계

(1) 근수축의 에너지원

① 우리가 섭취한 영양분이 체내에서 화학반응에 의해 분해될 때 방출되는 화학에너지는 근수축에 직접 이용될 수 있는 에너지 형태인 아데노신 3인산(ATP: 아데노신 트리포스페이트)이라는 물질을 합성한다.

② ATP는 근 운동 중에 아데노신 2인산(ADP: 아데노신 디포스페이트)으로 전환되면서 근육이 직접 이용할 수 있는 에너지를 방출한다.

(2) 에너지 공급체계

에너지 공급체계는 무산소성 반응과정(ATP-PC시스템 및 젖산시스템)과 유산소성 반응과정(산소시스템)이 있다.

① ATP(아데노신 트리포스페이트)-PC(인산크레아틴) 시스템

㉠ 짧은 시간에 큰 힘을 필요로 하는 운동을 할 때 동원되는 방법이다.

㉡ ATP가 ADP로 분해되면서 에너지를 생성하는데 이때 ADP는 인산크레아틴(PC)이 분해될 때 생기는 인산(P)과 결합하여 다시 ATP가 된다.

> ※ 참고: ATP-PC시스템(무산소 시스템)
> - ATP: 아데노신 3인산
> - ADP: 아데노신 2인산
> - AMP: 아데노신 1인산
> - Pi: 무기인산

② 젖산시스템

당분은 해당작용을 거쳐 피루브산으로 분해되면서 에너지를 생산하고 다음 단계에서 산소가 충분하지 않으면 젖산으로 전환되고(젖산시스템), 산소가 충분하면 물과 이산화탄소로 완전히 분해된다(산소시스템).

㉠ 젖산시스템의 장점: 젖산시스템은 ATP-PC시스템 다음으로 빠른 속도로 에너지를 생산할 수 있다.

㉡ 젖산시스템의 단점: 젖산이 축적될수록 근육에 피로와 고통을 초래하기 때문에 아주 제한적으로만 이용해야 한다.

③ 산소시스템
　㉠ 시간적인 제한없이 계속적으로 에너지를 공급할 수 있는 것으로, 산소 공급을 통해 체내 저장되어 있던 글루코오스, 지방 등을 분해시켜 ATP를 합성한다.
　㉡ 산소시스템: 글루코오스 + 산소 + ADP → 이산화탄소 + ATP + 물

◎ 〈표 1.1〉 운동시간에 따른 주 에너지시스템

운동 시간	주 에너지시스템	해당 운동 종목
30초 이내	ATP-PC시스템	투포환, 100m 달리기, 야구의 도루, 골프와 테니스 스윙
30초~1분 30초	ATP-PC시스템과 젖산시스템	200~400m 달리기, 스피드 스케이트, 100m 수영
1분 30초~3분	젖산시스템과 산소시스템	800m 달리기, 체조경기, 복싱(3라운드), 레슬링(2분)
3분 이상	산소시스템	축구, 크로스컨트리 스키, 마라톤, 조깅

2) 휴식 시 및 운동 시의 에너지대사

(1) 휴식 시 에너지대사
　① 휴식 시에는 인체의 산소 운반 시스템이 각 세포에 충분한 산소를 공급할 수 있기 때문에 유산소 과정만으로 에너지를 공급하게 된다.
　② 보통 휴식 시에 필요한 산소는 분당 약 0.3L 정도이다.

(2) 운동 시 에너지대사
　① 단시간 운동: 단거리 달리기, 중거리 달리기 등 무산소성 과정에 의해 ATP가 공급된다. 젖산의 생성량이 급격히 늘어나 근육과 혈액 내에 축적되고 근육 내의 글리코겐을 많이 사용하게 되므로 글리코겐의 고갈현상이 나타나기 쉽다.
　② 장시간 운동: 마라톤, 조깅 등 ATP의 주 공급은 유산소성 과정에 의해 이루어진다. 5분 이상의 소요시간이 요구되는 운동으로 에너지원은 글루코오스와 지방이다.

3. 체력검사 및 평가

1) 체력검사 및 평가

(1) 체력검사 및 평가의 목적
　각 개인이 현재 지니고 있는 개별적인 체력 수준을 검사하고 평가하여 운동프로그램 계획을 수립하기 위한 자료를 수집하는 데 있다. 기본적인 체력검사 및 평가의 항목은 체지방량·심폐지구력·근력·근지구력·유연성·순발력·민첩성·평형성 등이 있다.

(2) 체지방량

체지방량은 체중에서 지방이 차지하는 비율(%)로 나타내는데, 이는 신체 구성을 평가하는 척도로서 운동 처방의 중요한 자료로 활용된다. 신체조성 건강 권장 범위는 7%(남자 체지방률 < 25%, 여자 체지방률 < 32%)이다.

① 체지방량 측정에 가장 많이 이용되고 있는 실용적인 방법이다.
② 피하지방 두께와 체지방량, 체밀드 사이에 높은 상관관계가 있다는 점을 기초로하여 체밀도 예측 시 몇 부위의 피하지방 두께의 합과 연령을 대입하여 체밀도를 예측하여 체지방량을 구하는 방법이다.

2) 건강관련 체력

(1) 심폐지구력

① 심폐지구력

오랜 시간 동안 일정한 심폐기능을 지속적으로 발휘할 수 있는 능력으로 전신지구력이라고도 한다.

② 심폐지구력의 측정

㉠ 필드 테스트 방법: 12분 달리기, 1,500m 달리기, 3,200m 걷기 등
㉡ 실험실 테트트 방법: 트레드밀 테스트, 자전거 에르고미터 테스트, 암 에르고미터 테스트, 스텝 테스트 등

(2) 근력

근력은 근육이 순간적으로 수축하여 발휘할 수 있는 최대의 힘으로서, 물체의 운반이나 던지는 동작에서 근력을 필요로 한다. 측정방법은 보편적으로 악력과 배근력으로 측정한다.

(3) 근지구력

근육이 얼마나 운동을 오래 지속할 수 있는지에 대한 능력으로, 반복 횟수나 일정한 저항에 대한 지속 시간을 측정한다. 윗몸일으키기, 팔굽혀펴기(남), 무릎대고 팔굽혀펴기(여) 등의 방법에 의하여 측정될 수 있다.

(4) 유연성

관절 및 이를 에워싼 근육·인대에 의하여 움직여지는 관절운동의 가동성을 나타내는 능력으로 운동의 효율성 증진과 상해 예방 등에 중요하다. 윗몸 앞으로 굽히기, 스트레칭 등의 방법이 이용된다.

3) 운동관련 체력

(1) 순발력

근육이 순간적으로 빨리 수축하면서 나는 힘으로, 다양한 스포츠에서 기초가 되는 능력이다. 측정방법은 주로 제자리 멀리뛰기, 계단뛰기, 제자리 높이뛰기 등이 이용된다.

(2) 민첩성

몸의 동작이나 운동의 방향을 신속히 바꿀 수 있는 능력이다. 측정방법은 왕복달리기, 지그재그달리기, 버피 테스트, 사이드 스텝 테스트 등이 있다.

(3) 평형성

신체를 일정한 자세로 유지할 수 있는 능력으로, 스포츠 현장에서는 균형, 미적 표현능력, 안정성의 측면에서 중요한 역할을 한다. 측정방법으로는 눈감고 한발로 서기 등이 있다.

4. 체력과 운동처방

1) 운동처방의 원리와 구성요소

(1) 운동처방

체력의 향상과 건강의 유지·증진을 목적으로 개인의 체력 수준, 건강 상태, 연령 등을 고려한 운동의 종류와 형식을 선택하는 데 있어서 그 질과 양을 어떻게 실시하여야 하는 가를 제시하는 것을 말한다.

① 운동처방의 조건

안전한 운동, 효과가 있는 운동, 즐길 수 있는 운동이어야 한다.

② 운동처방을 위한 기본원리(트레이닝의 기본 원리)

㉠ 점진성의 원리: 운동의 종목과 부하를 점진적으로 증가시켜 나간다.

㉡ 과부하의 원리: 운동의 효과를 높이기 위해서는 어느 정도 강한 자극을 주어야 한다.

㉢ 개별성의 원리: 개인차를 고려한 트레이닝 프로그램과 운동처방이 필요하다.

㉣ 자각성의 원리: 실시자가 트레이닝의 목적, 방법 등을 파악하고 있어야 한다.

㉤ 반복성의 원리: 트레이닝 프로그램에 입각한 반복 횟수대로 실시하도록 한다.

㉥ 전면성의 원리: 체력의 전반적인 요소를 골고루 발달시키도록 하며, 정신적 요소, 건강, 교양의 면까지 고려하여 조화적인 발달을 꾀한다.

ⓢ 계속성의 원리: 계속적으로 실시하는 것이 필요하다.

(2) 운동처방의 구성요소

① 운동처방

어떤 운동을 어느 정도로 얼마만큼의 시간 동안, 얼마나 자주 하여야 하는 가를 제시할 수 있어야 한다. 즉, 운동처방은 운동종목, 운동강도, 운동시간, 운동빈도 등의 내용으로 구성된다.

② 운동처방의 구성요소 및 관련사항

　㉠ 운동종목: 근력 향상, 심폐지구력 향상, 유연성 증진 등(예 걷기, 하이킹, 달리기, 조깅 등)
　㉡ 운동강도: 최대 산소섭취량의 백분율(40~70%), 최대심박수(60~80%) 등
　㉢ 운동시간: 1일 운동시간(30~90분), 달린 거리 등
　㉣ 운동빈도: 주당 운동횟수(매일 또는 주당 3회 이상)
　㉤ 운동목적: 체력 개선, 체력 유지, 여가활동 등
　㉥ 운동환경: 실내체육관, 실외운동장, 수영장 등

(3) 운동처방의 과정

① 의학검사: 검사는 상담과 임상검사로 구분되며, 그 결과는 다음 운동부하검사와 체력검사의 가부, 운동의 금지, 운동종목과 강도의 제한 등에 반영하는데 도움이 된다.

② 운동부하검사: 활동적인 의학검사인 동시에 체력검사로서의 역할 등을 한다.

③ 체력검사 및 평가: 운동부하검사로 측정할 수 있는 체력 요소에는 한계가 있으므로 거기에 별도의 중요한 체력검사를 해서 피검자의 체력 전반의 특징을 파악할 필요가 있다.

④ 운동처방의 작성: 이상의 검사 결과에 기준하여 운동의 옳고 그름과 운동의 강도에 관한 안전한계 및 유효한계를 결정한다.

⑤ 운동처방의 결정: 운동에 대한 처방을 확정한다.

⑥ 운동처방 후 조치: 일정기간의 간격을 두고 정기적으로 피검자와 연락하여 운동상황을 알아본다.

⑦ 재검사: 적어도 1년에 한 번은 검사를 실시함으로써, 지난 1년간의 운동 실시 상황을 파악한다.

 **건강과 체력: 확인 문제**

01 다음 근력 운동 중 등장성 운동에 대한 설명으로 옳지 않은 것은?

① 근육이 수축하는 힘은 같은 상태에서 근육의 길이가 짧아지거나 길어지면서 장력을 발생하는 근수축 운동이다.
② 웨이트 트레이닝이라고도 한다.
③ 사이벡스, 미니짐 기구를 이용한 운동이다.
④ 등장성 운동은 동적인 운동이다.

정답 ③
해설 대표적인 등장성 운동에는 바벨과 덤벨을 이용한 운동이 있고, 등속 운동은 사이벡스, 미니짐 기구를 이용한 운동 등이다.

02 인터벌 트레이닝에 대한 설명으로 옳지 않은 것은?

① 호흡 및 순환기능의 향상을 도모하는 방법이다.
② 신진대사 능력이 향상된다.
③ 산소 부채량이 감소한다.
④ 육상의 중장거리 선수들에게 적합한 방법이다.

정답 ③
해설 산소 부채량은 증가한다.

03 아침마다 40분 정도 조깅을 하기 시작한 후 주로 사용되는 주 에너지 시스템과 에너지원을 바르게 묶은 것은?

① 젖산시스템 - 지방
② ATP-PC - 인산크레아틴
③ 산소계 - 글루코오스와 지방
④ 젖산시스템 - 글루코오스

정답 ③
해설 산소시스템은 시간적인 제한없이 계속적으로 에너지를 공급할 수 있는 것으로, 산소 공급을 통해 체내저장되어 있던 글루코오스, 지방 등을 분해시켜 ATP를 합성한다.
• 산소시스템: 글루코오스 + 산소 + ADP → 이산화탄소 + ATP + 물

04 다음의 〈보기〉에서 트레이닝의 기본 원리로만 묶은 것은?

〈보기〉
㉠ 과부하의 원리 ㉡ 점진성의 원리
㉢ 계속성의 원리 ㉣ 집단성의 원리

① ㉠, ㉡, ㉢
② ㉠, ㉢, ㉣
③ ㉡, ㉢, ㉣
④ ㉠, ㉡, ㉣

정답 ①
해설 트레이닝의 기본원리는 과부하의 원리, 점진성의 원리, 계속성의 원리, 전면성의 원리, 개별성의 원리, 자각성의 원리이다.

05 운동의 빈도는 어느 정도의 횟수에서 가장 큰 효과를 얻을 수 있는가?

① 주당 2회
② 매일
③ 주당 3회
④ 주당 5회

정답 ③
해설 운동의 빈도는 매일 하는 것이 좋으나, 여건에 따라서 최소한 주당 3회 이상 실시해야 효과가 있다.

06 다음 중 운동처방의 순서로 가장 옳은 것은?

① 운동부하검사 → 체력검사 → 운동처방 → 의학검사 → 재검사
② 운동부하검사 → 체력검사 → 의료검사 → 운동처방 → 재검사
③ 의학검사 → 체력검사 → 운동부하검사 → 운동처방 → 재검사
④ 의학검사 → 운동부하검사 → 체력검사 → 운동처방 → 재검사

정답 ④
해설 운동처방의 순서는 의학검사 → 운동부하검사 → 체력검사 및 평가 → 운동처방의 작성 → 운동처방의 결정 → 운동처방 후 조치 → 재검사이다.

07 운동관련 체력 요소는 순발력, 민첩성, 평형성이 있다. 제자리 멀리뛰기, 계단뛰기, 제자리 높이뛰기 등이 이용되는 체력 요소는 무엇인가?

> **정답** 순발력
> **해설** 순발력은 근육이 순간적으로 빨리 수축하면서 나는 힘으로, 다양한 스포츠에서 기초가 되는 능력이다.

08 근력운동 중 관절의 모든 각도에서 움직임의 속도가 동일하게 유지되는 상태에서 일어나는 근수축 운동으로, 등척성 및 등장성 운동의 결점을 보완한 운동은 무엇인가?

> **정답** 등속성 운동
> **해설** 대표적인 등속 운동은 사이벡스, 미니짐 기구를 이용한 운동 등이다.

09 체력운동 중 근육이 순간적으로 빨리 수축하면서 나는 힘을 무엇이라 하는가?

> **정답** 순발력
> **해설** 순발력은 다양한 스포츠에서 기초가 되는 능력이며, 순발력 운동은 모두 동적 근력 운동이다.

10 운동처방은 운동종목, (   ), 운동시간, 운동빈도 등의 내용으로 구성된다. (   ) 안에 들어갈 내용은?

> **정답** 운동강도
> **해설** 운동강도는 최대 산소섭취량의 백분율(40~70%), 최대심박수(60~80%) 이다.

02 건강을 위한 운동의 효과

제4부 건강과 운동

1. 호흡순환계와 운동

1) 호흡계와 운동

(1) 환기량의 증가

분당 환기량은 매분 호흡하는 양을 나타내는 것으로, 안정 시 분당 환기량은 6~7L/분 정도이다. 운동 중에 분당 환기량은 수축하는 근육에 의해 소비되는 산소의 양과 이산화탄소 생성량 증가와 비례하여 상승한다.

(2) 환기효율의 증가

① 환기효율량이 증가되었다는 것은 동일한 산소 소비 수준에서 환기량이 낮다는 것을 의미한다. 즉, 호흡근(횡격막, 늑간근 등)에서 산소를 적게 소비함으로써 활동근에 더 많은 산소를 공급할 수 있다는 것이다.

② 환기효율을 감소시키는 요인은 흡연을 들 수 있는데, 상습적인 흡연은 골격근에 공급 될 산소를 많이 빼앗아 운동 수행 능력을 감소시킨다.

(3) 동적 폐기능의 향상

① 강제 폐활량 증가

강제 폐활량이 큰 사람은 다른 사람보다 운동 수행 능력이 높으며, 운동선수는 일반인에 비해 큰 강제 폐활량을 가지며 특히, 달리기선수에게서 가장 크게 나타난다.

> ※ 참고: 강제 폐활량
> 총 폐활량 수준까지 숨을 들여 마신 후 강하고 신속하게 숨을 내쉬게 하여 측정하는 것이다.

② 강제 호기량 증가

훈련으로 인한 강제 호기량의 증가는 기도저항의 현저한 감소에 의해 나타나므로 보다 원활한 호흡이 가능해진다. 강제호기량은 폐쇄성 폐질환과 제한성 폐질환을 감별하기 위한 목적으로도 이용된다.

2) 순환계와 운동

(1) 심장크기의 변화

운동선수들은 일반인에 비해 1.5배 이상 되는 심장을 가진 경우가 있는데, 이를 '스포츠 심장'이라고 한다.

① 지구성 운동선수의 심장: 심실벽 두께는 두꺼워지지 않고 좌심실강의 증가로 나타난다(예 장거리달리기, 마라톤, 장거리수영, 크로스컨트리 스키 등).

② 비지구성 운동선수의 심장: 좌심실강의 크기는 그대로지만 심실벽이 두꺼워진다(예 레슬링, 투포환, 역도 등).

(2) 심장의 효율성 증대

일반인의 1분당 심박수는 70~80회 정도이지만 고도로 훈련된 선수는 약 40~50회 정도이다.

① 심박출량: 심장이 1분 동안에 박출하는 양으로, 장기간의 운동에 의해 변화된 안정 시 심박수의 감소와 1회 박출량 증가는 심장의 효율성 증가를 나타내는 것이다.

② 운동성 서맥: 운동선수에게서 나타나는 심박수 감소로 훈련에 의한 안정 시 심박수의 감소는 심폐능력이 더 우수하다는 간접적인 증거이다.

(3) 혈압의 변화

안정 시 정상혈압은 대개 120/80mmHg(수축기혈압/이완기혈압)이며, 고혈압은 연령, 성별에 따라 차이를 둘 수 있지만 140/90mmHg 이상인 상태를 말한다. 운동 중에는 수축기혈압이 운동 강도와 비례하여 상승하지만 이완기혈압은 거의 변동이 없다.

(4) 혈액량과 헤모글로빈량의 증가

운동 중에 산소 운반에 매우 중요한 역할을 하는 총 혈액량과 헤모글로빈량은 훈련에 의해 증가한다. 운동을 지속하면 안정 시 혈액량과 헤모글로빈량이 증가하게 되므로, 운동을 하지 않는 사람들보다 상대적으로 신체의 무력감을 덜 느끼며 활기찬 생활을 영위할 수 있다.

(5) 최대 산소섭취량의 증가

지구력 훈련에 의해 최대 산소섭취량은 약 5~25% 정도 증가할 수 있다. 최대 산소섭취량은 심장혈관계의 성인병 예방을 위한 체력 조성의 지표로 이용되고 있다.

2. 골격근계와 운동

1) 웨이트 트레이닝이 골격근에 미치는 효과

웨이트 트레이닝은 근력 또는 근지구력을 강화하기 위하여 주위에서 흔히 구할 수 있는 바벨이나 덤벨(아령), 에스펜더 등의 운동기구를 사용하여 중량부하를 하는 운동이다. 이는 주로 근력, 근지구력, 순발력을 높이는데 효과적이다.

(1) 근력증가

운동은 근 비대, 즉 근육의 횡단면(굵기)의 증가를 가져오며 이에 따라 근력이 증가한다. 운동을 하면 많은 운동단위를 사용할 수 있고 또 개개의 운동단위 안의 근섬유들을 보다 많이 수축시키기 때문에 근력 증가를 가져온다.

(2) 근지구력 증가

근지구력이 강해지는 것은 적근섬유의 발달을 의미한다. 근력과 근지구력을 동시에 발달시키는 데에는 높은 부하로 반복 횟수를 적게 하는 운동방법이 가장 효과적이다.

(3) 근비대

웨이트 트레이닝은 각 근섬유들의 횡단면적을 증가시켜 근육 굵기가 증가한다. 지구성 운동선수는 백근섬유보다 적근섬유가 더 비대해지고, 단거리 선수나 포환선수의 경우는 백근섬유가 더 비대해진다.

> ※ 참고: 골격근을 구성하는 근섬유
> - 백근섬유: 빠른 수축 속도와 높은 최대 장력을 가진다.
> - 적근섬유: 느린 수축 속도와 낮은 최대 장력을 가진다

(4) 운동 상해 예방 및 골밀도 변화

근력 훈련이나 지구력 훈련을 하게 되면 힘줄과 인대 등이 강해지고 신체활동 시 발생할 수 있는 부상의 위험을 예방할 수 있다. 운동을 규칙적으로 하면 골밀도가 증가하고 뼈가 굵어지므로 골다공증을 예방할 수 있다.

2) 유산소성 지구력 운동이 골격근에 미치는 효과

유산소성 지구력 운동은 산소를 충분히 이용하면서 장시간 실시하는 운동으로 조깅, 수영, 자전거타기와 같이 전신을 이용하는 운동이다. 모세혈관 밀도의 증가와 미오글로빈·미토콘드리아의 양 증가, 탄수화물 및 지방질 산화의 증가, 근글리코겐 저장량의 증가를 가져와 체중감량에 도움을 주며 젖산에 견디는 능력도 향상되어 피로하지 않고 오랫동안 운동할 수 있게 된다.

(1) 탄수화물 및 지방질 산화의 증가

인체는 운동의 강도가 높을수록 탄수화물(근글리코겐)을 이용하며 낮은 강도의 힘들지 않은 운동 시에는 지방을 에너지로 사용한다. 운동한 다음날 근육이 아프고 결리는 것은 근육 안에 젖산이 과다 축적되어 나타나는 현상으로 제거 방법은 휴식과 운동을 반복하는 동적 회복보다는 지속적인 동적 회복이 가장 효과적이다.

(2) 미오글로빈·미토콘드리아의 증가

미오글로빈은 혈액에 실려 운반된 산소를 근세포 내에 존재하는 에너지 생성의 발전소인 미토콘드리아에 운반해 주는 역할을 한다.

(3) 모세혈관 밀도의 증가

달리기, 수영, 사이클 경기를 위한 장기간의 지구력 훈련은 근 비대를 가져오고, 거의 대부분 골격근 내의 모세혈관의 밀도를 증가시킨다. 근섬유당 모세혈관이 더 많아지면 근육에서의 산소와 영양분의 공급, 부산물의 제거가 향상된다.

(4) 근글리코겐과 중성지방 저장량의 증가

운동을 장기간 계속하게 되면 골격근의 근글리코겐 저장량과 중성지방 저장량이 증가하여 필요한 형태의 에너지 동원이 보다 쉽게 된다. 장기간 운동을 하지 않으면 근육의 유연성과 관절 가동성 및 그 범위도 감소하게 되어, 갑작스런 신체활동 시 근이나 인대 파열과 같은 부상을 초래하기도 한다.

3. 내분비계와 운동

1) 내분비계

내분비계는 우리 몸의 내부로 호르몬을 분비하는 신체기관들을 총칭한다. 호르몬을 통해서 신체기능을 조절하는 한편, 성장과 분비 및 생식 등 광범위한 세포기전의 조절기능을 가진다.

2) 운동과 호르몬의 변화

운동을 실시하게 되면 호르몬이 혈액량 조절, 에너지 기질의 이동과 분해에 관여하므로 호흡·순환기능과 근육의 변화는 물론 내분비 반응에도 변화를 가져온다.

(1) 성장호르몬

뼈의 성장을 자극하고 촉진시키며, 필요한 에너지를 지방을 통해 얻음으로써 탄수화물과 단백질을 절약하는 효과를 가져 일명 지방이용호르몬이라고도 한다.

① 뇌하수체 전엽에서 분비되며 뼈 연골 등의 성장뿐 아니라 지방 분해와 단백질 합성을 촉진시키는 작용을 한다.

② 운동을 하면 운동부하가 증가함에 따라 성장호르몬도 증가한다.

(2) 티록신·갑상선자극호르몬

운동으로 티록신은 약간 증가하거나 거의 증가하지 않는 반면, 갑상선자극호르몬은 최대 운동강도의 50% 이상에서는 운동강도와 더불어 꾸준히 증가한다.

① 티록신: 갑상선에서 분비되는 호르몬으로 아이오딘을 함유하며, 체내의 물질대사에 관여한다.

② 갑상선자극호르몬: 뇌하수체 후엽에서 분비되어 갑상선에 작용하여 갑상선호르몬을 분비시키는 역할을 한다.

(3) 항이뇨호르몬·알도스테론

운동강도가 증가함에 따라 신체의 수분 보유 필요성도 증가하여 항이뇨호르몬과 알도스테론 분비량이 증가한다.

① 항이뇨호르몬: 뇌하수체 후엽에서 분비되고, 신장에서 수분의 재흡수를 촉진하고 모세혈관을 수축시켜 혈압을 높이며 출혈이나 운동으로 인한 탈수 시에 혈관 수축을 통해 수분을 보유하는 항이뇨 작용을 한다.

② 알도스테론: 부신피질에서 분비되는 대표적인 스테로이드 호르몬으로 신장에서 나트륨이온의 재흡수와 칼륨이온의 배출에 관여한다.

(4) 인슐린과 글루카곤

인슐린은 혈당 수준이 정상수준 이상으로 높아질 때 분비되어 당이 혈액에서 세포(특히, 간이나 골격근)로 이동하는 것을 활성화시킨다. 반면, 글루카곤은 혈당 수준이 정상수준 이하로 떨어질 때 분비되어 인슐린과 반대 작용을 한다.

(5) 에피네프린과 노르에피네프린

에피네프린과 노르에피네프린 등을 합쳐서 카테콜아민이라고 부르며, 부신수질에서 분비되어 신체의 모든 세포에 작용한다. 훈련 후 카테콜아민의 감소는 운동 수행력의 증가를 의미한다.

① 에피네프린: 교감신경을 자극하여 혈압을 상승시키고 심장박동수와 심장박출량을 증가시킨다.

② 노르에피네프린: 세동맥과 세정맥을 수축시켜 혈압을 상승시킨다.

(6) 코르티솔

부신피질에서 분비되는 스트레스 호르몬으로 탄수화물 대사 과정을 주로 조절하며, 항염증 작용이 있다. 훈련 후에 체력이 강해지면 동일 강도에서 적게 분비되며, 탈진 상태에서는 훈련 전보다 많이 증가한다.

(7) 테스토스테론과 에스트로겐

테스토스테론은 고환에서 분비되는 남성 호르몬으로 근육과 생식기관의 발육을 촉진하고 이차 성징이 나타나게 한다. 에스트로겐은 난소에서 분비되는 여성 호르몬으로 여성의 이차 성징을 발현하고 월경주기 조절을 돕는다.

4. 정신건강과 운동

1) 신체와 정신의 관계

(1) 정신건강의 의의

정신건강이란 어떠한 정신질환에 걸리지 않은 상태만을 뜻하는 것이 아니라, 인간의 사고기능과 정서기능이 원활하고 자유로우며 유지되는 것을 의미한다.

(2) 운동이 정신건강에 미치는 영향

운동은 체내 생리적 안정을 가져오고, 수면을 증진시키기 때문에 불면증의 개선에도 도움을 줄 수 있다. 또한, 에피네프린의 분비를 증가시켜 우울증 치료에 도움을 줄 수 있으며 뇌조직으로 가는 혈류량이 증가함으로써 뇌에 신선한 산소를 공급하기 때문에 신체의 전반적인 안정 상태를 유지하고 정신적·정서적 편안감을 기대할 수 있다.

2) 운동과 스트레스

운동은 긴장감이나 스트레스를 해소시켜 정신건강에 도움을 주는 역할을 하며, 스트레스는 인체의 항상성 또는 건강 유지를 방해하는 부정적인 심신의 상태이다.

(1) 운동의 효과

① 운동의 직접적인 효과

㉠ 활동 욕구를 충족시킬 수 있고 심신의 정화를 경험할 수 있다.
㉡ 신체 각 부위에 산소를 더 많이 공급하고 생성된 노폐물을 적절히 배출시키기 때문에 물질대사가 원활하고 각 세포들은 이상적인 상태로 활성화된다.

② 운동의 간접적인 효과

체력이 향상되고 장기간의 운동을 통해 신체 의식이 증진된다.

(2) **효과적인 운동방법**

① 자신의 운동 목표를 구체적이고 적절히 설정하며 이를 달성하기 위해 노력한다.

② 운동을 처음 시작할 때에는 적당한 운동강도를 선택하여 실시한다.

③ 운동의 부정적인 영향: 경쟁적인 운동을 해야 할 경우는 다른 사람과 능력의 우열을 가려야 하기 때문에 만약 패배라고 하면 열등감으로 인해 부정적 스트레스의 생성 가능성이 커질 수 있다.

02 건강을 위한 운동의 효과: 확인 문제

01 다음 중 호흡계와 운동에 대한 설명으로 옳지 않은 것은?

① 운동 중에 분당 환기량은 수축하는 근육에 의해 소비되는 산소의 양과 이산화탄소 생성량 증가와 반비례 하여 상승한다.
② 강제 폐활량이 큰 사람은 다른 사람보다 운동 수행 능력이 높다.
③ 환기효율이 증가되었다는 의미는 동일한 산소 소비 수준에서 환기량이 낮다는 것을 의미한다.
④ 환기효율을 감소시키는 요인으로 흡연을 들 수 있다.

정답 ①
해설 분당 환기량은 운동 중에 수축하는 근육에 의해 소비되는 산소의 양과 이산화탄소 생성량 증가와 비례하여 상승한다.

02 지구성 운동선수의 심장에 대한 특징을 바르게 나타낸 것은?

① 심실벽 두께는 두꺼워지지 않고 좌심실강의 감소로 나타난다.
② 심실벽 두께는 두꺼워지지 않고 좌심실강의 증가로 나타난다.
③ 좌심실강의 크기는 그대로이지만 심실벽이 두꺼워진다.
④ 좌심실강의 크기는 그대로이지만 심실벽이 얇아진다.

정답 ②
해설 ① 지구성 운동선수의 심장: 심실벽 두께는 두꺼워지지 않고 좌심실강의 증가로 나타난다(예 장거리달리기, 마라톤, 장거리수영, 크로스컨트리 스키 등).
② 비지구성 운동선수의 심장: 좌심실강의 크기는 그대로지만 심실벽이 두꺼워진다(예 레슬링, 투포환, 역도 등).

03 장기간의 운동에 의해 안정 시 심장의 효율성 증가를 나타내는 것은?

① 심박수의 감소와 1회 박출량 증가
② 심박수의 증가와 1회 박출량 증가
③ 심박수의 증가와 1회 박출량 감소
④ 심박수의 감소와 1회 박출량 감소

정답 ①
해설 장기간의 운동에 의해 변화된 안정 시 심박수의 감소와 1회 박출량 증가는 심장의 효율성 증가를 나타내는 것이다.

04 골격근을 구성하는 근섬유인 백근섬유와 적근섬유의 특징에 대해 바르게 나타낸 것은?

① 백근섬유는 느린 수축 속도와 높은 최대 장력을 가진다.
② 백근섬유는 빠른 수축 속도와 낮은 최대 장력을 가진다.
③ 적근섬유는 느린 수축 속도와 낮은 최대 장력을 가진다.
④ 적근섬유는 빠른 수축 속도와 높은 최대 장력을 가진다.

정답 ③
해설 골격근을 구성하는 근섬유
- 백근섬유: 빠른 수축 속도와 높은 최대 장력을 가진다.
- 적근섬유: 느린 수축 속도와 낮은 최대 장력을 가진다.

05 다음 중 유산소성 지구력 운동이 골격근에 미치는 효과에 대한 설명으로 옳지 않은 것은?

① 인체는 운동의 강도가 높을수록 탄수화물(근글리코겐)을 이용한다.
② 인체는 낮은 강도의 힘들지 않은 운동 시에는 지방을 에너지로 사용한다.
③ 운동한 다음날 근육이 아프고 결리는 것은 근육 안에 젖산이 과다 축적되어 나타나는 현상이다.
④ 운동 후 젖산의 제거는 지속적인 동적 회복보다 휴식과 운동을 반복하는 동적 회복이 가장 효과적이다.

정답 ④
해설 운동한 다음날 근육이 아프고 결리는 것은 근육 안에 젖산이 과다 축적되어 나타나는 현상으로 제거 방법은 휴식과 운동을 반복하는 동적 회복보다는 지속적인 동적 회복이 가장 효과적이다.

06 효과적인 운동을 할 때 고려해야 할 원칙으로 옳지 않은 것은?

① 운동을 처음 시작할 때에는 적당한 운동 강도를 선택하여 실시한다.
② 내성적이며 의지력이 강한 성격의 소유자는 경쟁적인 운동을 선택한다.
③ 등산, 조깅 등 비경쟁적인 운동 종목을 선택하여 운동을 한다.
④ 자신의 운동 목표를 구체적이며 적절히 설정하고 이를 달성하기 위해 노력한다.

정답 ②
해설 성격에 따라 운동 종목을 달리 선택한다. 내성적이며 의지력이 강한 소유자는 비경쟁적 운동을, 외향적이고 경쟁을 좋아하는 성격의 소유자는 경쟁적인 운동을 시작하는 것이 흥미를 갖는데 유리하다.

07 필요한 에너지를 지방을 통해 얻음으로써 탄수화물과 단백질을 절약하는 효과를 가져 일명 지방이용호르몬이라 하는 것은?

> **정답** 성장호르몬
> **해설** 뼈의 성장을 자극하고 촉진시키며, 필요한 에너지를 지방을 통해 얻음으로써 탄수화물과 단백질을 절약하는 효과를 가져 일명 지방이용호르몬이라고도 한다.

08 부신피질에서 분비되는 대표적인 스테로이드 호르몬으로, 신장에서 나트륨이온의 재흡수와 칼륨이온의 배출에 관여하는 호르몬은?

> **정답** 알도스테론
> **해설** 운동강도가 증가함에 따라 신체의 수분 보유 필요성도 증가하여 항이뇨호르몬과 알도스테론 분비량이 증가한다.

09 근력 또는 근지구력을 강화하기 위하여 주위에서 흔히 구할 수 있는 바벨이나 덤벨(아령), 에스펜더 등의 운동기구를 사용하여 중량부하를 하는 운동은?

> **정답** 웨이트 트레이닝
> **해설** 웨이트 트레이닝 운동은 주로 근력, 근지구력, 순발력을 높이는데 효과적이다.

10 에피네프린과 노르에피네프린 등을 합쳐서 (   )이라고 부르며, 부신수질에서 분비되어 신체의 모든 세포에 작용한다. (   ) 안의 들어갈 내용은 무엇인가?

> **정답** 카테콜아민
> **해설** ① 에피네프린: 교감신경을 자극하여 혈압을 상승시키고 심장박동수와 심장박출량을 증가시킨다.
> ② 노르에피네프린: 세동맥과 세정맥을 수축시켜 혈압을 상승시킨다.

03 운동과 질병

제4부 건강과 운동

1. 건강과 식생활

1) 현대생활과 건강

세계보건기구(WHO)에서 발표한 정의는 건강이란 단순히 신체의 질병이나 손상이 없는 상태뿐만 아니라 신체적·정신적·사회적으로 완전한 상태이다.

- 건강은 개인적으로나 집단적으로나 그 인간이 가지고 있는 능력을 최대로 발휘할 수 있게 하는 가장 기본적인 조건이 된다.
- 현대생활의 특성들, 특히 신체활동의 부족 현상은 고혈압, 동맥경화, 비만, 뇌졸중, 당뇨병 등의 만성 퇴행성 질환인 성인병을 유발하는 원인이 되고 있다.
- 현대생활에서 건강에 위험한 영향을 미치는 대표적인 요소는 운동부족, 영양 섭취의 과잉과 불균형, 정신적 스트레스, 체내 오염 등이 있다.

2) 현대생활과 운동의 필요성

건강을 유지하는데 필요한 운동량이 충분하지 못하면 운동부족병이 발생한다. 주로 현대의 도시에 사는 사람들의 운동 부족 현상 때문에 나타나기 쉬우므로 도시병이라고도 한다.

- 운동부족현상은 체력을 감퇴시킴으로써 일상생활의 활력을 잃게 하는 원인이 되며, 이로 말미암아 운동부족병을 유발한다.
- 운동이 모든 현대의 질병들에 대한 문제를 해결한다고 할 수는 없지만 예방적인 차원과 건강을 유지·증진한다는 점에서는 그 필요성을 부인할 수 없다.
- 운동은 스트레스와 정신적인 불안감을 해소시킬 뿐만 아니라 자아성취감과 자긍심을 향상시키고, 신체 및 정신적인 인내력의 향상을 가져옴으로써 정서적인 건강 유지에도 유익하다.
- 운동은 건강 체력을 증진하여 보다 활력 있고 건강한 생활을 유지하는 데 상당히 중요한 역할을 한다.

2. 성인병과 운동

1) 성인병

(1) 성인병의 종류 및 원인

성인병은 보통 40~60세 사이의 연령층에서 흔히 발생하는 만성 퇴행성 질환으로 노인성 질환이라고도 한다.

① 성인병의 종류: 암, 고혈압, 심장병, 동맥경화증, 뇌졸중, 간질환, 심부전, 위장염, 관절염, 만성폐쇄성폐질환 등이 있다.

② 성인병의 발병 원인: 운동 부족, 과도한 스트레스, 지나친 영양 섭취, 불건전한 생활습관, 음주 및 흡연 등이 있다.

(2) 성인병의 효과적인 예방책

성인병 발병 원인의 공통적인 위험 요인들을 찾아내어 이를 개선하고, 건강한 생활습관, 균형잡힌 식이요법, 규칙적인 운동, 금연 및 절주, 체중 조절 등을 통하여 발병을 방지하는 것이 무엇보다도 중요하다.

2) 성인병과 운동

(1) 성인병을 위한 운동방법

① 성인병의 예방과 치료를 위한 운동: 전신의 큰 근육들을 반복적으로 사용하고 심폐기관에 지속적으로 자극을 주는 유산소 운동이 바람직하다. (예 걷기, 조깅, 수영, 자전거타기, 줄넘기, 에어로빅 댄스 등)

② 운동강도: 최대 심박수의 60~80% 정도의 심박수를 유지하도록 하고, 심박수의 측정이 곤란한 경우에는 약간 힘들다고 느끼는 정도의 강도로 운동하면 된다.

(2) 성인병에 따른 운동

① 당뇨병과 운동

㉠ 운동은 그 자체가 혈당을 낮춰주기도 하고, 근세포 등에서 인슐린의 효율과 당이용률을 높여 적은 양의 인슐린으로도 많은 양의 당을 에너지원으로 이용할 수 있게 한다.

㉡ 운동은 무산소 운동보다는 심폐기능을 향상시킬 수 있는 유산소 운동이 효과적이다. (예 에어로빅 댄스, 걷기, 조깅, 자전거타기, 수영, 배드민턴, 체조, 볼링, 게이트볼 등)

ⓒ 운동으로 소비된 에너지만큼 식사량을 늘려주어야 하고, 혹시 생길지도 모르는 저혈당에 대비해서 사탕이나 초콜릿 등을 지참하는 것이 좋다.
ⓓ 당뇨병과 운동시간: 인슐린 의존형 당뇨병 환자의 경우는 운동시간이 10~30분을 넘지 않아야 하고, 인슐린 비의존형 당뇨병 환자는 30~50분을 넘지 않아야 한다.

② 비만증과 운동
ⓐ 비만은 당뇨병, 고혈압, 암, 간경화, 담석증 등의 발생 원인이 될 뿐만 아니라 관절에 큰 부담을 주어 골관절염을 빠르게 진행시킨다.
ⓑ 운동은 일반적으로 1주일에 3~4번, 하루 20~30분 정도 실시하되 가능하면 아침식사 전에 실시하도록 한다.
ⓒ 비만을 치료하기 위한 방법: 저열량식이(체중감량식이)와 유산소 운동(걷기, 에어로빅, 수영, 조깅 등), 천천히 먹기, 규칙적인 습관을 갖는다.
ⓓ 비만증 치료 시 강도가 낮은 운동이 강도가 높은 운동보다 효과적이다.

③ 근골격계질환과 운동
ⓐ 요통: 유산소 운동과 근력 운동을 규칙적으로 하고, 과도한 신체노동을 피하며 바른자세, 바른 들기 방법, 정상체중을 유지하는 것이 좋다.
ⓑ 골다공증
  ● 적절한 유산소 운동과 스트레칭, 제자리뛰기 등과 같은 운동을 하여 골량을 유지하며, 뼈에 스트레스를 가할 수 있는 운동을 처방하는 것이 좋다.
  ● 골다공증의 예방 및 치료에 도움을 주는 운동은 등장성 운동, 등척성 운동 등이 있다.
ⓒ 류머티즘 관절염: 근력과 유연성에 중점을 두고 관절에 부담을 주지 않는 운동 종목이 좋다.

④ 호흡기계질환과 운동
대표적인 호흡기계질환은 만성폐쇄성폐질환(만성 기관지염, 폐섬유증, 기관지확장증 등)이 있고, 관련된 운동 프로그램으로는 호흡 근육을 강화할 수 있는 운동을 필히 포함시켜야 하며 훈련 시에는 운동 강도를 낮게 해 횟수를 늘려야 한다.

⑤ 순환기계질환과 운동
ⓐ 고혈압: 일반적으로 빨리걷기, 수영, 자전거타기, 줄넘기 등 운동 종목을 최대심박수의 60% 이하 정도 되는 중간 강도로 하루에 약 30~60분 정도, 1주일에 적어도 3회 이상 운동을 실시하는 것이 좋다.
ⓑ 동맥경화증: 개인의 능력에 따라 최대 심박수의 60~80%의 강도로, 하루에

30~90분 정도, 1주일에 3일 이상, 6~12주 정도 지속하는 것이 좋다.

3. 면역과 운동

1) 면역의 개요

면역은 인체 내로 침입하는 병원체나 종양세포 등을 인지하고 죽임으로써 질병으로 보호하는 것이다. 즉, 신체의 조직이나 기관에 손상을 줄 수 있는 병원체나 독소에 대해서 항체와 항독소를 만들어 저항할 수 있는 신체적 능력을 말한다.

(1) 면역기전

피부나 점막에서 1차적으로 외부의 침입을 방어하는 선천 면역과 림프계가 중요한 역할을 하는 후천 면역으로 나뉜다.

(2) 면역을 담당하는 세포와 기관

백혈구계 세포(림프구, 식세포, 과립구 등)와 림프기관(림프결절, 비장, 흉선, 골수 등)이 있으며 면역세포 생산의 부족이나 불완전 등과 같은 면역체계의 이상은 다양한 면역체계 질병을 유발한다.

(3) 면역의 종류

① 선천 면역(자가 면역): 숙주가 선천적으로 가지고 있는 저항성을 말한다.

② 후천 면역(획득 면역): 어떤 질환을 경험한 후에 획득되는 면역으로, 신체가 직접 병원체나 독소와 같은 물질과 접촉이 이루어져 자극을 받아 면역을 형성하는 것을 말한다.

〈표 3.1〉 선천 면역과 후천 면역의 특성

구분	선천 면역	후천 면역
저항력	반복적인 감염에 대해 불변	반복적인 감염게 의해 향상
특이성	모든 인체기관에 대해 효과적임	인체의 흥분성 기관에 대해 특이성 있음
중요 세포	식세포, 자연살해세포	림프구
중요 분자	라이소자임, 보체, 급성기 단백질	항체, 림프구로부터 세포분열

2) 운동과 면역기능

감염 전에 실시하는 운동은 신체의 저항력을 증가시키지만, 감염 시에 실시하는 운동은 신체적 저항력을 감소시킨다. 일반적으로 알맞은 강도의 지구성 운동은 체력을 증진시킬 뿐만 아니라 면역기능을 향상시키나, 강도 높은 운동은 면역반응을 약화시키는 결과를 가져온다.

최근 스포츠의학에서 관심을 가지고 있는 면역생물학 현상과 관련하여 많은 연구가 이루어지고 있다. 다음은 운동의 긍정적인 효과에 대해 알아보았다.

- 심박출량 증가와 최대 산소섭취량의 증가
- 안정 시 및 운동 시에 혈압의 저하 및 심박수의 감소
- 심근의 산소요구량 감소, 혈액량과 헤모글로빈 총량의 증가, 최대 환기량의 증가, 폐확산 능력의 증가
- 골격근 내의 미오글로빈 농도 증가, 산화 효소의 활성과 농도의 증가
- 미토콘드리아의 수와 크기의 증가
- 체지방량 및 체중의 감소
- 혈중 LDL 콜레스테롤의 감소와 혈중 HDL 콜레스테롤의 증가
- 중성지방의 감소, 뼈의 칼슘 침착의 증가 촉진

03 운동과 질병: 확인 문제

01 현대생활에서 건강에 위험한 영향을 미치는 대표적인 요소가 아닌 것은?

① 운동부족
② 정신적 스트레스
③ 환경오염
④ 영양 섭취의 과잉과 불균형

정답 ③
해설 현대생활에서 건강에 위험한 영향을 미치는 4가지 요인으로는 운동부족, 영양 섭취의 과잉과 불균형, 정신적 스트레스, 체내오염이 있다.

02 다음 중 운동의 기능으로 옳지 않은 것은?

① 운동은 정서적인 건강 유지에 유익하다.
② 운동은 스트레스와 정신적인 불안감을 해소시킬 수 있다.
③ 운동은 모든 현대의 질병들에 대한 문제를 해결할 수 있다.
④ 운동은 자아성취감과 자긍심을 향상시킨다.

정답 ③
해설 운동이 모든 현대의 질병들에 대한 문제를 해결한다고 할 수는 없지만 예방적인 차원과 건강을 유지·증진한다는 점에서는 그 필요성을 부인할 수 없다.

03 성인병의 예방이나 치료를 위한 운동으로 가장 바람직한 것은?

① 유산소 운동
② 무산소 운동
③ 유연성 운동
④ 순발력 운동

정답 ①
해설 성인병의 예방과 치료를 위한 운동은 전신의 큰 근육들을 반복적으로 사용하고 심폐기관에 지속적으로 자극을 주는 유산소 운동이 바람직하다.

04 여러 가지 성인병과 운동에 대한 설명으로 옳지 않은 것은?

① 비만증을 치료하는데 있어서는 강도가 높은 운동이 강도가 낮은 운동보다 효과적이다.
② 수영은 과다 체중으로 인한 발목, 무릎, 허리부위 손상을 방지할 수 있는 가장 효과적인 방법이다.
③ 당뇨병을 치료하기 위한 운동으로는 유산소 운동이 효과적이다.
④ 당뇨병 환자는 건강한 사람보다 운동시간을 조금 길게 하는 것이 바람직하다.

정답 ①
해설 비만증 치료 시 강도가 낮은 운동이 강도가 높은 운동보다 효과적이다.

05 근골격계 질환과 운동에 대한 설명으로 옳지 않은 것은?

① 요통 – 유산소 운동과 근력 운동을 규칙적으로 하여 예방할 수 있다.
② 골다공증 – 뼈에 스트레스를 가하지 않는 운동을 처방하는 것이 좋다.
③ 골다공증 – 등장성 운동, 등척성 운동이 예방과 치료에 좋다.
④ 류머티즘 관절염 – 근력과 유연성에 중점을 두고 관절에 부담을 주지 않는 운동을 한다.

정답 ②
해설 노인이나 폐경기 이후의 여성에게 흔히 발생하는 골다공증에 대해서는 뼈에 스트레스를 가할 수 있는 운동을 처방하는 것이 좋다.

06 다음 중 면역을 담당하는 세포와 기관을 차례대로 나열한 것은?

① 적혈구계 세포, 림프기관
② 적혈구계 세포, 보체
③ 백혈구계 세포, 림프기관
④ 백혈구계 세포, 보체

정답 ③
해설 백혈구계 세포(림프구, 식세포, 과립구 등)와 림프기관(림프결절, 비장, 흉선, 골수 등)이 있으며 면역세포 생산의 부족이나 불완전 등과 같은 면역체계의 이상은 다양한 면역체계 질병을 유발한다.

07 건강을 유지하는데 필요한 운동량이 충분하지 못하면 운동부족병이 발생한다. 주로 현대의 도시에 사는 사람들의 운동 부족 현상 때문에 나타나기 쉬우므로 (   )이라고도 한다. (   )안에 들어갈 내용은 무엇인가?

> **정답** 도시병
> **해설** 운동부족현상은 체력을 감퇴시킴으로써 일상생활의 활력을 잃게 하는 원인이 되며, 이로 말미암아 운동부족병을 유발한다.

08 이것은 성인병에 따른 운동에 관한 설명이다. 최대 심박수의 60% 이하 정도 되는 중간 강도로 하루에 약 30~60분 정도, 1주일에 적어도 3회 이상 운동을 실시하는 것이 좋다. 이 성인병은 무엇인가?

> **정답** 고혈압
> **해설** 고혈압은 일반적으로 빨리걷기, 수영, 자전거타기, 줄넘기 등 운동 종목을 최대 심박수의 60% 이하 정도 되는 중간 강도로 하루에 약 30~60분 정도, 1주일에 적어도 3회 이상 운동을 실시하는 것이 좋다.

09 인체 내로 침입하는 병원체나 종양세포 등을 인지하고 죽임으로써 질병으로 보호하는 것을 무엇이라 하는가?

> **정답** 면역
> **해설** 면역은 신체의 조직이나 기관에 손상을 줄 수 있는 병원체나 독소에 대해서 항체와 항독소를 만들어 저항할 수 있는 신체적 능력을 말한다.

10 당뇨병은 인슐린 의존형과 인슐린 비의존형으로 분류할 수 있다. 당뇨병 환자의 운동시간으로 30~60분을 넘지 않아야 하는 당뇨병은 무엇인가?

> **정답** 인슐린 비의존형 당뇨병
> **해설** 당뇨병 환자의 운동은 그 자체가 혈당을 낮춰주기도 하고, 근세포 등에서 인슐린의 효율과 당 이용률을 높여 적은 양의 인슐린으로도 많은 양의 당을 에너지원으로 이용할 수 있게 한다.

PART

05

식생활과 건강 실전모의고사

01 실전모의고사 문제 제 1 회
02 실전모의고사 문제 제 2 회
03 실전모의고사 문제 제 3 회
04 실전모의고사 문제 제 4 회
05 실전모의고사 정답 및 해설

식생활과 건강 실전모의고사 제1회

※ 다음 문제를 읽고 답하라.

01 우리 몸에 영양소가 부족하면 나타나는 증상으로 볼 수 없는 것은?   * 1-1

① 저항력이 증가한다.
② 신체의 기능이 약해진다.
③ 질병에 걸린 후에도 쉽게 낫지 않는다.
④ 병균에 감염되기 쉽다.

02 다음 중 한식 식사 시 주의해야 할 점으로 볼 수 없는 것은?   * 1-1

① 음식을 다 먹은 후에는 숟가락을 왼편에 가지런히 놓는다.
② 김치국물이나 국 국물을 마실 때는 숟가락으로 떠서 마시되, 후루룩 소리를 내지 않는다.
③ 식사할 때는 팔꿈치를 상에 올리지 않는다.
④ 입속에 음식을 넣을 때는 적당한 양을 넣어 씹을 수 있도록 하며, 입속에 음식을 넣고 말을 하지 않는다.

03 유통시장의 확대 및 식품공업의 발달로 인하여 나타난 현상이 아닌 것은?   * 1-2

① 식생활에 필요한 노동과 시간의 절약에 대한 욕구가 증가하고 있다.
② 손수 집에서 특별식을 준비하여 먹는 것을 취향이나 개성창출의 기회로 생각하는 것은 사라질 것이다.
③ 가공식품의 이용률은 더욱 확대될 것이다.
④ 우리의 식사양식을 전환시키는 계기가 되었다.

04 다음 중 섬유소에 대한 설명으로 틀린 것은?   * 1-3

① 열량원으로 이용되며 영양적 가치가 높다.
② 섬유소는 소화관을 자극하여 연동작용을 촉진시킨다.
③ 헤미셀룰로오스와 펙틴은 소화되지 않는 식물성 물질인 식이섬유이다.
④ 식이섬유질은 생체 내에서 대장의 기능을 돕는 작용을 한다.

05 다음 중 체내 아미노산 풀을 감소시키는 요인이 아닌 것은?   * 1-3

① 불필수 아미노산의 합성
② 체구성 성분의 합성
③ 효소, 호르몬, 항체의 합성
④ 체지방의 합성

06 다음 중 칼슘의 흡수를 촉진하는 요인으로 옳은 것은?   * 1-3

① 섬유소
② 피트산
③ 옥살산
④ 비타민 D

07 에너지 결핍증의 치료에 대한 설명으로 틀린 것은?   * 1-4

① 치료 초기에는 일반우유를 공급한다.
② 구강 또는 정맥으로 포도당을 공급한다.
③ 소량으로 자주 공급한다.
④ 식품은 소화능력에 따라 에너지와 단백질을 공급한다.

08 다음의 〈보기〉에서 괄호 안에 들어갈 적절한 것은?

〈보기〉
카페인 섭취량은 칼슘 흡수와는 (㉠)의 상관관계를, 대변 및 요중 칼슘배설량과는 (㉡)의 상관관계를 나타낸다.

① ㉠ : 양, ㉡ : 양
② ㉠ : 양, ㉡ : 음
③ ㉠ : 음, ㉡ : 양
④ ㉠ : 음, ㉡ : 음

09 순환기 장애에 의해 일어나는 질환이 아닌 것은?

① 고혈압
② 당뇨병
③ 고지혈증
④ 허혈성 심장질환

10 다음 중 당뇨병의 진단방법과 관련 없는 것은?

① 혈당검사
② 요당검사
③ 포도당 부하검사
④ 브로카 검사

11 흡연현황에 대한 내용 중 옳지 않은 것은?

① 폐암이 증가하는 주요인은 흡연의 증가이다.
② 청소년기에 흡연을 시작하게 되면 성인기에 시작한 경우보다 더 쉽게 니코틴 중독에 노출될 가능성이 높다.
③ 흡연자들의 흡연 시작 연령은 대부분 중·고등학교 시절이었으며, 점차 그 연령이 낮아지고 있다.
④ 남녀 모두 흡연 시작 연령이 빠를수록 흡연동기가 스트레스에서 시작되었다.

12 다음 중 좋은 이웃관계, 친한 친구, 직업 긍지 등과 관련된 스트레스 자극원은? * 2-1

① 정서적 자극원
② 사회적 자극원
③ 신체적 자극원
④ 영적 자극원

13 근로자의 교대제 편성 시에 고려하여 할 사항이 아닌 것은? * 2-2

① 야근 근속일수
② 숙련도
③ 작업시간 배정
④ 교대순서

14 인간의 식생활에 관한 내용 중 거리가 먼 것은? * 3-1

① 인간은 초식성 동물이다.
② 인간이 식용으로 하고 있는 물질은 제한적이다.
③ 다른 동물에 비해 인간은 먹지 않는 물질이 많다.
④ 인간은 여러 가지 식품을 통해 영양분을 얻는다.

15 다음 중 저장성이 약하지만 전분을 다량 함유하고 있는 것은? * 3-1

① 옥수수
② 고구마
③ 쌀
④ 밀

16 다음 중 줄기채소에 해당하는 것은? * 3-1

① 토마토
② 우엉
③ 아스파라거스
④ 비트

17 다음 중 가열조리의 효과에 대한 설명으로 옳지 않은 것은? * 3-2

① 색을 일정하게 유지할 수 있다.
② 식품의 저장 수명이 연장된다.
③ 식품의 테스처를 조절할 수 있다.
④ 맛이 증진된다.

18 자두, 딸기, 포도, 가지 등의 과일과 채소에 함유되어 잇는 색소는? * 3-2

① 카로티노이드
② 안토시아닌
③ 안토잔틴
④ 헴

19 독버섯을 감별하는 방법으로 가장 거리가 먼 것은? * 3-3

① 악취가 나는 것
② 윤이 나지 않는 것
③ 유즙이나 점액이 분비되는 것
④ 버섯의 살이 세로로 쪼개지지 않는 것

20 낮은 온도에서 천천히 식품 전체를 고르게 건조시키면 감소시킬 수 있는 것은? * 3-4

① 표면경화
② 산화 및 갈변반응
③ 확대
④ 방향의 손실

21 다음 중 레토르트 파우치 식품의 장점이 아닌 것은? * 3-4

① 상온에서 장기간 보존이 가능하다.
② 개봉이 쉽고 폐기 처리가 간편하다.
③ 사용 시 용기 째로 데울 수 있다.
④ 포장이 튼튼하여 유통 또는 저장 시 안전하다.

22 다음은 차의 성분들이다. 뇌신경물질을 조절하고 신경계를 안정시켜 긴장을 이완시키는 작용을 하는 유리 아미노산은? * 3-5

① 카페인
② 크로로젠산
③ 테아닌
④ 카페올

23 구체적인 스트레칭 방법에 대한 설명으로 옳지 않은 것은? * 4-1

① 반동동작을 취한다.
② 발바닥 전체를 지면에 밀착시키고 몸을 확고히 지탱하는 것이 중요하다.
③ 대부분의 경우 10초를 유지하고 30초까지 늘린다.
④ 부위에 집중하기 보다는 전체적으로 실시한다.

24 다음 중 세계보건기구(WHO)의 보건헌장에서 규정하고 있는 건강의 의미를 잘 설명하고 있는 것은?
* 4-3

① 왕성한 체력을 갖춘 상태를 뜻한다.
② 신체적, 정신적, 사회적으로 완전한 상태를 뜻한다.
③ 스포츠를 훌륭히 수행할 체력을 갖추는 상태를 말한다.
④ 전혀 질병이 없는 상태를 말한다.

25 부신피질에서 분비되는 스트레스 호르몬으로 탄수화물 대사 과정을 주로 조절하며, 항염증 작용을 하는 호르몬은?
* 4-2

26 결핍 시 콜라겐 합성에 장애가 생겨 신체 여러 부위에 출혈이 생기고 잇몸 출혈과 치아와 잇몸이 변형되는 질병이 발생할 수 있는 비타민의 종류는?
* 1-3

27 주요 생성장소는 소장이며 식이의 중성지질을 운반하는 지단백질의 종류는?
* 1-4

28 이것은 구수한 감칠맛을 가지고 있는 리신, 글루탐산, 글리산, 알라닌 등의 유리아미노산의 정미 성분이 소금의 짠맛과 조화를 이루기 때문이다. 이것은 무엇인가?
* 3-4

식생활과 건강 실전모의고사 제 2 회

※ 다음 문제를 읽고 답하라.

01 바람직한 식행동과 식습관으로 가장 타당한 것은? *1-1

① 기호에 치우쳐서 식사를 한다.
② 식욕에 따라 식사를 한다.
③ 값비싼 식재료만으로 구성하여 식사한다.
④ 영양학적인 배려와 문화적 감각에 따라 균형있게 식사를 한다.

02 다음 중 국민 공통 식생활 지침으로 거리가 먼 것은? *1-1

① 다양한 식품을 섭취한다.
② 음식은 남기더라도 충분히 마련한다.
③ 덜 짜게, 덜 달게, 덜 기름지게 먹는다.
④ 단음료 대신 물을 충분히 마신다.

03 최근 국민경제의 성장과 함께 그 소비가 감소하고 있는 것은? *1-2

① 육류의 소비
② 당류의 소비
③ 쌀의 소비
④ 유지류의 소비

04 다음 중 영양소에 대한 설명으로 적합한 것은? * 1-3

① 나트륨은 합성되지 않으므로 반드시 양질의 단백질을 섭취해야 한다.
② 갈락토오스는 뇌발달에 중요한 영양성분이며 모유나 우유 등에 중요한 급원이다.
③ 식이 섬유질은 장운동을 도와 배변을 촉진하며 중요한 열량원이 된다.
④ 지방은 몸에 해로운 성분이므로 먹지 않고 채내 함유율이 10% 이하인 것이 좋다.

05 중성지방에 대한 설명으로 옳지 않은 것은? * 1-3

① 중성지방의 구성성분인 지방산은 불포화지방산과 포화지방산으로 나눈다.
② 중성지방의 섭취량을 줄이려면 육류의 껍질 부위, 식물성 식용유, 버터 등을 먹는다.
③ 중성지방은 주요 에너지원으로 사용된다.
④ 중성지방은 혈액 속에 너무 많이 존재하면 동맥경화증 발생 가능성을 높인다.

06 다음 중 칼슘대사를 조절하여 체내 칼슘 농도의 항상성과 뼈의 건강을 유지하는 데 관여하는 비타민은? * 1-3

① 비타민 A
② 비타민 D
③ 비타민 B_2
④ 니아신

07 다음 중 성장지연, 식욕 감퇴, 탈모, 신경장애, 면역 능력 감소가 나타나는 무기질은? * 1-3

① 나트륨
② 요오드
③ 철분
④ 아연

08 다음 중 나트륨과 염소와 중탄산의 신장 재흡수를 증가시켜서 혈액량과 혈압을 증가시키는 것은?

① 알도스테론
② 담즙산
③ 코르티솔
④ 비타민 C

09 다음 중 비만증의 위험에 속하지 않는 것은?

① 에너지 대사율이 높아진다
② 당뇨병, 동맥경화증, 심장병 등을 일으킨다.
③ 감염병에 대한 저항력이 약해진다.
④ 임산부 비만은 임신중독증, 임신당뇨 등의 합병증을 유발하기 쉽다.

10 저혈당이 발생했을 때의 초기 응급조치로 알맞은 것은?

① 당질 섭취
② 수분 및 전해질 주사
③ 미음 섭취
④ 우유 섭취

11 다음 중 니코틴에 대한 설명 중 옳지 않은 것은?

① 니코틴의 생리적 작용은 각성효과와 교감신경계 항진작용이다.
② 만성적 니코틴 흡입은 혈중 HDL 농도를 저하시켜 동맥벽에 콜레스테롤 침착을 촉진함으로써 동맥경화증의 원인이 된다.
③ 니코틴은 아편과 같이 습관성 중독을 일으킨다.
④ 금연으로 인한 금단현상은 정신불안, 호흡곤란, 사지마비 등이다.

12 VDT 증후군에 대한 예방대책으로 볼 수 없는 것은? * 2-2

① 잠깐의 휴식
② 바른 자세 유지
③ 비용의 관리
④ 스트레칭

13 다음 중 5대 영양소에 포함되지 않는 것은? * 3-1

① 무기질
② 탄수화물
③ 지방
④ 수분

14 참치·고등어 등의 등푸른생선들에 많이 함유되어 있는 것은?

① 유당
② DHA
③ 안토시아닌
④ 올레산

15 달걀노른자에 들어 있는 단백질은? * 3-1

① 콘알부민
② 아비딘
③ 포스비틴
④ 오브알부민

16 물의 끓는점 이하에서 식품의 모양을 그대로 보존하면서 익히는 방법은?   * 3-2

① 스튜닝
② 로스팅
③ 수란법
④ 시머링

17 경구 감염병의 기본적인 예방대책에 대한 설명으로 옳지 않은 것은?   * 3-2

① 위생적으로 처리된 물을 사용한다.
② 쥐, 파리, 바퀴 등의 침입을 방지, 구제한다.
③ 이환동물을 가능한 초기에 발견해서 격리시킨다.
④ 환자 또는 보균자의 조기 발견에 유의하고 필요에 따라 격리시킨다.

18 다음 중 독소형 세균성 식중독의 원인균은 어느 것인가?   * 3-3

① 살모넬라 식중독
② 아리조나 식중독
③ 보툴리누스 식중독
④ 장염비브리오 식중독

19 식중독을 일으키는 식품에 들어 있는 유독 성분의 연결이 옳은 것은?   * 3-3

① 감자 - 솔라닌
② 바지락 - 아미그달린
③ 버섯 - 아플라톡신
④ 매실 - 베네루핀

20 냉동식품의 저장온도로 적당한 것은? * 3-4

① 0℃ 이하
② -3℃ 이하
③ -10℃ 이하
④ -18℃ 이하

21 차의 성분에 대한 설명으로 옳지 않은 것은? * 3-5

① 차의 맛, 색, 향기에 관여하는 주요 성분으로 차에 함유되어 있는 대부분의 페놀 물질은 타닌에 속한다.
② 페놀 물질은 아래 잎으로 내려갈수록 함량이 높다.
③ 유리당은 카텐킨류의 혈당 상승 억제작용을 도와준다.
④ 카페인은 중추신경을 자극하여 흥분시키며 강심, 이뇨 및 혈관 확대 작용 등을 한다.

22 실시자가 트레이닝의 목적, 방법 등을 파악하고 있어야 하는 원리는? * 4-1

① 자각성의 원리
② 점진성의 원리
③ 개별성의 원리
④ 반복성의 원리

23 운동 시 호르몬의 분비량이 증가하지 않는 것은? * 4-2

① 글루카곤
② 성장호르몬
③ 알도스테론
④ 인슐린

24 다음 중 성인병에 대한 설명으로 옳지 않은 것은? * 4-3

① 급성 퇴행성 질환이다.
② 보통 40~60세 사이의 연령층에서 흔히 발생하는 질환이다.
③ 노인성 질환이다.
④ 성인병에는 암, 고혈압, 심장병, 동맥경화증 등이 있다.

25 필요한 에너지를 지방을 통해 얻음으로써 탄수화물과 단백질을 절약하는 효과를 가져 일명 지방이용호르몬이라고도 하는 이 호르몬은 무엇인가? * 4-2

26 체내에서 필수아미노산인 트립토판으로부터 만들어지며 육류, 가금류, 생선, 견과류에 많이 함유되어 있는 비타민의 종류는? * 1-3

27 변형된 브로카법을 이용하여 키 : 175cm, 체중 : 70kg의 표준체중을 구하고 이상체중비를 활용하여 비만도를 판정하시오. * 1-5

28 빈혈의 종류로 골수 안에서 모든 세포의 모체가 되는 줄기세포를 만들지 못해 혈액세포가 줄어들면서 생기는 질환은? * 1-4

03 식생활과 건강 실전모의고사 제 3 회

※ 다음 문제를 읽고 답하라.

01 다음 중 우리나라 식생활에 대한 전망으로 거리가 먼 것은? *1-1

① 유기농 식품에 대한 선호도 증가
② 건강에 좋은 맞춤형 식사에 대한 정보 제공 서비스의 가능
③ 로컬푸드의 녹색 식생활운동의 확산
④ 영양성분 등의 의무적 표시범위 축소

02 영양소 섭취기준 중 과잉섭취로 인한 유해영향에 대한 근거가 있는 경우 제정하는 것은? *1-1

① 권장섭취량
② 평균필요량
③ 충분섭취량
④ 상한섭취량

03 영양소의 기능 중 신체에 에너지를 공급하는 영양소로 거리가 먼 것은? *1-3

① 탄수화물
② 지방
③ 단백질
④ 비타민

04 다음 중 반드시 식품을 통해 섭취해야 하는 지방산은? * 1-3

① 팔미트산
② 리놀레산
③ 스테아르산
④ 트랜스지방

05 다음 중 비타민 C의 작용이 아닌 것은? * 1-3

① 성장을 촉진시키고 건강한 생식능력을 증진시킨다.
② 티록신의 합성을 위해 필요하다.
③ 콜라겐에 있는 아미노산들 사이에서 결합조직을 증가시켜 조직을 강하게 한다.
④ 철분의 흡수와 엽산의 작용을 돕는다.

06 다음 무기질 중 다량원소가 아닌 것은? * 1-3

① 나트륨
② 칼슘
③ 철분
④ 칼륨

07 다음 중 콜레스테롤의 증가를 의미하며 동맥경화증의 위험요소로 지적되고 있는 것은? * 1-4

① LDL의 증가
② LDL의 감소
③ HDL의 증가
④ VLDL의 감소

08 골격대사와 관련된 식이요소에 대한 설명으로 틀린 것은? * 1-4
① 골다공증 환자의 칼슘평형은 음을 나타낸다.
② 칼슘과 인의 비율은 1.5:1이다.
③ 비타민 D의 결핍은 뼈의 칼슘용해를 촉진시킨다.
④ 섬유소는 장관 내에서 칼슘의 흡수율을 저하시킨다.

09 이상적인 체중감량은 1주일에 어느 정도 감량시키는 것이 적당한가? * 1-5
① 0.4kg 이하
② 0.5~1kg
③ 5kg
④ 10kg

10 체중을 키의 제곱으로 나눈 값으로 20~25가 정상체중이고 그 이상은 과체중과 비만으로 분류되는 비만판정법은? * 1-5
① 브로카법
② 체질량지수
③ 체지방측정
④ 생체전기저항 측정법

11 알코올과 간내 영양소 대사에 관한 설명 중 옳지 않은 것은? * 1-6
① 만성 알코올 섭취자는 인슐린 수치를 증가시킨다.
② 장기간 음주 시 혈중 콜레스테롤이 증가된다.
③ 만성알코올 음주자에게는 혈장 내 아연과 칼슘 및 마그네슘의 함량이 낮다.
④ 알코올은 간세포 내 미토콘드리아의 활동을 촉진시킨다.

12 다음은 체온을 내리는 방법이다. 관계 없는 것은? * 2-1

① 누워서 휴식을 취한다.
② 과일, 주스, 물 등 수분을 섭취한다.
③ 3~4시간마다 해열제를 복용한다.
④ 찬물로 수건을 적셔서 몸을 닦아준다.

13 연령이 증가함에 따라 인체에 나타나는 현상이 아닌 것은? * 2-2

① 세포의 위축
② 세포수의 감소
③ 조직액의 감소
④ 근육의 긴장력의 증가

14 우리나라 사람들이 선호하는 쌀의 종류는? * 3-1

① 자포니카형
② 인디카형
③ 통일미
④ 자바니카형

15 육류조직에서 근육섬유조직을 구성하는 단백질은? * 3-1

① 알부민과 콜라겐
② 알부민과 글로블린
③ 콜라겐과 엘라스틴
④ 엘라스틴과 알부민

16 다음 중 진저롤(gingerole)을 매운맛 성분으로 가지고 있는 것은? *3-2

① 생강
② 마늘
③ 고추
④ 파

17 껍질 벗긴 감자나 우엉, 연근 등을 물에 담가 두는 것이나 껍질을 깎은 과일에 설탕을 뿌리는 것은 어떠한 갈변 방지법을 이용한 것인가? *3-2

① pH 강하
② 산소의 배제
③ 환원제 처리
④ 온도조절

18 장염 비브리오 식중독에 대한 설명으로 옳지 않은 것은? *3-3

① 어패류가 가장 흔한 오염원이다.
② 증상은 복통과 심한 설사가 나타난다.
③ 병원성 호염균 식중독이라고도 불리었다.
④ 열에 의해서는 예방이 안되므로 저온 저장 후 먹는다.

19 다음 중 식중독과 그 원인의 식품이 옳지 않은 것은? *3-3

① 장염비브리오 식중독 - 어패류
② 포도상구균 식중독 - 야채류
③ 살모넬라 식중독 - 우유 및 유제품
④ 보툴누스 식중독 - 통조림 식품

20 냉동식품의 물리적인 변화에 해당하는 것은? * 3-4

① 재결정화
② 단백질의 변성
③ 지질의 산화
④ 색소의 파괴

21 코코아와 초콜릿의 가장 큰 성분의 차이는 무엇인가? * 3-5

① 단백질 함량
② 비타민 함량
③ 탄수화물 함량
④ 지방 함량

22 체력의 구성요소 중 운동을 일으키는 힘에 해당 되는 것은? * 4-1

① 심폐지구력
② 민첩성
③ 근지구력
④ 순발력

23 유산소성 지구력 운동이 골격근에 미치는 효과가 아닌 것은? * 4-2

① 모세혈관 밀도의 증가
② 미오글로빈·미토콘드리아의 증가
③ 탄수화물 및 지방질 산화의 증가
④ 근글리코겐과 중성지방 저장량 감소

24 다음 중 성인병의 발병 원인이 아닌 것은?

① 운동 부족
② 금연
③ 불건전한 생활습관
④ 과도한 스트레스

25 총 폐활량 수준까지 숨을 들여 마신 후 강하고 신속하게 숨을 내쉬게 하여 측정하는 것을 무엇이라 하는가?

26 키는 175cm이고 체중은 70kg인 사람의 체질량지수를 계산하고 비만도를 판정하시오. * 1-5

27 자연계에 단독으로 존재하지 않고 포도당과 결합하여 유당의 형태로 존재하며, 단당류 중 단맛이 가장 약한 탄수화물은? * 1-3

28 마늘, 양파, 무, 연근, 죽순, 콩나물, 숙주 등에 함유 되어 있는 백색색소이다. 이 성분은 무엇인가?
* 3-2

식생활과 건강 실전모의고사 제 4 회

※ 다음 문제를 읽고 답하라.

01 다음 중 2020 영양소 섭취기준에서 나트륨과 관련하여 새롭게 제정된 것은?

① 상한섭취량
② 충분섭취량
③ 만성질환 위험감소를 위한 섭취량
④ 권장섭취량

02 다음 중 현대사회 식생활과 관련된 설명으로 타당하지 않은 것은?

① 가공식품에 대한 의존도가 증가하고 있다.
② 서구형 식생활 영양식단으로 민족문화 속에서 자라온 전통식품과 그 생활패턴을 변화시키고 사라지게 했다.
③ TV, 인터넷 등의 대중매체는 항상 올바른 영양정보를 제공한다.
④ 패스트푸드점의 이용증가는 영양적 불균형을 초래할 수 있다.

03 다음 중 영양결핍증의 원인으로 볼 수 없는 것은?

① 식품섭취의 부족
② 운동의 부족
③ 대사장애
④ 식품구매 능력의 감소

04 다음 중 포도당 대사에 대한 설명으로 옳지 않은 것은? *1-3
　① 포도당이 산화되어 ATP를 합성하려면 수소가 필요하다.
　② 섬유소는 소화관을 자극하여 연동작용을 촉진시킨다.
　③ 헤미셀룰로오스와 펙틴은 소화되지 않는 식물성 물질인 석이섬유이다.
　④ 열량원으로 이용되며 영양적 가치가 높다.

05 다음 중 단백질에 대한 설명으로 옳지 않은 것은? *1-3
　① 식이 단백질로부터 체내에서 많은 양의 단백질이 합성되어 이용된다.
　② 콩류, 곡류는 우리나라 사람들의 단백질의 중요한 급원이다.
　③ 산과 염기의 평형유지와는 상관이 없다.
　④ 필수아미노산은 체내에서 생합성될 수 없어 식품으로 섭취해야 한다.

06 다음 중 티아민의 결핍 증상으로 거리가 먼 것은? *1-3
　① 체중감소
　② 각기병
　③ 각막연화증
　④ 심장비대

07 다음 중 철결핍성 빈혈의 증상으로 옳지 않은 것은?
　① 권태감과 피로를 느낀다.
　② 호흡곤란을 겪으며 안색이 붉어진다.
　③ 적혈구는 저색소성, 소혈구성의 혈액상태를 나타낸다.
　④ 손톱의 모양이 달라지고 구각염이 나타난다.

08 다음 중 골다공증의 증상이라고 볼 수 없는 것은? * 1-4

① 뼈에 작은 구멍이 생긴다.
② 작은 충격에도 쉽게 골절이 일어난다.
③ 요통, 관절통, 척추통 등이 발생한다.
④ 골다공증은 눈에 띄게 진행되므로 쉽게 알 수 있다.

09 다음 중 활동에 따른 열량(kcal/시간) 소비량이 가장 높은 것은? * 1-5

① 설거지
② 층계 오르기
③ 층계 내려가기
④ 수영

10 다음 중 고혈압과 콜레스테롤이 정상수치보다 훨씬 높은 중년 남성에게 발생할 위험이 높은 질병과 이를 치료하기 위한 방안으로 적절한 것은? * 1-5

① 빈혈 - 철분 복용, 고단백질 식이
② 괴혈병 - 비타민 C, 비타민 B군
③ 동맥경화증 - 동물성 지방 섭취제한, 저염식이, 충분한 비타민과 무기질 섭취
④ 당뇨병 - 고섬유질식이, 육류제한, 고단백질 식이

11 다음 중 알코올성 간질환의 경우 섭취해야 할 적절한 식품이 아닌 것은? * 1-6

① 생선
② 녹즙
③ 달걀
④ 과일

12 다음 중 스트레스 요인으로 정신적 자극원에 해당되는 것은?   * 2-1

① 성숙된 도덕심
② 적극적인 학습
③ 적절한 인내
④ 밝은 인상

13 산업체의 건강관리 내용이 아닌 것은?   * 2-2

① 일상의 생활을 건강하게 해야 한다.
② 산업체의 사회조직을 건강하게 유지한다.
③ 복지시설 및 조직을 강화한다.
④ 근로자의 자기건강관리 능력 향상을 위해 교육한다.

14 곡류의 일반 성분에 관한 내용 중 옳지 않은 것은?   * 3-1

① 탄수화물 중 인체 내에서 소화, 흡수되는 당질이 70~80% 함유되어 있다.
② 곡류는 10~15%의 수분을 함유하고 있다.
③ 우리가 섭취하는 총열량의 60~75%를 곡류 및 서류에서 얻고 있다.
④ 단백질의 함량은 10% 이하이지만 질이 우수하다.

15 수분이 노폐물의 운반체로서 중요한 역할을 하는 것과 관계있는 것은?   * 3-1

① 물리적 역할
② 영양학적 역할
③ 화학적 역할
④ 미생물학적 역할

16 미생물을 이용한 아미노산 발효 중 조미료로 이용되는 것은?   * 3-2

① 유산균
② 글루탐산나트륨
③ 레닛
④ 효모

17 다음 중 곰팡이 독의 특징이 아닌 것은?   * 3-3

① 계절 및 기후와 관련이 없다.
② 항생물질이나 약제요법이 별 효과가 없다.
③ 감염형이 아니다.
④ 탄수화물이 풍부한 농산물이나 곡류에서 압도적으로 많이 발생한다.

18 합성 첨가물의 사용 목적별 분류 중 변질·변태방지와 관련 없는 첨가물은?   * 3-3

① 피막제
② 보존료
③ 살균·살충제
④ 산화방지제

19 인공감미료 중 단맛은 설탕의 30~50배로 가장 설탕에 가까운 순수한 맛으로 이용되어 왔으나 발암성이 밝혀져 사용이 제한된 것은?   * 3-3

① 사카린
② 아스파탐
③ 둘신
④ 시클라메이트

20 다음 중 냉동에 앞서 사후경직을 저온에서 해소시켜야 하는 것은? * 3-4

① 채소
② 어패류
③ 쇠고기
④ 과일

21 커피의 주요 성분 중 커피를 마실 때 입안에서 상쾌함을 느끼게 하는 것은? * 3-5

① 카페인
② 타닌
③ 이산화탄소
④ 유기산

22 다음 중 품질이 좋은 건조식품을 얻을 수 있는 건조방법은? * 3-4

① 공기순환 건조
② 진공 건조
③ 접촉 건조
④ 자연 건조

23 다음의 〈보기〉에서 트레이닝의 기본원리로만 묶은 것은? * 4-1

〈보기〉	
㉠ 과부하의 원리	㉡ 점진성의 원리
㉢ 계속성의 원리	㉣ 집단성의 원리

① ㉠ ㉡ ㉢
② ㉠ ㉢ ㉣
③ ㉡ ㉢ ㉣
④ ㉠ ㉡ ㉣

24 선천성 및 후천성 면역의 특성에 대한 설명으로 옳지 않은 것은?   * 4-3

① 선천 면역의 저항력 - 반복적인 감염에 대해 불변
② 선천 면역의 특이성 - 인체의 흥분성 기관에 대해 특이성 있음
③ 후천 면역의 중요 세포 - 림프구
④ 후천 면역의 중요 분자 - 항체, 림프구로부터 세포분열

25 중성지방, 단백질, 콜레스테롤과 인지질 등이 결합 된 것으로서 지방을 각 조직세포로 운반하는 작용을 하는 지질의 종류는?   * 1-3

26 고추, 당근, 옥수수 등의 황색과 주황색 및 적색을 띠는 지용성 색소이다. 이 성분은 무엇인가?   * 3-2

27 62~65℃에서 30분간 가열하면 사멸시킬 수 있고 원인 식품으로 우유 및 유제품, 닭고기, 달걀 등이 주된 원인 식품인 식중독은?   * 3-3

28 단백질 섭취 부족, 간질환 등으로 혈장단백질 합성에 문제가 생길 때 단백질 상실, 체단백질의 분해가 증가될 때 나타날 수 있는 영양결핍증은?   * 1-4

식생활과 건강 실전모의고사 정답 및 해설

실전모의고사 제1회 정답 및 해설

01 정답 ①
해설 좋은 영양 상태는 신체적, 정신적으로 모두 건강하여 최적의 활동을 할 수 있는 상태를 의미한다. 우리 몸에 영양소가 부족하면 신체의 기능이 약해져 기력을 잃게 되고 저항력이 감소되어 병균에 감염되기 쉽다.

02 정답 ①
해설 음식을 다 먹은 후 숟가락을 오른편에 가지런히 놓는다.

03 정답 ②
해설 민족문화 속 전통식품과 생활패턴을 변화시켜 사라지게 하였고 대량생산, 대량소비 풍조 속에서 어느 도시에서나 같은 음식이 소비되고 지방 특색의 향토음식이 사라지고 있어 식생활의 지역성이 희박해 지고 있다.

04 정답 ①
해설 섬유소는 영양적 가치는 적으나 생리적으로 아주 중요하며, 소화관을 자극하여 연동 작용을 촉진시켜 대변의 배설을 원활하게 한다. 약 3,000개의 포도당이 결합된 다당류로서 장에는 섬유소를 분해하는 셀룰라아제가 없어 열량원으로 이용되지 못한다.

05 정답 ①
해설 아미노산 풀(amino acid pool)은 우리 몸에서 단백질이 생성되고 분해되는 균형을 의미하며 단백질 합성과 체내 아미노산이 필요할 때 사용하는 아미노산들의 단기 집합체이다. 이 풀은 주로 간에 대부분 있으며 혈액을 순환하거나 근육 또는 체내 각 세포 내에 있다.

06 정답 ④
해설 칼슘의 흡수를 촉진하는 요인: 비타민 D와 젖당(우유는 칼슘의 좋은 급원)
칼슘의 흡수를 방해하는 요인: 옥살산과 피트산, 섬유소

07 정답 ①
해설 에너지 결핍증 치료
- 구강이나 정맥으로 포도당을 공급한다.
- 일반 우유에는 지방분이 많으므로 치료 초기에는 탈지우유를 공급한다.
- 식품은 소화 능력에 따라 에너지와 단백질을 보충한다.
- 소량으로 자주 공급하는 것이 효과적이다.

08 정답 ③

해설 카페인의 섭취량은 칼슘 흡수와는 음의 상관관계를, 대변 및 요중 칼슘 배설량과는 양의 상관관계를 나타낸다. 이와 같이 카페인 섭취에 의한 칼슘 흡수량 감소와 배설량 증가는 뼈손실을 초래한다.

09 정답 ②

해설 당뇨병은 췌장에서 분비되는 인슐린의 작용이 부족해서 생기는 탄수화물 대사이상 상태이며 지방과 단백질, 전해질의 대사장애도 수반한다. 증상으로는 다뇨, 다음, 다식, 공복감 체중감소, 피로감, 케톤증 등이다.

10 정답 ④

해설 당뇨병의 진단에는 임상증상과 요당검사, 혈당검사, 포도당 부하검사가 일반적으로 사용되고 있다.

11 정답 ④

해설 남녀 모두 흡연 시작 연령이 빠를수록 흡연 동기가 호기심에서 시작되나, 시작 연령이 늦을 때는 욕구불만이나 스트레스 해소가 주요 동기였다.

12 정답 ②

해설 사회적 자극원
- 좋은 자극원: 좋은 인간관계, 좋은 의사소통기술, 친한 친구, 적극적인 사회참여, 행복한 가정 내의 인간관계, 직업적 긍지 등
- 나쁜 자극원: 비웃음, 조롱, 싸움 등

13 정답 ②

해설 근로자의 교대제 편성 시에 야근 근속일수, 작업시간배정, 교대순서, 교대 시의 휴일 수 등을 고려하여야 한다.

14 정답 ①

해설 인간은 동물성 식품과 식물성 식품을 모두 먹는 잡식성 동물이다.

15 정답 ②

해설 고구마, 감자, 토란 등의 서류는 전분을 다량 함유하고 있어 곡류와 더불어 우수한 열량 급원식품이지만 수분이 많은 편이라 곡류에 비해 저장성이 좋지 못하다.

16 정답 ③

해설 줄기채소(경채류)는 땅두릅, 연근, 아스파라거스, 죽순, 마늘종 등이다.

17 정답 ①

해설 가열조리의 효과
- 맛이 증진되고 병원균·기생충 등을 살균할 수 있고 식품의 부패도 막을 수 있다.
- 소화율과 영양가가 높아지고 식품의 저장 수명이 연장된다.
- 식품의 텍스처를 조절할 수 있고 색을 변화시킬 수도 있다.

18 정답 ②

해설 딸기, 자두, 포도, 가지 등의 과일과 채소에 함유 되어 있는 적색, 적자색의 색소이다. 산성에서는 적색, 알칼리성에서는 청색으로 변하며 철·주석·알루미늄 등의 금속이온과 반응하면 색이 짙어진다.

19 정답 ②

해설 독버섯 감별법은 다음과 같다.
- 줄기가 세로로 잘 갈라지지 않을 경우 유독
- 줄기가 거칠게 느껴지는 경우 유독
- 색이 아름답고 선명하고 윤이 날 경우 유독
- 버섯 특유의 향이 아닌 악취가 나는 경우 유독
- 쓴맛, 신맛이 나는 경우 유독
- 버섯을 잘랐을 때 유즙이나 점액이 분비되면 유독
- 버섯을 끓인 물에 은수저를 넣었을 때 흑색으로 변하는 경우 유독

20 정답 ①

해설 식품을 건조하는 동안 표면에 굳은 피막이 형성되기도 하는데, 이러한 표면경화가 일어나면 건조 속도가 감소된다. 낮은 온도에서 천천히 식품 전체가 고르게 건조되도록 하면 표면경화를 감소시킬 수 있다.

21 정답 ④

해설
- 레토르트 파우치법의 장점: 장기관 보관이 가능하고 값이 싸고 휴대하기가 간편하며, 용기째로 데울 수 있고 폐기물 처리가 쉽다.
- 레토르트 파우치법의 단점: 금속캔이나 유리병보다는 포장 강도가 약해서 유통이나 저장 중에 파괴 될 우려가 있다.

22 정답 ③

해설 차의 성분 중 다량 들어있는 테아닌(theanine)은 차 특유의 아미노산으로 단맛을 띤 감칠맛을 내며 뇌신경물질을 조절하고 신경계를 안정시켜 긴장을 이완시킨다.

23 정답 ①

해설 반동동작은 스트레칭의 반사작용을 야기하므로 취하면 안된다.

24 정답 ②

해설 세계보건기구(WHO)에서 발효한 정의는 건강이란 단순히 신체의 질병이나 손상이 없는 상태 뿐만 아니라 신체적·정신적·사회적으로 완전한 상태이다.

25 정답 **코르티솔**

해설 코르티솔은 훈련 후에 체력이 강해지면 동일 강도에서 적게 분비되며, 탈진 상태에서는 훈련 전보다 많이 증가한다

26 정답 **비타민 C**

해설 비타민 C는 환원형인 아스코르빈산과 산화형인 디하이드로아스코르빈산이 있으며, 두 형태 모두 비타민 C 활성을 갖는다.

27 정답 **킬로마이크론**

해설 킬로마이크론은 식이의 중성지질을 운반하는 지단백질이며, 중성지질이 풍부하여 밀도가 가장 낮다.

28 정답 **젓갈**

해설 반찬으로 사용되는 것은 굴젓, 명란젓, 창란젓, 곤쟁이젓, 조개젓 등이다. 김치류의 양념으로 이용되는 것은 멸치젓, 새우젓, 갈치젓, 조기젓, 황석어젓 등이다

실전모의고사 제 2 회 정답 및 해설

01 정답 ④

해설 바람직하게 먹는 방법이란 기호에 치우치지 않고 영양학적인 배려와 문화적 감각에 따라 균형 있는 식사를 하는 것이다.

02 정답 ②

해설
- 쌀·잡곡, 채소, 과일, 우유·유제품, 육류, 생선, 달걀, 콩류 등 다양한 식품을 섭취하자.
- 아침밥을 꼭 먹자.
- 과식을 피하고 활동량을 늘리자.
- 덜 짜게, 덜 달게, 덜 기름지게 먹자.
- 단 음료 대신 물을 충분히 마시자.
- 술자리를 피하자.
- 음식은 위생적으로 필요한 만큼만 마련하자.
- 우리 식재료를 활용한 식생활을 즐기자
- 가족과 함께하는 식사횟수를 늘리자.

03 정답 ③

해설 우리나라의 식생활은 전통적으로 쌀을 위주로 한 곡류, 채소류, 어패류 등을 중심으로 이루어져 왔지만 최근에는 국민경제의 성장과 함께 주식량인 쌀의 소비가 점차 감소되는 반면에 육류, 유지류, 당류 등의 소비는 증가되고 있다.

04 정답 ②

해설 갈락토오스는 우유에 함유된 유당의 구성성분으로 영유아의 뇌 발달에 필요한 단당류이고, 당지질과 당단백의 성분이다.

05 정답 ②

해설 중성지방 섭취량을 줄이려면 지방이 많은 부위, 식물성 식용유 등을 피하고 같은 식재료라도 튀기거나 볶은 음식보다 찌거나 삶는 것이 좋다.

06 정답 ②

해설 비타민 D는 혈중 칼슘 농도를 조절하여 칼슘 항상성을 유지한다. 피부가 햇빛에 노출되면 자외선에 의해 체내에서 합성되며 자외선의 강도, 노출 시간, 피부색, 나이 등에 따라 합성되는 비타민 D의 양이 달라진다.

07 정답 ④

해설 아연은 체내 약 100여개 효소 및 조효소의 구성요소로 작용하여 촉매활성에 기여하고 유전자 발현조절과 면역 작용 및 세포분화에 관여한다. 결핍 시 성장지연, 식욕감퇴, 설사, 탈모, 신경장애 등이 나타나고 과잉 시 구리 등 다른 무기질의 흡수를 저해하고 소화관 과민증 및 면역기능의 감소가 일어난다.

08 정답 ①
해설 알도스테론은 나트륨과 염소와 중탄산의 신장 재흡수를 증가시켜서 혈액량과 혈압을 증가시킨다. 이러한 호르몬의 주된 합성 장소는 부신피질이다.

09 정답 ①
해설 비만은 에너지 대사율을 저하시킨다.

10 정답 ①
해설 혈당의 절대치가 50mg/dl 이하로 감소되면 나타나는 현상으로 인슐린 용량이 너무 많거나 식사량이 적거나 운동을 과다하게 한 경우 일어난다. 의식이 없으면 글루카곤을 피하 또는 근육에 주사하며, 의식을 회복하면 음식물을 공급한다.

11 정답 ④
해설 혈압, 심박 수, 심장 박출량을 증가시키며 말초혈관을 수축시키고 혈중 고밀도지단백농도를 저하시켜 동맥벽에 콜레스테롤 침착을 촉진함으로써 동맥경화증의 원인이 되고 골다공증의 원인이 된다.

12 정답 ③
해설 VDT(Visual Display Terminal)증후군: 잘못된 자세로 컴퓨터를 장시간, 장기간 사용함으로써 나타나는 각종 신체적·정신적 장애를 이르는 말로 게임, 인터넷 쇼핑 등 장시간의 컴퓨터 이용자와 스마트폰, 모바일 디바이스 등의 단말기를 오래 보는 사람들에게 많이 나타나고 있다.

13 정답 ④
해설 일반적으로 영양소라 하면 탄수화물, 단백질, 지방, 무기질과 비타민의 5대 영양소와 수분(물)을 포함 시킨 6대 영양소가 있다.

14 정답 ②
해설 참치·고등어 등의 등푸른생선들에는 비타민, 무기질 등이 풍부하고 불포화도가 높은 EPA, DHA등의 지방산 함량이 높아 동맥경화증 및 심장병 등의 성인병 예방에 효과가 있다.

15 정답 ③
해설 흰자는 단백질이, 노른자는 지방과 단백질이 주성분이다. 달걀흰자에 들어있는 단백질은 오브알부민, 콘알부민, 오보큐코이드, 라이소자임, 오보큐신, 아비딘 등이다. 달걀노른자에 들어 있는 단백질은 리포비텔린, 리포비텔리닌, 포스비틴, 리베틴 등이다.

16 정답 ③
해설 수란법은 서양 음식에서는 포칭(poaching)이라 하며, 물의 끓는점 이하에서 식품의 모양을 그대로 보존하면서 익히는 방법(예 생선이나 달걀 조리에 이용)

17 정답 ③

해설 ③은 인수 공통 감염병의 예방대책이다.

18 정답 ③

해설 독소형 세균성 식중독이란 다량의 세포 외독소를 섭취함으로써 일어나는 식중독을 의미한다. 포도상구균 식중독과 보툴리누스 식중독 등이 있다.

19 정답 ①

해설 바지락: 베네루핀, 버섯: 알칼로이드, 매실: 청산 배당체(아미그달린, 프루나신 등)

20 정답 ④

해설 냉동식품의 안전성: 식품에 함유된 수분을 가능한 한 전부 동결시켜 -18°C 이하의 저온에 저장하므로써, 최소한 1년간 안전하게 보존할 수 있다.

21 정답 ②

해설 차에 함유 되어 있는 대부분의 페놀물질은 타닌(tannin)에 속한다. 타닌은 떫은맛과 관계가 있으며 수렴작용과 지혈작용을 한다. 페놀물질은 갓 움트고 있는 싹과 첫째 잎에 가장 많이 함유되어 있고 그 아래 잎으로 내려갈수록 함량이 적다. 페놀 함량이 많을수록 차의 색이 진하다.

22 정답 ①

해설 트레이닝의 기본원리는 과부하의 원리, 점진성의 원리, 계속성의 원리, 반복성의 원리, 전면성의 원리, 개별성의 원리, 자각성의 원리이다.

23 정답 ④

해설 운동 시 글루코오스와 유리지방산이 대사 연료로 필요하기 때문에 글루카곤은 증가하고 인슐린은 감소한다.

24 정답 ①

해설 성인병은 보통 40~60세 사이의 연령층에서 흔히 발생하는 만성 퇴행성 질환으로 노인성 질환이라고도 한다.

25 정답 **성장호르몬**

해설 뇌하수체 전엽에서 분비되며 뼈 연골 등의 성장 뿐만 아니라 지방 분해와 단백질 합성을 촉진시키는 작용을 한다. 운동을 하면 운동부하가 증가함에 따라 성장호르몬도 증가한다.

26 정답 **니아신**

해설 결핍 시 피부염, 설사, 정신혼란(치매)을 동반한 펠라그라의 원인이 된다.

27 **정답** 변형된 브로카법 이용 : (175 - 100) * 0.9 = 67.5kg
   이상체중비 활용하여 비만도 판정 : 70 / 67.5 = 1.03 → 표준

   해설 브로카법은 키와 체중을 기초로 하여 비만도를 계산한다. 브로카법에 의한 일반적 지표는 자신의 키에서 100을 뺀 뒤 0.9를 곱한 수치이다.
   - 표준체중의 10% 내외: 정상
   - 표준체중의 10~20% 내외: 과체중
   - 표준체중의 20% 이상: 비만

28 **정답** 재생불량성 빈혈

   해설 재생불량성 빈혈 환자는 적혈구, 백혈구, 혈소판 등 모든 혈액세포가 감소할 수 있다. 대부분 알려져 있지 않으나 항체가 자가면역기전에 의한 조혈모세포의 장애에 의한 발병이 가장 잘 알려져 있다. 항암제, 유기용매, 염색제 등의 화학물질에 의한 경우와 X선, 자연방사선, 방사성 동위원소 등이 원인이 된다.

실전모의고사 제 3 회 정답 및 해설

01 정답 ④
해설 유기농 식품에 대한 선호도 증가, 우리 음식의 퓨전화와 한식 세계화, 영양성분 등의 의무적 표시범위 확대

02 정답 ④
해설 상한섭취량은 과잉섭취로 인한 유해영향에 대한 근거가 있는 경우 특정 영양소를 기준이상으로 섭취하지 않게 설정한 기준(기초 영양소와 건강보조식품이나 영양보충제에 이르기까지 모든 영양소가 포함 됨)

03 정답 ④
해설 신체에 에너지를 제공하는 것으로서 탄수화물, 지방, 단백질이며 특히, 탄수화물과 지방이 에너지의 주된 영양원이 된다. 다른 세 가지 영양소는 무기질, 비타민과 물로서 위의 영양소들처럼 에너지를 주지는 못하나 신체에 꼭 필요한 영양소 들이다.

04 정답 ②
해설 필수지방산인 리놀레산과 알파-리놀렌산은 반드시 식품을 통해 섭취되어야 한다.

05 정답 ①
해설 비타민 C의 작용은 티록신의 합성을 위해 필요하며 콜라겐에 있는 아미노산 들 사이에서 결합조직을 증가시켜 조직을 강하게 한다. 그리고 철분의 흡수와 엽산의 작용을 돕는다.

06 정답 ③
해설
- 다량원소: 칼슘, 인, 나트륨, 염소, 칼륨, 마그네슘, 황
- 미량원소: 철분, 요오드, 망간, 코발트, 불소 등

07 정답 ①
해설 혈액 내 LDL의 증가는 콜레스테롤 증가를 의미하며 동맥경화증의 위험요소로 지적 된다.

08 정답 ②
해설 칼슘 섭취량이 부족하면 골다공증을 유발 시키고 인이 과잉 섭취되면 요중 칼슘 배설량을 증가시켜 뼈 손실을 촉진한다. 칼슘과 인의 비율은 1:1이다.

09 정답 ②
해설 이상적인 체중감량은 0.5~1kg이다.

10 정답 ②
해설 체질량지수(BMI)는 체중을 키의 제곱으로 나눈 값으로 20~25가 정상체중이고 그 이상은 과체중과 비만으로 분류된다. 그러나 이 지수가 높다고 하여 반드시 비만이라고 단정할 수 없다.

11 정답 ④

해설 알코올로 인해 간대사가 변화되고 간조직이 파괴되어, 간에 지방이 침착된다. 간의 병리적 변화는 간에 지방이 축적되면서 일어나며 이는 지방간으로 더 나아가 간염과 간병변으로 발전하게 된다.

12 정답 ④

해설 체온은 구강, 겨드랑이, 이마, 고막 등에서 잴 수 있는데 특정 부위별로 범위가 조금씩 다르다. 사람의 체온은 대체로 36~37℃ 정도이다. 체온을 내리는 방법으로 미지근한 물로 수건을 적셔서 몸을 닦아주고 옷을 많이 껴입거나 담요를 너무 두껍게 덮지 않도록 한다.

13 정답 ④

해설 인체는 연령이 많아짐에 따라 체력의 약화가 오며, 관절의 연골과 인체의 위축으로 근육의 긴장력이 감퇴된다.

14 정답 ①

해설
- 자포니카형: 우리나라 사람들이 선호하는 쌀로, 길이는 길고 통통하며 윤택과 끈기를 가지고 있다.
- 인디카형: 벼알 모양은 약간 납작하고 잎 폭이 넓다.
- 통일미: 자포니카형과 인디카형의 잡종교배 품종으로 개발되어 수확량을 증가시키는데 큰 몫을 담당했다.

15 정답 ②

해설 육류조직은 근육섬유조직의 알부민과 글로블린, 결합조직의 콜라겐과 엘라스틴, 지방조직이 있다.

16 정답 ①

해설 생강의 매운맛 성분인 진저롤 등은 생선의 비린내와 돼지고기의 누린내를 가리는 작용을 한다.

17 정답 ②

해설 산소의 배제: 식품을 밀폐된 용기에 넣기, 공기의 제거, 공기 대신 이산화탄소나 질소가스로 대체한다(예 껍질 벗긴 감자나 우엉, 연근 등을 물에 담가 두거나 껍질을 깎은 과일에 설탕을 뿌리거나 시럽에 담그는 것).

18 정답 ④

해설 장염비브리오균은 3~5% 식염농도에서 잘 자라는 호염균이라서 병원성 호염균 식중독이라고도 불렀다. 저온에서 저장하도록 하고 가열 조리 후 바로 먹는다. 7~9월 사이 어패류 생식에 주의하고 생선의 표면과 아가미를 담수로 충분히 씻는다.

19 정답 ②

해설 포도상구균 식중독의 원인 식품은 우유 및 유제품, 크림, 육류, 햄, 김밥, 떡 등 곡류 및 그 가공품 등이 있다.

20 정답 ①

해설 냉동식품의 물리적·화학적변화:
- 물리적인 변화: 재결정화, 승화
- 화학적인 변화: 색소의 파괴, 비타민의 분해, 단백질의 변성, 지질의 산화

21 정답 ④

해설 코코아와 초콜릿의 가장 큰 성분 차이: 초콜릿은 50% 이상의 지방을, 코코아는 22% 정도의 지방을 함유한다. 코코아와 초콜릿의 향미 성분: 테오브로민과 카페인을 함유하고 있는데, 테오브로민의 함량이 더 많다.

22 정답 ④

해설 순발력은 근육이 순간적으로 수축하면서 나는 힘이며, 순발력은 다양한 스포츠에서 기초가 되는 능력이며, 순발력 운동은 모두 동적 근력운동이다.

23 정답 ④

해설 유산소성 지구력 운동이 골격근에 미치는 효과에는 ①, ②, ③과 근글리코겐과 중성지방 저장량의 증가가 있다.

24 정답 ②

해설 성인병의 발병 원인: 운동 부족, 과도한 스트레스, 지나친 영양 섭취, 불건전한 생활 습관, 음주 및 흡연 등이 있다.

25 정답 강제 폐활량

해설 강제 폐활량이 큰 사람은 다른 사람보다 운동 수행 능력이 높으며, 운동선수는 일반인에 비해 큰 강제 폐활량을 가지며 특히, 달리기선수에서 가장 크게 나타난다.

26 정답 체질량지수 : 70/(175 * 175) = 약 22.86 → 정상

해설 체질량지수(BMI: body mass index)은 체중을 키의 제곱으로 나눈 값으로 20~25가 정상체중이고 그 이상은 과체중과 비만으로 분류된다. 그러나 이 지수가 높다고 하여 반드시 비만이라고 단정할 수 없다.

27 정답 갈락토오스

해설 우유에 함유된 유당의 구성성분으로 영유아의 뇌 발달에 필요한 단당류이고, 당지질과 당단백의 성분이다. 갈락토오스 체내작용은 포도당이 유방의 유선을 통과할 때 갈락토오스로 전환된다.

28 정답 안토잔틴

해설 식소다를 넣어서 만든 식빵이 옅은 황갈색을 띠는 이유는 밀가루의 안토잔틴이 알칼리성인 식소다에 의하여 황갈색으로 변색되기 때문이다.

실전모의고사 제 4 회 정답 및 해설

01 정답 ③

해설 만성질환 위험감소를 위한 섭취량은 건강한 인구집단에서 만성질환의 위험을 감소시킬 수 있는 영양소의 최저수준의 섭취량(예 나트륨, 2020 영양소섭취기준)

02 정답 ③

해설 TV, 인터넷 등의 잘못 보도된 영양정보는 영향력이 크기 때문에 사전에 모니터링하고 올바른 정보를 제공하도록 노력해야 한다.

03 정답 ②

해설 영양결핍증은 특정 영양소가 부족해서 발생되는 임상증상과 신체 및 혈액학적 병리현상을 의미한다. 원인은 식품섭취의 부족, 식품구매능력의 감소, 식품금기나 식품과 영양에 대한 지식의 부족, 대사장애와 질병의 영향 등이다.

04 정답 ①

해설 세포 속의 미토콘드리아에서 주로 일어나며 해당과정과 시트르산회로, 호흡연쇄상의 세 가지로 나눌 수 있다. 포도당이 완전히 산화되어 에너지 화합물인 ATP를 합성하려면 산소가 필요하다.

05 정답 ③

해설 단백질은 체액의 함량과 산과 염기의 평형을 유지하도록 작용한다.

06 정답 ③

해설 티아민은 돼지고기, 통곡류, 콩류, 견과류에 함유되어 있으며 결핍 시 신경계 이상이나 심혈관계 이상이 나타나는 각기병이 발생한다.

07 정답 ②

해설
- 철결핍성 빈혈은 적색소성 빈혈로서 적혈구수가 감소되어 나타난다.
- 적혈구는 저색소성, 소혈구성의 혈액상태를 나타낸다.
- 손톱의 모양이 달라지고 구각염이 나타나며 식성이 변화된다.
- 권태감과 피로를 느끼고 호흡곤란을 겪으며, 안색이 창백해진다.

08 정답 ④

해설
- 요통, 관절통, 척추통 등 뼈가 쑤시는 통증이 발생한다.
- 작은 충격에도 쉽게 골절이 일어나고 대퇴골 상부, 척추, 팔목뼈, 어깨뼈, 골반 늑골 등이 자주 골절된다.
- 등이 굽고 키가 작아지며 근육과 신경통증을 유발하며, 특별한 자각증상 없이 골절된 후에야 알게 되는 경우가 많다.

09 정답 ②

해설 활동에 따른 열량 소비량

활동의 종류	열량(kcal/시간)	활동의 종류	열량(kcal/시간)
잠자기	54.8	층계 오르기	948
앉아 있기	85.	수영	428.4
설거지	123.6	뛰기	488.4
보통 걷기	256.8	빨리 걷기	556.8
층계 내려가기	312	빨리 타이프치기	120

10 정답 ③

해설 동맥경화증의 식이요법: 콜레스테롤 및 동물성 지방의 과다한 섭취를 지양하며, 균형잡힌 식사를 하도록 한다. 달걀, 쇠고기, 돼지고기, 닭고기 등은 좋은 단백질 급원식품이므로 무조건 모든 사람에게 제한해서는 안 되며 양질의 단백질을 충분히 섭취하도록 한다. 충분한 비타민과 무기질을 섭취한다. 가능한 한 싱겁게 먹도록 한다.

11 정답 ②

해설 녹즙 등 고농축 음식이나 민간요법은 간기능을 악화시킬 수 있으므로 주의한다.

12 정답 ②

해설
- 좋은 자극원: 강렬한 지적욕구, 적극적인 학습, 계획된 지적활동, 실현가능한 목표 설정 및 실현 등
- 나쁜 자극원: 정신적 갈등, 저조한 지적욕구, 감당하기 힘든임무, 낮은 자긍심 등

13 정답 ①

해설 ①은 근로자의 자기 건강관리의 내용이다.

14 정답 ④

해설 곡류의 단백질 함량은 대개 10% 이하로 육류나 두류 등의 다른 식품군에 비하면 그 함량도 많지 않고 질도 우수한 편이 아니다.

15 정답 ②

해설 수분은 영양학적 역할로써 생명 유지에서 필수적인 요소이고 생체 조직 내에서 영양소 및 노폐물의 운반체로서도 중요한 역할을 하고 있다.

16 정답 ②

해설 미생물을 이용한 아미노산 발효 중 생성되는 글루탐산나트륨(MSG)은 조미료로 아미노산은 약품이나 식품의 영양 강화제로 이용되고 있다.

17 정답 ①

해설
- 감염형이 아니다.
- 계절 및 기후와 관련이 있다.
- 항생물질이나 약제요법이 별 효과가 없다.
- 탄수화물이 풍부한 농산물이나 곡류에서 압도적으로 많이 발생한다.

18 정답 ①

해설 피막제는 과실, 과채의 표피에 얇게 발라서 수분의 증발을 방지함과 동시에, 외상에 의한 세균, 곰팡이 등의 침입을 방지하기 위해서 이용하는 것으로서 천연피막제로서 각종 왁스, 합성피막제로서 아세트산비닐수지, 몰포린 지방산염, 옥시에틸렌 고급지방산알코올, 올레산나트륨이 이용된다.

19 정답 ④

해설 시클라메이트는 단맛은 설탕의 30~50배로 다른 인공 감미료에 비해서는 약한 편이지만 가장 설탕에 가까운 순수한 맛으로 이용되어 왔으나 그 발암성이 밝혀지면서 사용이 제한되었다.

20 정답 ②

해설
- 어패류: 냉동 전에도 0℃ 가까운 온도에서 냉장 보관하고 냉동에 앞서 사후경직을 저온에서 해소시켜야 한다.
- 쇠고기: 도살 직후 1~2℃의 온도에서 적어도 20시간 보관하면서 숙성시킨 다음에 냉동한다.

21 정답 ③

해설 이산화탄소로 인해 커피를 마실 때 입안에서 상쾌함을 느끼게 된다.

22 정답 ②

해설 진공 건조는 밀폐된 장치 안에서 식품이 저온에서 진공하여 건조되므로 식품의 성분이 산화되는 일이 적고 비타민 등의 손실도 적어 품질이 좋은 건조식품을 만들 수 있다.

23 정답 ①

해설 트레이닝의 기본원리: 과부하의 원리, 점진성의 원리, 계속성의 원리, 반복성의 원리, 전면성의 원리, 개별성의 원리, 자각성의 원리이다.

24 정답 ②

해설 선천 면역과 후천 면역의 특성

구분	선천 면역	후천 면역
저항력	반복적인 감염에 대해 불변	반복적인 감염에 의해 향상
특이성	모든 인체기관에 대해 효과적임	인체의 흥분성 기관에 대해 특이성 있음
중요 세포	식세포, 자연살해세포	림프구
중요 분자	라이소자임, 보체, 급성기 단백질	항체, 림프구로부터 세포분열

25 정답 **지단백질**
해설 혈장의 지단백질은 혈류와 림프액을 통해 콜레스테롤을 운반하는 역할을 하고, 콜레스테롤은 혈액 내에서 불용성 상태로 존재하므로 이것이 운반되기 위해서는 지단백질과 결합해야 한다.

26 정답 **카로티노이드**
해설 분자 내에 산소를 함유하지 않는 카로틴류와 산소를 함유하는 크산토필류로 구분된다. 물에 녹지 않고 알칼리에는 안정하나 산에 대해서는 불안정하다.

27 정답 **살모넬라 식중독**
해설 주요 증상은 오심, 구토, 복통, 설사 등의 전형적인 급성 위장염 증세이며 심한 경우 탈수, 혼수, 허탈 등이 나타나고 사망에 이를 수도 있다.

28 정답 **콰시오커**
해설
- 성장이 지연되고 체중과 키가 정상인에 크게 못 미친다.
- 혈중 알부민 농도가 감소되고, 주로 다리와 얼굴, 복부에 부종이 생긴다.

참고문헌

현대인의 식생활과 건강, 한정순 외 3인, 메디시언 2022

식생활과 건강, 김선효 외 4인, 파워북, 2023

식생활과 건강, 은하원격평생교육원, 은하출판, 2023

NEW 고급영양학, 서광희 외 5인, 지구문화사, 2013

영양판정 및 실습, 서정숙 외 4인, 파워북, 2018

NEW 생애주기 영양학, 한정순 외 7인, 지구문화사, 2016

이해하기 쉬운 인체생리학, 이연숙 외 4인, 파워북, 2011

알코올 간질환 진료 가이드라인, 대한간학회, 2013

골다공증 진단 및 치료지침, 대한골대사학회, 2018

비만 진료지침 2018, 대한비만학회, 2018

http://health.mw.go.kr(국가건강정보포털)

http://hfcc.or.kr(한국소비자연맹)

http://www.cancer.go.kr(국가암정보센터)

http://www.cdc.go.kr(질병관리본부 홈페이지)

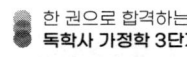
한 권으로 합격하는
독학사 가정학 3단계

식생활과 건강

초판2쇄 인쇄 2025년 5월 8일
초판2쇄 발행 2025년 5월 14일
지은이 전숙경
기획 김응태
디자인 서제호, 서진희, 조아현
판매영업 조재훈, 김승규, 정광표

발행처 ㈜아이비김영
펴낸이 김석철
등록번호 제22-3190호
주소 (06729) 서울 서초구 강남대로 279, 백향빌딩 4, 5층
전화 (대표전화) 1661-7022
팩스 02)599-5611

ⓒ ㈜아이비김영
이 책은 저작권법에 따라 보호받는 저작물이므로 무단복제를 금지하며,
책 내용의 전부 또는 일부를 이용하려면 반드시 저작권자의 서면동의를 받아야 합니다.

ISBN 978-89-6512-944-8 13330
정가 20,000원

잘못된 책은 바꿔드립니다.